CONSTITUIÇÃO DA REPÚBLICA FEDERATIVA DO BRASIL

CONSTITUIÇÃO DA REPÚBLICA FEDERATIVA DO BRASIL

APRESENTAÇÃO

Walfrido Warde
Rafael Valim
Georges Abboud

IREE

CONTRACORRENTE

Alameda Itu, 852 | 1º andar |
CEP 01421 002
www.loja-editoracontracorrente.com.br
contato@editoracontracorrente.com.br

EDITORES
Camila Almeida Janela Valim
Gustavo Marinho de Carvalho
Rafael Valim
Walfrido Warde
Silvio Almeida

EQUIPE EDITORIAL
COORDENAÇÃO DE PROJETO: Juliana Daglio
PREPARAÇÃO DE TEXTO: Amanda Dorth
REVISÃO TÉCNICA: Douglas Magalhães
DIAGRAMAÇÃO: Gisely Fernandes
CAPA: Maikon Nery

EQUIPE DE APOIO
Fabiana Celli
Carla Vasconcellos
Fernando Pereira
Valéria Pucci
Regina Gomes
Nathalia Oliveira

Dados Internacionais de Catalogação na Publicação (CIP)
(Câmara Brasileira do Livro, SP, Brasil)

Brasil
Constituição da República Federativa do Brasil. -- São Paulo, SP : Editora Contracorrente, 2022.

ISBN 978-65-5396-076-3

1. Brasil - Constituição (1988) 2. Brasil - Constituição (1988) - Emenda Constitucional.

22-137168 CDU-342.4(81)'1988'

Índices para catálogo sistemático:

1. Brasil : Constituição de 1988 342.4(81)'1988'
Eliete Marques da Silva - Bibliotecária - CRB-8/9380

@editoracontracorrente
Editora Contracorrente
@ContraEditora

As Duas Fridas, 1939 — Frida Kahlo

O pensamento democrático respira. Um alívio tímido, ainda incrédulo; foi por pouco. A democracia quase nos escorreu por entre os dedos, à mercê das suas mais peculiares impropriedades? Teremos visitado a beira do abismo para voltarmos a adorar o chão? Nunca saberemos! É certo, contudo, que o país é fratura exposta: o punho esquerdo cerrado comemora um gol de bicicleta, enquanto a mão direita espalmada acaricia a cabeça que pulsa de dor, saudosa do malfadado flerte com a autocracia. É assim este país que só ontem – e não por todos – compreendeu-se democrático, submisso a uma Constituição que se defende, que é povo e ao mesmo tempo armada, para que, com ela (e jamais sem ela), a democracia exista.

É custoso explicar essa proteção que a Constituição exerce sobre si, especialmente para aqueles que não encontram em nós senão um ajuntamento determinado pelo acaso, um falhanço da história. Mas a verdade é que esse amontoado de dizeres expressa uma empreitada, que exsurge de cada um de nós e que se encontra e reencontra, sob o espanto da identificação recíproca; é como se brotasse de cada um dos corações brasileiros, que, surpresos, veem-se corações iguais nas diferenças. A Constituição vive porque, mesmo alquebrados, batidos pelas crises, sobrevivemos nós, como nação, para que de nossas bocas se desdobre a nossa história comum. A metaproteção da Constituição é, ao contrário de um mecanismo autocentrado, ilegítimo e egoísta, o único meio de proteger uma população inteira, que vive sob o regime democrático – até mesmo do ataque que parte do povo inflige sobre si.

Em *As duas Fridas*, de 1939, um dos quadros mais impressionantes do século XX, Frida Kahlo reinventou o autorretrato, imprimindo-lhe os contornos surrealistas que ela tão bem dominava. Duas Fridas, sentadas, lado a lado, ambas com os corpos inclinados em direção uma da outra, de mãos dadas. Um fio de sangue une o coração das duas, um coração que bombeia e, de dentro, mãos que sobem na garganta, como numa tentativa de escapar do coração.

A Frida da esquerda segura uma tesoura, que corta o outro lado do fio de sangue (impedindo que o líquido vital se esvaia), enquanto a da direita segura uma pequenina imagem de Diego Rivera criança. A tesoura estanca, talvez em alusão às Moiras, que, diferentemente das Fridas, eram três, mas controlavam o fio da vida e o destino. Ambas olham fixamente para frente, quase como encarando o espectador, que fica intimidado com o seu poder. A Frida da esquerda veste um traje de fino brocado e mangas bufantes; a da direita tem roupas simples, em vivas cores. Ao fundo, nuvens escuras anunciam uma tempestade.

Dois corações, uma só existência. O coração de uma bombeia e irriga de sangue o coração da outra, a vida de uma é a garantia de vida da outra. A Frida da esquerda, ornamentada, bem vestida, é a Constituição de 1988, aquela imagem ancestral, recém-parida pela constituinte fundamental: o lufar refrescante da democracia nascente, que, com a tesoura, estancou a ditadura, de maneira forte e incisiva, de modo a superar o período de exceção. À direita, a Constituição hoje, quase quatro décadas depois, mais despojada e também mais gasta, maltratada por arroubos golpistas, pelo patrimonialismo, pelo racismo, pela injustiça social e por vilezas de toda a ordem, que brotam de nossa natureza imperfeita e alquebrada, para atacar a democracia. As duas são a mesma, mas, ainda sim, cindidas pela história.

Democracias constitucionais como a brasileira são paradoxais, uma vez que majoritarismo e contramajoritarismo precisam conviver e se respeitar o tempo todo. O majoritarismo das eleições que define Executivo e Legislativo precisa agir em respeito às minorias e aos direitos fundamentais, que são *trunfos contra maiorias*. Nessa democracia constitucional, cabe ao Judiciário assegurar que o majoritarismo, sempre mais forte e pujante, não esmague a dimensão contramajoritária. Nesses tempos de crise que vivenciamos, o Judiciário brasileiro não foi omisso e desempenhou o papel de guardião da democrácia constitucional brasileira.

Os últimos anos nos fizeram lembrar que viver um regime democrático não significa calmaria: a premissa contramajoritária é, por si, a implicação do embate. Por isso, mesmo a tempestade não abandona o quadro, mas segue, ali ao fundo, superada. Frida Kahlo sempre foi um símbolo de resistência, em todos os âmbitos da sua vida. A nossa Constituição também o é: mas fiquemos atentos que, embora autossuficiente e metaprotegida, é nosso dever bombear o coração (ou os corações) da democracia.

WALFRIDO WARDE
GEORGES ABBOUD
RAFAEL VALIM

CONSTITUIÇÃO DA REPÚBLICA FEDERATIVA DO BRASIL

PREÂMBULO

Nós, representantes do povo brasileiro, reunidos em Assembléia Nacional Constituinte para instituir um Estado Democrático, destinado a assegurar o exercício dos direitos sociais e individuais, a liberdade, a segurança, o bem-estar, o desenvolvimento, a igualdade e a justiça como valores supremos de uma sociedade fraterna, pluralista e sem preconceitos, fundada na harmonia social e comprometida, na ordem interna e internacional, com a solução pacífica das controvérsias, promulgamos, sob a proteção de Deus, a seguinte CONSTITUIÇÃO DA REPÚBLICA FEDERATIVA DO BRASIL.

TÍTULO I

DOS PRINCÍPIOS FUNDAMENTAIS

Art. 1º A República Federativa do Brasil, formada pela união indissolúvel dos Estados e Municípios e do Distrito Federal, constitui-se em Estado Democrático de Direito e tem como fundamentos:

I a soberania;
II a cidadania;
III a dignidade da pessoa humana;
IV os valores sociais do trabalho e da livre iniciativa;[1]
V o pluralismo político.

Parágrafo único. Todo o poder emana do povo, que o exerce por meio de representantes eleitos ou diretamente, nos termos desta Constituição.

Art. 2º São Poderes da União, independentes e harmônicos entre si, o Legislativo, o Executivo e o Judiciário.

Art. 3º Constituem objetivos fundamentais da República Federativa do Brasil:

I construir uma sociedade livre, justa e solidária;
II garantir o desenvolvimento nacional;
III erradicar a pobreza e a marginalização e reduzir as desigualdades sociais e regionais;
IV promover o bem de todos, sem preconceitos de origem, raça, sexo, cor, idade e quaisquer outras formas de discriminação.

Art. 4º A República Federativa do Brasil rege-se nas suas relações internacionais pelos seguintes princípios:

I independência nacional;
II prevalência dos direitos humanos;
III autodeterminação dos povos;
IV não-intervenção;
V igualdade entre os Estados;
VI defesa da paz;
VII solução pacífica dos conflitos;
VIII repúdio ao terrorismo e ao racismo;
IX cooperação entre os povos para o progresso da humanidade;
X concessão de asilo político.

---

1 Vide Lei n. 13.874, de 2019.

Parágrafo único. A República Federativa do Brasil buscará a integração econômica, política, social e cultural dos povos da América Latina, visando à formação de uma comunidade latino-americana de nações.

TÍTULO II

DOS DIREITOS E GARANTIAS FUNDAMENTAIS

DOS DIREITOS E DEVERES INDIVIDUAIS E COLETIVOS

Art. 5º Todos são iguais perante a lei, sem distinção de qualquer natureza, garantindo-se aos brasileiros e aos estrangeiros residentes no País a inviolabilidade do direito à vida, à liberdade, à igualdade, à segurança e à propriedade, nos termos seguintes:

I homens e mulheres são iguais em direitos e obrigações, nos termos desta Constituição;

II ninguém será obrigado a fazer ou deixar de fazer alguma coisa senão em virtude de lei;

III ninguém será submetido a tortura nem a tratamento desumano ou degradante;

IV é livre a manifestação do pensamento, sendo vedado o anonimato;

V é assegurado o direito de resposta, proporcional ao agravo, além da indenização por dano material, moral ou à imagem;

VI é inviolável a liberdade de consciência e de crença, sendo assegurado o livre exercício dos cultos religiosos e garantida, na forma da lei, a proteção aos locais de culto e a suas liturgias;

VII é assegurada, nos termos da lei, a prestação de assistência religiosa nas entidades civis e militares de internação coletiva;

VIII ninguém será privado de direitos por motivo de crença religiosa ou de convicção filosófica ou política, salvo se as invocar para eximir-se de obrigação legal a todos imposta e recusar-se a cumprir prestação alternativa, fixada em lei;

IX é livre a expressão da atividade intelectual, artística, científica e de comunicação, independentemente de censura ou licença;

X são invioláveis a intimidade, a vida privada, a honra e a imagem das pessoas, assegurado o direito a indenização pelo dano material ou moral decorrente de sua violação;

XI a casa é asilo inviolável do indivíduo, ninguém nela podendo penetrar sem consentimento do morador, salvo em caso de flagrante delito ou desastre, ou para prestar socorro, ou, durante o dia, por determinação judicial;[2]

XII é inviolável o sigilo da correspondência e das comunicações telegráficas, de dados e das comunicações telefônicas, salvo, no último caso, por ordem judicial, nas hipóteses e na forma que a lei estabelecer para fins de investigação criminal ou instrução processual penal;[3]

XIII é livre o exercício de qualquer trabalho, ofício ou profissão, atendidas as qualificações profissionais que a lei estabelecer;

XIV é assegurado a todos o acesso à informação e resguardado o sigilo da fonte, quando necessário ao exercício profissional;

XV é livre a locomoção no território nacional em tempo de paz, podendo qualquer pessoa, nos termos da lei, nele entrar, permanecer ou dele sair com seus bens;

XVI todos podem reunir-se pacificamente, sem armas, em locais abertos ao público, independentemente de autorização, desde que não frustrem outra reunião anteriormente convocada para o mesmo local, sendo apenas exigido prévio aviso à autoridade competente;

XVII é plena a liberdade de associação para fins lícitos, vedada a de caráter paramilitar;

XVIII a criação de associações e, na forma da lei, a de cooperativas independem de autorização, sendo vedada a interferência estatal em seu funcionamento;

XIX as associações só poderão ser compulsoriamente dissolvidas ou ter suas atividades suspensas por decisão judicial, exigindo-se, no primeiro caso, o trânsito em julgado;

---

2 Vide Lei n. 13.105, de 2015.

3 Vide Lei n. 9.296, de 1996.

XX ninguém poderá ser compelido a associar-se ou a permanecer associado;

XXI as entidades associativas, quando expressamente autorizadas, têm legitimidade para representar seus filiados judicial ou extrajudicialmente;

XXII é garantido o direito de propriedade;

XXIII a propriedade atenderá a sua função social;

XXIV a lei estabelecerá o procedimento para desapropriação por necessidade ou utilidade pública, ou por interesse social, mediante justa e prévia indenização em dinheiro, ressalvados os casos previstos nesta Constituição;

XXV no caso de iminente perigo público, a autoridade competente poderá usar de propriedade particular, assegurada ao proprietário indenização ulterior, se houver dano;

XXVI a pequena propriedade rural, assim definida em lei, desde que trabalhada pela família, não será objeto de penhora para pagamento de débitos decorrentes de sua atividade produtiva, dispondo a lei sobre os meios de financiar o seu desenvolvimento;

XXVII aos autores pertence o direito exclusivo de utilização, publicação ou reprodução de suas obras, transmissível aos herdeiros pelo tempo que a lei fixar;

XXVIII são assegurados, nos termos da lei:

a) a proteção às participações individuais em obras coleti vas e à reprodução da imagem e voz humanas, inclusive nas atividades desportivas;
b) o direito de fiscalização do aproveitamento econômicodas obras que criarem ou de que participarem aos criadores, aos intérpretes e às respectivas representações sindicais e associativas;

XXIX a lei assegurará aos autores de inventos industriais privilégio temporário para sua utilização, bem como proteção às criações industriais, à propriedade das marcas, aos nomes de empresas e a outros signos distintivos, tendo em vista o interesse social e o desenvolvimento tecnológico e econômico do País;

XXX é garantido o direito de herança;

XXXI a sucessão de bens de estrangeiros situados no País será regulada pela lei brasileira em benefício do cônjuge ou dos filhos brasileiros, sempre que não lhes seja mais favorável a lei pessoal do "de cujus";

XXXII o Estado promoverá, na forma da lei, a defesa do consumidor;

XXXIII todos têm direito a receber dos órgãos públicos informações de seu interesse particular, ou de interesse coletivo ou geral, que serão prestadas no prazo da lei, sob pena de responsabilidade, ressalvadas aquelas cujo sigilo seja imprescindível à segurança da sociedade e do Estado;[4]

XXXIV são a todos assegurados, independentemente do pagamento de taxas:

a) o direito de petição aos Poderes Públicos em defesa de direitos ou contra ilegalidade ou abuso de poder;
b) a obtenção de certidões em repartições públicas, para defesa de direitos e esclarecimento de situações de interesse pessoal;

XXXV a lei não excluirá da apreciação do Poder Judiciário lesão ou ameaça a direito;

XXXVI a lei não prejudicará o direito adquirido, o ato jurídico perfeito e a coisa julgada;

XXXVII não haverá juízo ou tribunal de exceção;

XXXVIII é reconhecida a instituição do júri, com a organização que lhe der a lei, assegurados:

---

4 Vide Lei n. 12.527, de 2011.

a) a plenitude de defesa;
b) o sigilo das votações;
c) a soberania dos veredictos;
d) a competência para o julgamento dos crimes dolosos contra a vida;

XXXIX não há crime sem lei anterior que o defina, nem pena sem prévia cominação legal;

XL a lei penal não retroagirá, salvo para beneficiar o réu;

XLI a lei punirá qualquer discriminação atentatória dos direitos e liberdades fundamentais;

XLII a prática do racismo constitui crime inafiançável e imprescritível, sujeito à pena de reclusão, nos termos da lei;

XLIII a lei considerará crimes inafiançáveis e insuscetíveis de graça ou anistia a prática da tortura, o tráfico ilícito de entorpecentes e drogas afins, o terrorismo e os definidos como crimes hediondos, por eles respondendo os mandantes, os executores e os que, podendo evitá-los, se omitirem;

XLIV constitui crime inafiançável e imprescritível a ação de grupos armados, civis ou militares, contra a ordem constitucional e o Estado Democrático;

XLV nenhuma pena passará da pessoa do condenado, podendo a obrigação de reparar o dano e a decretação do perdimento de bens ser, nos termos da lei, estendidas aos sucessores e contra eles executadas, até o limite do valor do patrimônio transferido;

XLVI a lei regulará a individualização da pena e adotará, entre outras, as seguintes:

a) privação ou restrição da liberdade;
b) perda de bens;
c) multa;
d) prestação social alternativa;
e) suspensão ou interdição de direitos;

XLVII não haverá penas:

a) de morte, salvo em caso de guerra declarada, nos termos do art. 84, XIX;
b) de caráter perpétuo;
c) de trabalhos forçados;
d) de banimento;
e) cruéis;

XLVIII a pena será cumprida em estabelecimentos distintos, de acordo com a natureza do delito, a idade e o sexo do apenado;

XLIX é assegurado aos presos o respeito à integridade física e moral;

L às presidiárias serão asseguradas condições para que possam permanecer com seus filhos durante o período de amamentação;

LI nenhum brasileiro será extraditado, salvo o naturalizado, em caso de crime comum, praticado antes da naturalização, ou de comprovado envolvimento em tráfico ilícito de entorpecentes e drogas afins, na forma da lei;

LII não será concedida extradição de estrangeiro por crime político ou de opinião;

LIII ninguém será processado nem sentenciado senão pela autoridade competente;

LIV ninguém será privado da liberdade ou de seus bens sem o devido processo legal;

LV aos litigantes, em processo judicial ou administrativo, e aos acusados em geral são assegurados o contraditório e ampla defesa, com os meios e recursos a ela inerentes;

LVI são inadmissíveis, no processo, as provas obtidas por meios ilícitos;

LVII ninguém será considerado culpado até o trânsito em julgado de sentença penal condenatória;

LVIII o civilmente identificado não será submetido a identificação criminal, salvo nas hipóteses previstas em lei;

LIX será admitida ação privada nos crimes de ação pública, se esta não for intentada no prazo legal;

LX a lei só poderá restringir a publicidade dos atos processuais quando a defesa da intimidade ou o interesse social o exigirem;

LXI ninguém será preso senão em flagrante delito ou por ordem escrita e fundamentada de autoridade judiciária competente, salvo nos casos de transgressão militar ou crime propriamente militar, definidos em lei;

LXII a prisão de qualquer pessoa e o local onde se encontre serão comunicados imediatamente ao juiz competente e à família do preso ou à pessoa por ele indicada;

LXIII o preso será informado de seus direitos, entre os quais o de permanecer calado, sendo-lhe assegurada a assistência da família e de advogado;

LXIV o preso tem direito à identificação dos responsáveis por sua prisão ou por seu interrogatório policial;

LXV a prisão ilegal será imediatamente relaxada pela autoridade judiciária;

LXVI ninguém será levado à prisão ou nela mantido, quando a lei admitir a liberdade provisória, com ou sem fiança;

LXVII não haverá prisão civil por dívida, salvo a do responsável pelo inadimplemento voluntário e inescusável de obrigação alimentícia e a do depositário infiel;

LXVIII conceder-se-á *habeas corpus* sempre que alguém sofrer ou se achar ameaçado de sofrer violência ou coação em sua liberdade de locomoção, por ilegalidade ou abuso de poder;

LXIX conceder-se-á mandado de segurança para proteger direito líquido e certo, não amparado por *habeas corpus* ou *habeas data*, quando o responsável pela ilegalidade ou abuso de poder for autoridade pública ou agente de pessoa jurídica no exercício de atribuições do Poder Público;

LXX o mandado de segurança coletivo pode ser impetrado por:

a) partido político com representação no Congresso Nacional;
b) organização sindical, entidade de classe ou associação legalmente constituída e em funcionamento há pelo menos um ano, em defesa dos interesses de seus membros ou associados;

LXXI conceder-se-á mandado de injunção sempre que a falta de norma regulamentadora torne inviável o exercício dos direitos e liberdades constitucionais e das prerrogativas inerentes à nacionalidade, à soberania e à cidadania;

LXXII conceder-se-á *habeas data*:

a) para assegurar o conhecimento de informações relativas à pessoa do impetrante, constantes de registros ou bancos de dados de entidades governamentais ou de caráter público;
b) para a retificação de dados, quando não se prefira fazê-lo por processo sigiloso, judicial ou administrativo;

LXXIII qualquer cidadão é parte legítima para propor ação popular que vise a anular ato lesivo ao patrimônio público ou de entidade de que o Estado participe, à moralidade administrativa, ao meio ambiente e ao patrimônio histórico e cultural, ficando o autor, salvo comprovada má-fé, isento de custas judiciais e do ônus da sucumbência;

LXXIV o Estado prestará assistência jurídica integral e gratuita aos que comprovarem insuficiência de recursos;

LXXV o Estado indenizará o condenado por erro judiciário, assim como o que ficar preso além do tempo fixado na sentença;

LXXVI são gratuitos para os reconhecidamente pobres, na forma da lei:[5]

a) o registro civil de nascimento;
b) a certidão de óbito;

---

5 Vide Lei n. 7.844, de 1989.

LXXVI são gratuitas as ações de *habeas corpus* e *habeas data*, e, na forma da lei, os atos necessários ao exercício da cidadania.

LXXVIII a todos, no âmbito judicial e administrativo, são assegurados a razoável duração do processo e os meios que garantam a celeridade de sua tramitação. (*Incluído pela Emenda Constitucional n. 45, de 2004*)[6]

LXXIX é assegurado, nos termos da lei, o direito à proteção dos dados pessoais, inclusive nos meios digitais. (*Incluído pela Emenda Constitucional n. 115, de 2022*)

§ 1º As normas definidoras dos direitos e garantias fundamentais têm aplicação imediata.

§ 2º Os direitos e garantias expressos nesta Constituição não excluem outros decorrentes do regime e dos princípios por ela adotados, ou dos tratados internacionais em que a República Federativa do Brasil seja parte.

§ 3º Os tratados e convenções internacionais sobre direitos humanos que forem aprovados, em cada Casa do Congresso Nacional, em dois turnos, por três quintos dos votos dos respectivos membros, serão equivalentes às emendas constitucionais. (*Incluído pela Emenda Constitucional n. 45, de 2004*)[7]

§ 4º O Brasil se submete à jurisdição de Tribunal Penal Internacional a cuja criação tenha manifestado adesão. (*Incluído pela Emenda Constitucional n. 45, de 2004*)

---

6 Vide ADIN 3392.

7 Vide: DLG n. 186, de 2008, Decreto n. 6.949, de 2009, DLG 261, de 2015, Decreto n. 9.522, de 2018, ADIN 3392, DLG 1, de 2021 e Decreto n. 10.932, de 2022.

DOS DIREITOS SOCIAIS

Art. 6º São direitos sociais a educação, a saúde, a alimentação, o trabalho, a moradia, o transporte, o lazer, a segurança, a previdência social, a proteção à maternidade e à infância, a assistência aos desamparados, na forma desta Constituição. (*Redação dada pela Emenda Constitucional n. 90, de 2015*)

Parágrafo único. Todo brasileiro em situação de vulnerabilidade social terá direito a uma renda básica familiar, garantida pelo poder público em programa permanente de transferência de renda, cujas normas e requisitos de acesso serão determinados em lei, observada a legislação fiscal e orçamentária. (*Incluído pela Emenda Constitucional n. 114, de 2021*)

Art. 7º São direitos dos trabalhadores urbanos e rurais, além de outros que visem à melhoria de sua condição social:

I relação de emprego protegida contra despedida arbitrária ou sem justa causa, nos termos de lei complementar, que preverá indenização compensatória, dentre outros direitos;

II seguro-desemprego, em caso de desemprego involuntário;

III fundo de garantia do tempo de serviço;

IV salário mínimo , fixado em lei, nacionalmente unificado, capaz de atender a suas necessidades vitais básicas e às de sua família com moradia, alimentação, educação, saúde, lazer, vestuário, higiene, transporte e previdência social, com reajustes periódicos que lhe preservem o poder aquisitivo, sendo vedada sua vinculação para qualquer fim;

V piso salarial proporcional à extensão e à complexidade do trabalho;

VI irredutibilidade do salário, salvo o disposto em convenção ou acordo coletivo;

VII garantia de salário, nunca inferior ao mínimo, para os que percebem remuneração variável;

VIII décimo terceiro salário com base na remuneração integral ou no valor da aposentadoria;

IX remuneração do trabalho noturno superior à do diurno;

X proteção do salário na forma da lei, constituindo crime sua retenção dolosa;

XI participação nos lucros, ou resultados, desvinculada da remuneração, e, excepcionalmente, participação na gestão da empresa, conforme definido em lei;

XII salário-família pago em razão do dependente do trabalha dor de baixa renda nos termos da lei; (*Redação dada pela Emenda Constitucional n. 20, de 1998*)

XIII duração do trabalho normal não superior a oito horas diárias e quarenta e quatro semanais, facultada a compensação de horários e a redução da jornada, mediante acordo ou convenção coletiva de trabalho;[8]

XIV jornada de seis horas para o trabalho realizado em turnos ininterruptos de revezamento, salvo negociação coletiva;

XV repouso semanal remunerado, preferencialmente aos domingos;

XVI remuneração do serviço extraordinário superior, no mínimo, em cinqüenta por cento à do normal;[9]

XVII gozo de férias anuais remuneradas com, pelo menos, um terço a mais do que o salário normal;

XVIII licença à gestante, sem prejuízo do emprego e do salário, com a duração de cento e vinte dias;

XIX licença-paternidade, nos termos fixados em lei;

XX proteção do mercado de trabalho da mulher, mediante incentivos específicos, nos termos da lei;

---

8 Vide Decreto-Lei n. 5.452, de 1943.

9 Vide Del 5.452, art. 59 § 1º.

XXI aviso prévio proporcional ao tempo de serviço, sendo no mínimo de trinta dias, nos termos da lei;

XXII redução dos riscos inerentes ao trabalho, por meio de normas de saúde, higiene e segurança;

XXIII adicional de remuneração para as atividades penosas, insalubres ou perigosas, na forma da lei;

XXIV aposentadoria;

XXV assistência gratuita aos filhos e dependentes desde o nascimento até 5 (cinco) anos de idade em creches e pré-escolas; (*Redação dada pela Emenda Constitucional n. 53, de 2006*)

XXVI reconhecimento das convenções e acordos coletivos de trabalho;

XXVII proteção em face da automação, na forma da lei;

XXVIII seguro contra acidentes de trabalho, a cargo do empregador, sem excluir a indenização a que este está obrigado, quando incorrer em dolo ou culpa;

XXIX ação, quanto aos créditos resultantes das relações de trabalho, com prazo prescricional de cinco anos para os trabalhadores urbanos e rurais, até o limite de dois anos após a extinção do contrato de trabalho; (*Redação dada pela Emenda Constitucional n. 28, de 2000*)

a) (*Revogado pela Emenda Constitucional n. 28, de 2000*)
b) (*Revogado pela Emenda Constitucional n. 28, de 2000*)

XXX proibição de diferença de salários, de exercício de funções e de critério de admissão por motivo de sexo, idade, cor ou estado civil;

XXXI proibição de qualquer discriminação no tocante a salário e critérios de admissão do trabalhador portador de deficiência;

XXXII proibição de distinção entre trabalho manual, técnico e intelectual ou entre os profissionais respectivos;

XXXIII proibição de trabalho noturno, perigoso ou insalubre a menores de dezoito e de qualquer trabalho a menores de dezesseis anos, salvo na condição de aprendiz, a partir de quatorze anos; (*Redação dada pela Emenda Constitucional n. 20, de 1998*)

XXXIV igualdade de direitos entre o trabalhador com vínculo empregatício permanente e o trabalhador avulso.

Parágrafo único. São assegurados à categoria dos trabalhadores domésticos os direitos previstos nos incisos IV, VI, VII, VIII, X, XIII, XV, XVI, XVII, XVIII, XIX, XXI, XXII, XXIV, XXVI, XXX, XXXI e XXXIII e, atendidas as condições estabelecidas em lei e observada a simplificação do cumprimento das obrigações tributárias, principais e acessórias, decorrentes da relação de trabalho e suas peculiaridades, os previstos nos incisos I, II, III, IX, XII, XXV e XXVIII, bem como a sua integração à previdência social. (*Redação dada pela Emenda Constitucional n. 72, de 2013*)

Art. 8º É livre a associação profissional ou sindical, observado o seguinte:

I a lei não poderá exigir autorização do Estado para a fundação de sindicato, ressalvado o registro no órgão competente, vedadas ao Poder Público a interferência e a intervenção na organização sindical;

II é vedada a criação de mais de uma organização sindical, em qualquer grau, representativa de categoria profissional ou econômica, na mesma base territorial, que será definida pelos trabalhadores ou empregadores interessados, não podendo ser inferior à área de um Município;

III ao sindicato cabe a defesa dos direitos e interesses coletivos ou individuais da categoria, inclusive em questões judiciais ou administrativas;

IV a assembléia geral fixará a contribuição que, em se tratando de categoria profissional, será descontada em folha, para custeio do sistema confederativo da representação sindical respectiva, independentemente da contribuição prevista em lei;

V ninguém será obrigado a filiar-se ou a manter-se filiado a sindicato;

VI é obrigatória a participação dos sindicatos nas negociações coletivas de trabalho;

VII o aposentado filiado tem direito a votar e ser votado nas organizações sindicais;

VIII é vedada a dispensa do empregado sindicalizado a partir do registro da candidatura a cargo de direção ou representação sindical e, se eleito, ainda que suplente, até um ano após o final do mandato, salvo se cometer falta grave nos termos da lei.

Parágrafo único. As disposições deste artigo aplicam-se à organização de sindicatos rurais e de colônias de pescadores, atendidas as condições que a lei estabelecer.

Art. 9º É assegurado o direito de greve, competindo aos trabalhadores decidir sobre a oportunidade de exercê-lo e sobre os interesses que devam por meio dele defender.

§ 1º A lei definirá os serviços ou atividades essenciais e disporá sobre o atendimento das necessidades inadiáveis da comunidade.

§ 2º Os abusos cometidos sujeitam os responsáveis às penas da lei.

Art. 10. É assegurada a participação dos trabalhadores e empregadores nos colegiados dos órgãos públicos em que seus interesses profissionais ou previdenciários sejam objeto de discussão e deliberação.

Art. 11. Nas empresas de mais de duzentos empregados, é assegurada a eleição de um representante destes com a finalidade exclusiva de promover--lhes o entendimento direto com os empregadores.

DA NACIONALIDADE

Art. 12. São brasileiros:

I natos:

a) os nascidos na República Federativa do Brasil, ainda que de pais estrangeiros, desde que estes não estejam a serviço de seu país;
b) os nascidos no estrangeiro, de pai brasileiro ou mãe brasileira, desde que qualquer deles esteja a serviço da República Federativa do Brasil;
c) os nascidos no estrangeiro de pai brasileiro ou de mãe brasileira, desde que sejam registrados em repartição brasileira competente ou venham a residir na República Federativa do Brasil e optem, em qualquer tempo, depois de atingida a maioridade, pela nacionalidade brasileira. (*Redação dada pela Emenda Constitucional n. 54, de 2007*)

II naturalizados:

a) os que, na forma da lei, adquiram a nacionalidade brasileira, exigidas aos originários de países de língua portuguesa apenas residência por um ano ininterrupto e idoneidade moral;
b) os estrangeiros de qualquer nacionalidade, residentes na República Federativa do Brasil há mais de quinze anos ininterruptos e sem condenação penal, desde que requeiram a nacionalidade brasileira. (*Redação dada pela Emenda Constitucional de Revisão n. 3, de 1994*)

§ 1º Aos portugueses com residência permanente no País, se houver reciprocidade em favor de brasileiros, serão atribuídos os direitos inerentes ao brasileiro, salvo os casos previstos nesta Constituição. (*Redação dada pela Emenda Constitucional de Revisão n. 3, de 1994*)

§ 2º A lei não poderá estabelecer distinção entre brasileiros natos e naturalizados, salvo nos casos previstos nesta Constituição.

§ 3º São privativos de brasileiro nato os cargos:

I de Presidente e Vice-Presidente da República;

II de Presidente da Câmara dos Deputados;

III de Presidente do Senado Federal;

IV de Ministro do Supremo Tribunal Federal;

V da carreira diplomática;

VI de oficial das Forças Armadas;

VII de Ministro de Estado da Defesa. (*Incluído pela Emenda Constitucional n. 23, de 1999*)

§ 4º Será declarada a perda da nacionalidade do brasileiro que:

I tiver cancelada sua naturalização, por sentença judicial, em virtude de atividade nociva ao interesse nacional;

II adquirir outra nacionalidade, salvo nos casos: (*Redação dada pela Emenda Constitucional de Revisão n. 3, de 1994*)

a) de reconhecimento de nacionalidade originária pela lei estrangeira; (*Incluído pela Emenda Constitucional de Revisão n. 3, de 1994*)
b) de imposição de naturalização, pela norma estrangeira, ao brasileiro residente em estado estrangeiro, como condição para permanência em seu território ou para o exercício de direitos civis; (*Incluído pela Emenda Constitucional de Revisão n. 3, de 1994*)

Art. 13. A língua portuguesa é o idioma oficial da República Federativa do Brasil.

§ 1º São símbolos da República Federativa do Brasil a bandeira, o hino, as armas e o selo nacionais.

§ 2º Os Estados, o Distrito Federal e os Municípios poderão ter símbolos próprios.

CAPÍTULO IV

DOS DIREITOS POLÍTICOS

Art. 14. A soberania popular será exercida pelo sufrágio universal e pelo voto direto e secreto, com valor igual para todos, e, nos termos da lei, mediante:

I plebiscito;

II referendo;

III iniciativa popular.

§ 1º O alistamento eleitoral e o voto são:

I obrigatórios para os maiores de dezoito anos;

II facultativos para:

a) os analfabetos;
b) os maiores de setenta anos;
c) os maiores de dezesseis e menores de dezoito anos.

§ 2º Não podem alistar-se como eleitores os estrangeiros e, durante o período do serviço militar obrigatório, os conscritos.

§ 3º São condições de elegibilidade, na forma da lei:

I a nacionalidade brasileira;

II o pleno exercício dos direitos políticos;

III o alistamento eleitoral;

IV o domicílio eleitoral na circunscrição;

V a filiação partidária;

VI a idade mínima de:

a) trinta e cinco anos para Presidente e Vice-Presidente da República e Senador;
b) trinta anos para Governador e Vice-Governador de Estado e do Distrito Federal;
c) vinte e um anos para Deputado Federal, Deputado Estadual ou Distrital, Prefeito, Vice-Prefeito e juiz de paz;
d) dezoito anos para Vereador.

§ 4º São inelegíveis os inalistáveis e os analfabetos.

§ 5º O Presidente da República, os Governadores de Estado e do Distrito Federal, os Prefeitos e quem os houver sucedido, ou substituído no curso dos mandatos poderão ser reeleitos para um único período subsequente. (*Redação dada pela Emenda Constitucional n. 16, de 1997*)

§ 6º Para concorrerem a outros cargos, o Presidente da República, os Governadores de Estado e do Distrito Federal e os Prefeitos devem renunciar aos respectivos mandatos até seis meses antes do pleito.

§ 7º São inelegíveis, no território de jurisdição do titular, o cônjuge e os parentes consangüíneos ou afins, até o segundo grau ou por adoção, do Presidente da República, de Governador de Estado ou Território, do Distrito Federal, de Prefeito ou de quem os haja substituído dentro dos seis meses anteriores ao pleito, salvo se já titular de mandato eletivo e candidato à reeleição.

§ 8º O militar alistável é elegível, atendidas as seguintes condições:

I se contar menos de dez anos de serviço, deverá afastar-se da atividade;

II se contar mais de dez anos de serviço, será agregado pela autoridade superior e, se eleito, passará automaticamente, no ato da diplomação, para a inatividade.

§ 9º Lei complementar estabelecerá outros casos de inelegibilidade e os prazos de sua cessação, a fim de proteger a probidade administrativa, a moralidade para exercício de mandato considerada vida pregressa do candidato, e a normalidade e legitimidade das eleições contra a influência do poder econômico ou o abuso do exercício de função, cargo ou emprego na administração direta ou indireta. (*Redação dada pela Emenda Constitucional de Revisão n. 4, de 1994*)

§ 10. O mandato eletivo poderá ser impugnado ante a Justiça Eleitoral no prazo de quinze dias contados da diplomação, instruída a ação com provas de abuso do poder econômico, corrupção ou fraude.

§ 11. A ação de impugnação de mandato tramitará em segredo de justiça, respondendo o autor, na forma da lei, se temerária ou de manifesta má-fé.

§ 12. Serão realizadas concomitantemente às eleições municipais as consultas populares sobre questões locais aprovadas pelas Câmaras Municipais e encaminhadas à Justiça Eleitoral até 90 (noventa) dias antes da data das eleições, observados os limites operacionais relativos ao número de quesitos. (*Incluído pela Emenda Constitucional n. 111, de 2021*)

§ 13. As manifestações favoráveis e contrárias às questões submetidas às consultas populares nos termos do § 12 ocorrerão durante as campanhas eleitorais, sem a utilização de propaganda gratuita no rádio e na televisão. (*Incluído pela Emenda Constitucional n. 111, de 2021*)

Art. 15. É vedada a cassação de direitos políticos, cuja perda ou suspensão só se dará nos casos de:

I cancelamento da naturalização por sentença transitada em julgado;

II incapacidade civil absoluta;

III condenação criminal transitada em julgado, enquanto durarem seus efeitos;

IV recusa de cumprir obrigação a todos imposta ou prestação alternativa, nos termos do art. 5º, VIII;

V improbidade administrativa, nos termos do art. 37, § 4º.

Art. 16. A lei que alterar o processo eleitoral entrará em vigor na data de sua publicação, não se aplicando à eleição que ocorra até um ano da data de sua vigência. (*Redação dada pela Emenda Constitucional n. 4, de 1993*)

CAPÍTULO V

DOS PARTIDOS POLÍTICOS

Art. 17. É livre a criação, fusão, incorporação e extinção de partidos políticos, resguardados a soberania nacional, o regime democrático, o pluripartidarismo, os direitos fundamentais da pessoa humana e observados os seguintes preceitos:

I caráter nacional;

II proibição de recebimento de recursos financeiros de entidade ou governo estrangeiros ou de subordinação a estes;

III prestação de contas à Justiça Eleitoral;

IV funcionamento parlamentar de acordo com a lei.

§ 1º É assegurada aos partidos políticos autonomia para definir sua estrutura interna e estabelecer regras sobre escolha, formação e duração de seus órgãos permanentes e provisórios e sobre sua organização e funcionamento e para adotar os critérios de escolha e o regime de suas coligações nas eleições majoritárias, vedada a sua celebração nas eleições proporcionais, sem obrigatoriedade de vinculação entre as candidaturas em âmbito nacional, estadual, distrital ou municipal, devendo seus estatutos estabelecer normas de disciplina e fidelidade partidária. (*Redação dada pela Emenda Constitucional n. 97, de 2017*)

§ 2º Os partidos políticos, após adquirirem personalidade jurídica, na forma da lei civil, registrarão seus estatutos no Tribunal Superior Eleitoral.

§ 3º Somente terão direito a recursos do fundo partidário e acesso gratuito ao rádio e à televisão, na forma da lei, os partidos políticos que alternativamente: (*Redação dada pela Emenda Constitucional n. 97, de 2017*)

I obtiverem, nas eleições para a Câmara dos Deputados, no mínimo, 3% (três por cento) dos votos válidos, distribuí dos em pelo menos um terço das unidades da Federação, com um mínimo de 2% (dois por cento) dos votos válidos em cada uma delas; ou (*Incluído pela Emenda Constitucional n. 97, de 2017*)

II tiverem elegido pelo menos quinze Deputados Federais distri buídos em pelo menos um terço das unidades da Federação. (*Incluído pela Emenda Constitucional n. 97, de 2017*)

§ 4º É vedada a utilização pelos partidos políticos de organização paramilitar.

§ 5º Ao eleito por partido que não preencher os requisitos previstos no § 3º deste artigo é assegurado o mandato e facultada a filiação, sem perda do mandato, a outro partido que os tenha atingido, não sendo essa filiação considerada para fins de distribuição dos recursos do fundo partidário e de acesso gratuito ao tempo de rádio e de televisão. (*Incluído pela Emenda Constitucional n. 97, de 2017*)

§ 6º Os Deputados Federais, os Deputados Estaduais, os Deputados Distritais e os Vereadores que se desligarem do partido pelo qual tenham sido eleitos perderão o mandato, salvo nos casos de anuência do partido ou de outras hipóteses de justa causa estabelecidas em lei, não computada, em qualquer caso, a migração de partido para fins de distribuição de recursos do fundo partidário ou de outros fundos públicos e de acesso gratuito ao rádio e à televisão. (*Incluído pela Emenda Constitucional n. 111, de 2021*)

§ 7º Os partidos políticos devem aplicar no mínimo 5% (cinco por cento) dos recursos do fundo partidário na criação e na manutenção de programas de promoção e difusão da participação política das mulheres, de acordo com os interesses intrapartidários. (*Incluído pela Emenda Constitucional n. 111, de 2021*)

§ 8º O montante do Fundo Especial de Financiamento de Campanha e da parcela do fundo partidário destinada a campanhas eleitorais, bem como o tempo de propaganda gratuita no rádio e na televisão a ser distribuído pelos partidos às respectivas candidatas, deverão ser de no mínimo 30% (trinta por cento), proporcional ao número de candidatas, e a distribuição deverá ser realizada conforme critérios definidos pelos respectivos órgãos de direção e pelas normas estatutárias, considerados a autonomia e o interesse partidário. (*Incluído pela Emenda Constitucional n. 111, de 2021*)

TÍTULO III

DA ORGANIZAÇÃO DO ESTADO

DA ORGANIZAÇÃO POLÍTICO-ADMINISTRATIVA

Art. 18. A organização político-administrativa da República Federativa do Brasil compreende a União, os Estados, o Distrito Federal e os Municípios, todos autônomos, nos termos desta Constituição.

§ 1º Brasília é a Capital Federal.

§ 2º Os Territórios Federais integram a União, e sua criação, transformação em Estado ou reintegração ao Estado de origem serão reguladas em lei complementar.

§ 3º Os Estados podem incorporar-se entre si, subdividir-se ou desmembrar-se para se anexarem a outros, ou formarem novos Estados ou Territórios Federais, mediante aprovação da população diretamente interessada, através de plebiscito, e do Congresso Nacional, por lei complementar.

§ 4º A criação, a incorporação, a fusão e o desmembramento de Municípios, far-se-ão por lei estadual, dentro do período determinado por Lei Complementar Federal, e dependerão de consulta prévia, mediante plebiscito, às populações dos Municípios envolvidos, após divulgação dos Estudos de Viabilidade Municipal, apresentados e publicados na forma da lei. (*Redação dada pela Emenda Constitucional n. 15, de 1996*)[10]

Art. 19. É vedado à União, aos Estados, ao Distrito Federal e aos Municípios:

I estabelecer cultos religiosos ou igrejas, subvencioná-los, embaraçar-lhes o funcionamento ou manter com eles ou seus representantes relações de dependência ou aliança, ressalvada, na forma da lei, a colaboração de interesse público;

II recusar fé aos documentos públicos;

III criar distinções entre brasileiros ou preferências entre si.

---

10 Vide art. 96 - ADCT.

CAPÍTULO II

DA UNIÃO

Art. 20. São bens da União:

I os que atualmente lhe pertencem e os que lhe vierem a ser atribuídos;

II as terras devolutas indispensáveis à defesa das fronteiras, das fortificações e construções militares, das vias federais de comunicação e à preservação ambiental, definidas em lei;

III os lagos, rios e quaisquer correntes de água em terrenos de seu domínio, ou que banhem mais de um Estado, sirvam de limites com outros países, ou se estendam a território estrangeiro ou dele provenham, bem como os terrenos marginais e as praias fluviais;

IV as ilhas fluviais e lacustres nas zonas limítrofes com outros países; as praias marítimas; as ilhas oceânicas e as costeiras, excluídas, destas, as que contenham a sede de Municípios, exceto aquelas áreas afetadas ao serviço público e a unidade ambiental federal, e as referidas no art. 26, II; (*Redação dada pela Emenda Constitucional n. 46, de 2005*)

V os recursos naturais da plataforma continental e da zona econômica exclusiva;

VI o mar territorial;

VII os terrenos de marinha e seus acrescidos;

VIII os potenciais de energia hidráulica;

IX os recursos minerais, inclusive os do subsolo;

X as cavidades naturais subterrâneas e os sítios arqueológicos e pré-históricos;

XI as terras tradicionalmente ocupadas pelos índios.

§ 1º É assegurada, nos termos da lei, à União, aos Estados, ao Distrito Federal e aos Municípios a participação no resultado da exploração de petróleo ou gás natural, de recursos hídricos para fins de geração de energia elétrica e de outros recursos minerais no respectivo território, plataforma continental, mar territorial ou zona econômica exclusiva, ou compensação financeira por essa exploração. (*Redação dada pela Emenda Constitucional n. 102, de 2019*)

§ 2º A faixa de até cento e cinqüenta quilômetros de largura, ao longo das fronteiras terrestres, designada como faixa de fronteira, é considerada fundamental para defesa do território nacional, e sua ocupação e utilização serão reguladas em lei.

Art. 21. Compete à União:

I manter relações com Estados estrangeiros e participar de organizações internacionais;

II declarar a guerra e celebrar a paz;

III assegurar a defesa nacional;

IV permitir, nos casos previstos em lei complementar, que forças estrangeiras transitem pelo território nacional ou nele permaneçam temporariamente;

V decretar o estado de sítio, o estado de defesa e a intervenção federal;

VI autorizar e fiscalizar a produção e o comércio de material bélico;

VII emitir moeda;

VIII administrar as reservas cambiais do País e fiscalizar as operações de natureza financeira, especialmente as de crédito, câmbio e capitalização, bem como as de seguros e de previdência privada;

IX elaborar e executar planos nacionais e regionais de ordenação do território e de desenvolvimento econômico e social;

X manter o serviço postal e o correio aéreo nacional;

XI explorar, diretamente ou mediante autorização, concessão ou permissão, os serviços de telecomunicações, nos termos da lei, que disporá sobre a organização dos serviços, a criação de um órgão regulador e outros aspectos institucionais; (*Redação dada pela Emenda Constitucional n. 8, de 1995*)

XII explorar, diretamente ou mediante autorização, concessão ou permissão:

a) os serviços de radiodifusão sonora, e de sons e imagens; (*Redação dada pela Emenda Constitucional n. 8, de 1995*)
b) os serviços e instalações de energia elétrica e o aproveitamento energético dos cursos de água, em articulação com os Estados onde se situam os potenciais hidroenergéticos;
c) a navegação aérea, aeroespacial e a infra-estrutura aeroportuária;
d) os serviços de transporte ferroviário e aquaviário entre portos brasileiros e fronteiras nacionais, ou que transponham os limites de Estado ou Território;
e) os serviços de transporte rodoviário interestadual e internacional de passageiros;
f) os portos marítimos, fluviais e lacustres.

XIII organizar e manter o Poder Judiciário, o Ministério Público do Distrito Federal e dos Territórios e a Defensoria Pública dos Territórios; (*Redação dada pela Emenda Constitucional n. 69, de 2012*)

XIV organizar e manter a polícia civil, a polícia penal, a polícia militar e o corpo de bombeiros militar do Distrito Federal, bem como prestar assistência financeira ao Distrito Federal para a execução de serviços públicos, por meio de fundo próprio; (*Redação dada pela Emenda Constitucional n. 104, de 2019*)

XV organizar e manter os serviços oficiais de estatística, geografia, geologia e cartografia de âmbito nacional;

XVI exercer a classificação, para efeito indicativo, de diversões públicas e de programas de rádio e televisão;

XVII conceder anistia;

XVIII planejar e promover a defesa permanente contra as calamidades públicas, especialmente as secas e as inundações;

XIX instituir sistema nacional de gerenciamento de recursos hídricos e definir critérios de outorga de direitos de seu uso;

XX instituir diretrizes para o desenvolvimento urbano, inclusive habitação, saneamento básico e transportes urbanos;

XXI estabelecer princípios e diretrizes para o sistema nacional de viação;

XXII executar os serviços de polícia marítima, aeroportuária e de fronteiras; (*Redação dada pela Emenda Constitucional n. 19, de 1998*)

XXIII explorar os serviços e instalações nucleares de qualquer natureza e exercer monopólio estatal sobre a pesquisa, a lavra, o enriquecimento e reprocessamento, a industrialização e o comércio de minérios nucleares e seus derivados, atendidos os seguintes princípios e condições:

a) toda atividade nuclear em território nacional somente será admitida para fins pacíficos e mediante aprovação do Congresso Nacional;
b) sob regime de permissão, são autorizadas a comercialização e a utilização de radioisótopos para pesquisa e uso agrícolas e industriais; (*Redação dada pela Emenda Constitucional n. 118, de 2022*)
c) sob regime de permissão, são autorizadas a produção, a comercialização e a utilização de radioisótopos para pesquisa e uso médicos; (*Redação dada pela Emenda Constitucional n. 118, de 2022*)
d) a responsabilidade civil por danos nucleares independe da existência de culpa; (*Redação dada pela Emenda Constitucional n. 49, de 2006*)

XXIV organizar, manter e executar a inspeção do trabalho;

XXV estabelecer as áreas e as condições para o exercício da atividade de garimpagem, em forma associativa;

XXVI organizar e fiscalizar a proteção e o tratamento de dados pessoais, nos termos da lei. (*Incluído pela Emenda Constitucional n. 115, de 2022*)

Art. 22. Compete privativamente à União legislar sobre:

I direito civil, comercial, penal, processual, eleitoral, agrário, marítimo, aeronáutico, espacial e do trabalho;

II desapropriação;

III requisições civis e militares, em caso de iminente perigo e em tempo de guerra;

IV águas, energia, informática, telecomunicações e radiodifusão;

V serviço postal;

VI sistema monetário e de medidas, títulos e garantias dos metais;

VII política de crédito, câmbio, seguros e transferência de valores;

VIII comércio exterior e interestadual;

IX diretrizes da política nacional de transportes;

X regime dos portos, navegação lacustre, fluvial, marítima, aérea e aeroespacial;

XI trânsito e transporte;

XII jazidas, minas, outros recursos minerais e metalurgia;

XIII nacionalidade, cidadania e naturalização;

XIV populações indígenas;

XV emigração e imigração, entrada, extradição e expulsão de estrangeiros;

XVI organização do sistema nacional de emprego e condições para o exercício de profissões;

XVII organização judiciária, do Ministério Público do Distrito Federal e dos Territórios e da Defensoria Pública dos Territórios, bem como organização administrativa destes; (*Redação dada pela Emenda Constitucional n. 69, de 2012*)

XVIII sistema estatístico, sistema cartográfico e de geologia nacionais;

XIX sistemas de poupança, captação e garantia da poupança popular;

XX sistemas de consórcios e sorteios;

XXI normas gerais de organização, efetivos, material bélico, garantias, convocação, mobilização, inatividades e pensões das polícias militares e dos corpos de bombeiros militares; (*Redação dada pela Emenda Constitucional n. 103, de 2019*)

XXII competência da polícia federal e das polícias rodoviária e ferroviária federais;

XXIII seguridade social;

XXIV diretrizes e bases da educação nacional;

XXV registros públicos;

XXVI atividades nucleares de qualquer natureza;

XXVII normas gerais de licitação e contratação, em todas as modalidades, para as administrações públicas diretas, autárquicas e fundacionais da União, Estados, Distrito Federal e Municípios, obedecido o disposto no art. 37, XXI, e para as empresas públicas e sociedades de economia mista, nos termos do art. 173, § 1°, III; (*Redação dada pela Emenda Constitucional n. 19, de 1998*)

XXVIII defesa territorial, defesa aeroespacial, defesa marítima, defesa civil e mobilização nacional;

XXIX propaganda comercial.

XXX proteção e tratamento de dados pessoais. (*Incluído pela Emenda Constitucional n. 115, de 2022*)

Parágrafo único. Lei complementar poderá autorizar os Estados a legislar sobre questões específicas das matérias relacionadas neste artigo.

Art. 23. É competência comum da União, dos Estados, do Distrito Federal e dos Municípios:

I zelar pela guarda da Constituição, das leis e das instituições democráticas e conservar o patrimônio público;

II cuidar da saúde e assistência pública, da proteção e garantia das pessoas portadoras de deficiência;[11]

III proteger os documentos, as obras e outros bens de valor histó rico, artístico e cultural, os monumentos, as paisagens naturais notáveis e os sítios arqueológicos;

IV impedir a evasão, a destruição e a descaracterização de obras de arte e de outros bens de valor histórico, artístico ou cultural;

V proporcionar os meios de acesso à cultura, à educação, à ciência, à tecnologia, à pesquisa e à inovação; (*Redação dada pela Emenda Constitucional n. 85, de 2015*)

VI proteger o meio ambiente e combater a poluição em qualquer de suas formas;

VII preservar as florestas, a fauna e a flora;

VIII fomentar a produção agropecuária e organizar o abastecimento alimentar;

IX promover programas de construção de moradias e a melhoria das condições habitacionais e de saneamento básico;[12]

---

11 Vide ADPF 672.

12 Vide ADPF 672.

x combater as causas da pobreza e os fatores de marginalização, promovendo a integração social dos setores desfavorecidos;

xi registrar, acompanhar e fiscalizar as concessões de direitos de pesquisa e exploração de recursos hídricos e minerais em seus territórios;

xii estabelecer e implantar política de educação para a segurança do trânsito.

Parágrafo único. Leis complementares fixarão normas para a cooperação entre a União e os Estados, o Distrito Federal e os Municípios, tendo em vista o equilíbrio do desenvolvimento e do bem-estar em âmbito nacional. (*Redação dada pela Emenda Constitucional n. 53, de 2006*)

Art. 24. Compete à União, aos Estados e ao Distrito Federal legislar concorrentemente sobre:

i direito tributário, financeiro, penitenciário, econômico e urbanístico;[13]

ii orçamento;

iii juntas comerciais;

iv custas dos serviços forenses;

v produção e consumo;

vi florestas, caça, pesca, fauna, conservação da natureza, defesa do solo e dos recursos naturais, proteção do meio ambiente e controle da poluição;

vii proteção ao patrimônio histórico, cultural, artístico, turístico e paisagístico;

viii responsabilidade por dano ao meio ambiente, ao consumi dor, a bens e direitos de valor artístico, estético, histórico, turístico e paisagístico;

---

13 Vide Lei n. 13.874, de 2019.

IX educação, cultura, ensino, desporto, ciência, tecnologia, pesquisa, desenvolvimento e inovação; (*Redação dada pela Emenda Constitucional n. 85, de 2015*)

X criação, funcionamento e processo do juizado de pequenas causas;

XI procedimentos em matéria processual;

XII previdência social, proteção e defesa da saúde;[14]

XIII assistência jurídica e Defensoria Pública;

XIV proteção e integração social das pessoas portadoras de deficiência;

XV proteção à infância e à juventude;

XVI organização, garantias, direitos e deveres das polícias civis.

§ 1º No âmbito da legislação concorrente, a competência da União limitar-se-á a estabelecer normas gerais.[15]

§ 2º A competência da União para legislar sobre normas gerais não exclui a competência suplementar dos Estados.[16]

§ 3º Inexistindo lei federal sobre normas gerais, os Estados exercerão a competência legislativa plena, para atender a suas peculiaridades.[17]

§ 4º A superveniência de lei federal sobre normas gerais suspende a eficácia da lei estadual, no que lhe for contrário.[18]

---

14 Vide ADPF 672.

15 Vide Lei n. 13.874, de 2019.

16 Vide Lei n. 13.874, de 2019.

17 Vide Lei n. 13.874, de 2019.

18 Vide Lei n. 13.874, de 2019.

CAPÍTULO III

DOS ESTADOS FEDERADOS

Art. 25. Os Estados organizam-se e regem-se pelas Constituições e leis que adotarem, observados os princípios desta Constituição.

§ 1º São reservadas aos Estados as competências que não lhes sejam vedadas por esta Constituição.

§ 2º Cabe aos Estados explorar diretamente, ou mediante concessão, os serviços locais de gás canalizado, na forma da lei, vedada a edição de medida provisória para a sua regulamentação. (*Redação dada pela Emenda Constitucional n. 5, de 1995*)

§ 3º Os Estados poderão, mediante lei complementar, instituir regiões metropolitanas, aglomerações urbanas e microrregiões, constituídas por agrupamentos de municípios limítrofes, para integrar a organização, o planejamento e a execução de funções públicas de interesse comum.

Art. 26. Incluem-se entre os bens dos Estados:

I as águas superficiais ou subterrâneas, fluentes, emergentes e em depósito, ressalvadas, neste caso, na forma da lei, as decorrentes de obras da União;

II as áreas, nas ilhas oceânicas e costeiras, que estiverem no seu domínio, excluídas aquelas sob domínio da União, Municípios ou terceiros;

III as ilhas fluviais e lacustres não pertencentes à União;

IV as terras devolutas não compreendidas entre as da União.

Art. 27. O número de Deputados à Assembléia Legislativa corresponderá ao triplo da representação do Estado na Câmara dos Deputados e, atingido o número de trinta e seis, será acrescido de tantos quantos forem os Deputados Federais acima de doze.

§ 1º Será de quatro anos o mandato dos Deputados Estaduais, aplicando-sê-lhes as regras desta Constituição sobre sistema eleitoral, inviolabilidade, imunidades, remuneração, perda de mandato, licença, impedimentos e incorporação às Forças Armadas.

§ 2º O subsídio dos Deputados Estaduais será fixado por lei de iniciativa da Assembléia Legislativa, na razão de, no máximo, setenta e cinco por cento daquele estabelecido, em espécie, para os Deputados Federais, observado o que dispõem os arts. 39, § 4º, 57, § 7º, 150, II, 153, III, e 153, § 2º, I. (*Redação dada pela Emenda Constitucional n. 19, de 1998*)

§ 3º Compete às Assembléias Legislativas dispor sobre seu regimento interno, polícia e serviços administrativos de sua secretaria, e prover os respectivos cargos.

§ 4º A lei disporá sobre a iniciativa popular no processo legislativo estadual.

Art. 28. A eleição do Governador e do Vice-Governador de Estado, para mandato de 4 (quatro) anos, realizar-se-á no primeiro domingo de outubro, em primeiro turno, e no último domingo de outubro, em segundo turno, se houver, do ano anterior ao do término do mandato de seus antecessores, e a posse ocorrerá em 6 de janeiro do ano subsequente, observado, quanto ao mais, o disposto no art. 77 desta Constituição. (*Redação dada pela Emenda Constitucional n. 111, de 2021*)

§ 1º Perderá o mandato o Governador que assumir outro cargo ou função na administração pública direta ou indireta, ressalvada a posse em virtude de concurso público e observado o disposto no art. 38, I, IV e V. (*Renumerado do parágrafo único, pela Emenda Constitucional n. 19, de 1998*)

§ 2º Os subsídios do Governador, do Vice-Governador e dos Secretários de Estado serão fixados por lei de iniciativa da Assembléia Legislativa, observado o que dispõem os arts. 37, XI, 39, § 4º, 150, II, 153, III, e 153, § 2º, I. (*Incluído pela Emenda Constitucional n. 19, de 1998*)

DOS MUNICÍPIOS

Art. 29. O Município reger-se-á por lei orgânica, votada em dois turnos, com o interstício mínimo de dez dias, e aprovada por dois terços dos membros da Câmara Municipal, que a promulgará, atendidos os princípios estabelecidos nesta Constituição, na Constituição do respectivo Estado e os seguintes preceitos:

I eleição do Prefeito, do Vice-Prefeito e dos Vereadores, para mandato de quatro anos, mediante pleito direto e simultâneo realizado em todo o País;

II eleição do Prefeito e do Vice-Prefeito realizada no primeiro domingo de outubro do ano anterior ao término do mandato dos que devam suceder, aplicadas as regras do art. 77, no caso de Municípios com mais de duzentos mil eleitores; (*Redação dada pela Emenda Constitucional n. 16, de 1997*)

III posse do Prefeito e do Vice-Prefeito no dia 1º de janeiro do ano subseqüente ao da eleição;

IV para a composição das Câmaras Municipais, será observado o limite máximo de: (*Redação dada pela Emenda Constitucional n. 58, de 2009*)[19]

a) 9 (nove) Vereadores, nos Municípios de até 15.000 (quinze mil) habitantes; (*Redação dada pela Emenda Constitucional n. 58, de 2009*)
b) 11 (onze) Vereadores, nos Municípios de mais de 15.000 (quinze mil) habitantes e de até 30.000 (trinta mil) habitantes; (*Redação dada pela Emenda Constitucional n. 58, de 2009*)
c) 13 (treze) Vereadores, nos Municípios com mais de 30.000 (trinta mil) habitantes e de até 50.000 (cinquenta mil) habitantes; (*Redação dada pela Emenda Constitucional n. 58, de 2009*)
d) 15 (quinze) Vereadores, nos Municípios de mais de

19 Vide ADIN 4307.

50.000 (cinquenta mil) habitantes e de até 80.000 (oitenta mil) habitantes; (*Redação dada pela Emenda Constitucional n. 58, de 2009*)

e) 17 (dezessete) Vereadores, nos Municípios de mais de 80.000 (oitenta mil) habitantes e de até 120.000 (cento e vinte mil) habitantes; (*Redação dada pela Emenda Constitucional n. 58, de 2009*)

f) 19 (dezenove) Vereadores, nos Municípios de mais de 120.000 (cento e vinte mil) habitantes e de até 160.000 (cento sessenta mil) habitantes; (*Redação dada pela Emenda Constitucional n. 58, de 2009*)

g) 21 (vinte e um) Vereadores, nos Municípios de mais de 160.000 (cento e sessenta mil) habitantes e de até 300.000 (trezentos mil) habitantes; (*Redação dada pela Emenda Constitucional n. 58, de 2009*)

h) 23 (vinte e três) Vereadores, nos Municípios de mais de 300.000 (trezentos mil) habitantes e de até 450.000 (quatrocentos e cinquenta mil) habitantes; (*Redação dada pela Emenda Constitucional n. 58, de 2009*)

i) 25 (vinte e cinco) Vereadores, nos Municípios de mais de 450.000 (quatrocentos e cinquenta mil) habitantes e de até 600.000 (seiscentos mil) habitantes; (*Redação dada pela Emenda Constitucional n. 58, de 2009*)

j) 27 (vinte e sete) Vereadores, nos Municípios de mais de 600.000 (seiscentos mil) habitantes e de até 750.000 (setecentos cinquenta mil) habitantes; (*Redação dada pela Emenda Constitucional n. 58, de 2009*)

k) 29 (vinte e nove) Vereadores, nos Municípios de mais de 750.000 (setecentos e cinquenta mil) habitantes e de até 900.000 (novecentos mil) habitantes; (*Redação dada pela Emenda Constitucional n. 58, de 2009*)

l) 31 (trinta e um) Vereadores, nos Municípios de mais de 900.000 (novecentos mil) habitantes e de até 1.050.000 (um milhão e cinquenta mil) habitantes (*Redação dada pela Emenda Constitucional n. 58, de 2009* m) 33 (trinta e três) Vereadores, nos Municípios de mais de 1.050.000 (um milhão e cinquenta mil) habitantes e de até 1.200.000 (um milhão e duzentos mil) habitantes; (*Redação dada pela Emenda Constitucional n. 58, de 2009*)

n) 35 (trinta e cinco) Vereadores, nos Municípios de mais de 1.200.000 (um milhão e duzentos mil) habitantes e de até 1.350.000 (um milhão e trezentos e cinquenta mil) habitantes; (*Redação dada pela Emenda Constitucional n. 58, de 2009*)

o) 37 (trinta e sete) Vereadores, nos Municípios de 1.350.000 (um milhão e trezentos e cinquenta mil) habitantes e de até 1.500.000 (um milhão e quinhentos mil) habitantes; (*Redação dada pela Emenda Constitucional n. 58, de 2009*)

p) 39 (trinta e nove) Vereadores, nos Municípios de mais de 1.500.000 (um milhão e quinhentos mil) habitantes e de até 1.800.000 (um milhão e oitocentos mil) habitantes; (*Redação dada pela Emenda Constitucional n. 58, de 2009*)

q) 41 (quarenta e um) Vereadores, nos Municípios de mais de 1.800.000 (um milhão e oitocentos mil) habitantes e de até 2.400.000 (dois milhões e quatrocentos mil) habitantes; (*Redação dada pela Emenda Constitucional n. 58, de 2009*)

r) 43 (quarenta e três) Vereadores, nos Municípios de mais de 2.400.000 (dois milhões e quatrocentos mil) habitantes e de até 3.000.000 (três milhões) de habitantes; (*Redação dada pela Emenda Constitucional n. 58, de 2009*)

s) 45 (quarenta e cinco) Vereadores, nos Municípios de mais de 3.000.000 (três milhões) de habitantes e de até 4.000.000 (quatro milhões) de habitantes; (*Redação dada pela Emenda Constitucional n. 58, de 2009*)

t) 47 (quarenta e sete) Vereadores, nos Municípios de mais de 4.000.000 (quatro milhões) de habitantes e de até 5.000.000 (cinco milhões) de habitantes; (*Redação dada pela Emenda Constitucional n. 58, de 2009*)

u) 49 (quarenta e nove) Vereadores, nos Municípios de mais de 5.000.000 (cinco milhões) de habitantes e de até 6.000.000 (seis milhões) de habitantes; (*Redação dada pela Emenda Constitucional n. 58, de 2009*)

v) 51 (cinquenta e um) Vereadores, nos Municípios de mais de 6.000.000 (seis milhões) de habitantes e de até 7.000.000 (sete milhões) de habitantes; (*Redação dada pela Emenda Constitucional n. 58, de 2009*)

w) 53 (cinquenta e três) Vereadores, nos Municípios de mais de 7.000.000 (sete milhões) de habitantes e de até 8.000.000 (oito milhões) de habitantes; e (*Redação dada pela Emenda Constitucional n. 58, de 2009*)

x) 55 (cinquenta e cinco) Vereadores, nos Municípios de mais de 8.000.000 (oito milhões) de habitantes; (*Redação dada pela Emenda Constitucional n. 58, de 2009*)

V subsídios do Prefeito, do Vice-Prefeito e dos Secretários Municipais fixados por lei de iniciativa da Câmara Municipal, observado o que dispõem os arts. 37, XI, 39, § 4º, 150, II, 153, III, e 153, § 2º, I; (*Redação dada pela Emenda constitucional n. 19, de 1998*)

VI o subsídio dos Vereadores será fixado pelas respectivas Câmaras Municipais em cada legislatura para a subseqüente, observado o que dispõe esta Constituição, observados os critérios estabelecidos na respectiva Lei Orgânica e os seguintes limites máximos: (*Redação dada pela Emenda Constitucional n. 25, de 2000*)

a) em Municípios de até dez mil habitantes, o subsídio máximo dos Vereadores corresponderá a vinte por cento do subsídio dos Deputados Estaduais; (*Redação dada pela Emenda Constitucional n. 25, de 2000*)
b) em Municípios de dez mil e um a cinqüenta mil habitantes, o subsídio máximo dos Vereadores corresponderá a trinta por cento do subsídio dos Deputados Estaduais; (*Redação dada pela Emenda Constitucional n. 25, de 2000*)
c) em Municípios de cinqüenta mil e um a cem mil habitantes, o subsídio máximo dos Vereadores corresponderá a quarenta por cento do subsídio dos Deputados Estaduais; (*Redação dada pela Emenda Constitucional n. 25, de 2000*)
d) em Municípios de cem mil e um a trezentos mil habitantes, o subsídio máximo dos Vereadores corresponderá a cinqüenta por cento do subsídio dos Deputados Estaduais; (*Redação dada pela Emenda Constitucional n. 25, de 2000*)
e) em Municípios de trezentos mil e um a quinhentos mil habitantes, o subsídio máximo dos Vereadores corresponderá a sessenta por cento do subsídio dos Deputados Estaduais; (*Redação dada pela Emenda Constitucional n. 25, de 2000*)
f) em Municípios de mais de quinhentos mil habitantes, o subsídio máximo dos Vereadores corresponderá

a setenta e cinco por cento do subsídio dos Deputados Estaduais; (*Redação dada pela Emenda Constitucional n. 25, de 2000*)

VII o total da despesa com a remuneração dos Vereadores não poderá ultrapassar o montante de cinco por cento da receita do Município; (*Incluído pela Emenda Constitucional n. 1, de 1992*)

VIII inviolabilidade dos Vereadores por suas opiniões, palavras e votos no exercício do mandato e na circunscrição do Município; (*Renumerado do inciso VI, pela Emenda Constitucional n. 1, de 1992*)

IX proibições e incompatibilidades, no exercício da vereança, similares, no que couber, ao disposto nesta Constituição para os membros do Congresso Nacional e na Constituição do respectivo Estado para os membros da Assembléia Legislativa; (*Renumerado do inciso VII, pela Emenda Constitucional n. 1, de 1992*)

X julgamento do Prefeito perante o Tribunal de Justiça; (*Renumerado do inciso VIII, pela Emenda Constitucional n. 1, de 1992*)

XI organização das funções legislativas e fiscalizadoras da Câmara Municipal; (*Renumerado do inciso IX, pela Emenda Constitucional n. 1, de 1992*)

XII cooperação das associações representativas no planejamento municipal; (*Renumerado do inciso X, pela Emenda Constitucional n. 1, de 1992*)

XIII iniciativa popular de projetos de lei de interesse específico do Município, da cidade ou de bairros, através de manifestação de, pelo menos, cinco por cento do eleitorado; (*Renumerado do inciso XI, pela Emenda Constitucional n. 1, de 1992*)

XIV perda do mandato do Prefeito, nos termos do art. 28, parágrafo único. (*Renumerado do inciso XII, pela Emenda Constitucional n. 1, de 1992*)

Art. 29-A. O total da despesa do Poder Legislativo Municipal, incluídos os subsídios dos Vereadores e excluídos os gastos com inativos, não poderá ultrapassar os seguintes percentuais, relativos ao somatório da receita tributária e das transferências previstas no § 5º do art. 153 e nos arts. 158 e 159, efetivamente realizado no exercício anterior: (*Incluído pela Emenda Constitucional n. 25, de 2000*)[20]

I 7% (sete por cento) para Municípios com população de até 100.000 (cem mil) habitantes; (*Redação dada pela Emenda Constituição Constitucional n. 58, de 2009*)

II 6% (seis por cento) para Municípios com população entre 100.000 (cem mil) e 300.000 (trezentos mil) habitantes; (*Redação dada pela Emenda Constituição Constitucional n. 58, de 2009*)

III 5% (cinco por cento) para Municípios com população entre 300.001 (trezentos mil e um) e 500.000 (quinhentos mil) habitantes; (*Redação dada pela Emenda Constituição Constitucional n. 58, de 2009*)

IV 4,5% (quatro inteiros e cinco décimos por cento) para Municípios com população entre 500.001 (quinhentos mil e um) e 3.000.000 (três milhões) de habitantes; (*Redação dada pela Emenda Constituição Constitucional n. 58, de 2009*)

V 4% (quatro por cento) para Municípios com população entre 3.000.001 (três milhões e um) e 8.000.000 (oito milhões) de habitantes; (*Redação dada pela Emenda Constituição Constitucional n. 58, de 2009*)

VI 3,5% (três inteiros e cinco décimos por cento) para Municípios com população acima de 8.000.001 (oito milhões e um) habitantes. (*Redação dada pela Emenda Constituição Constitucional n. 58, de 2009*)

§ 1º A Câmara Municipal não gastará mais de setenta por cento de sua receita com folha de pagamento, incluído o gasto com o subsídio de seus Vereadores. (*Incluído pela Emenda Constitucional n. 25, de 2000*)

---

20 Vide Emenda Constitucional n. 109, de 2021.

§ 2º Constitui crime de responsabilidade do Prefeito Municipal: (*Incluído pela Emenda Constitucional n. 25, de 2000*)

I efetuar repasse que supere os limites definidos neste artigo; (*Incluído pela Emenda Constitucional n. 25, de 2000*)

II não enviar o repasse até o dia vinte de cada mês; ou (*Incluído pela Emenda Constitucional n. 25, de 2000*)

III enviá-lo a menor em relação à proporção fixada na Lei Orçamentária. (*Incluído pela Emenda Constitucional n. 25, de 2000*)

§ 3º Constitui crime de responsabilidade do Presidente da Câmara Municipal o desrespeito ao § 1º deste artigo. (*Incluído pela Emenda Constitucional n. 25, de 2000*)

Art. 30. Compete aos Municípios:

I legislar sobre assuntos de interesse local;

II suplementar a legislação federal e a estadual no que couber;[21]

III instituir e arrecadar os tributos de sua competência, bem como aplicar suas rendas, sem prejuízo da obrigatoriedade de prestar contas e publicar balancetes nos prazos fixados em lei;

IV criar, organizar e suprimir distritos, observada a legislação estadual;

V organizar e prestar, diretamente ou sob regime de concessão ou permissão, os serviços públicos de interesse local, incluído o de transporte coletivo, que tem caráter essencial;

VI manter, com a cooperação técnica e financeira da União e do Estado, programas de educação infantil e de ensino funda mental; (*Redação dada pela Emenda Constitucional n. 53, de 2006*)

---

21 Vide ADPF 672.

VII prestar, com a cooperação técnica e financeira da União e do Estado, serviços de atendimento à saúde da população;

VIII promover, no que couber, adequado ordenamento territorial, mediante planejamento e controle do uso, do parcelamento e da ocupação do solo urbano;

IX promover a proteção do patrimônio histórico-cultural local, observada a legislação e a ação fiscalizadora federal e estadual.

Art. 31. A fiscalização do Município será exercida pelo Poder Legislativo Municipal, mediante controle externo, e pelos sistemas de controle interno do Poder Executivo Municipal, na forma da lei.

§ 1º O controle externo da Câmara Municipal será exercido com o auxílio dos Tribunais de Contas dos Estados ou do Município ou dos Conselhos ou Tribunais de Contas dos Municípios, onde houver.

§ 2º O parecer prévio, emitido pelo órgão competente sobre as contas que o Prefeito deve anualmente prestar, só deixará de prevalecer por decisão de dois terços dos membros da Câmara Municipal.

§ 3º As contas dos Municípios ficarão, durante sessenta dias, anualmente, à disposição de qualquer contribuinte, para exame e apreciação, o qual poderá questionar-lhes a legitimidade, nos termos da lei.

§ 4º É vedada a criação de Tribunais, Conselhos ou órgãos de Contas Municipais.

DO DISTRITO FEDERAL E DOS TERRITÓRIOS

Seção I – Do Distrito Federal

Art. 32. O Distrito Federal, vedada sua divisão em Municípios, reger-se-á por lei orgânica, votada em dois turnos com interstício mínimo de dez dias, e aprovada por dois terços da Câmara Legislativa, que a promulgará, atendidos os princípios estabelecidos nesta Constituição.

§ 1º Ao Distrito Federal são atribuídas as competências legislativas reservadas aos Estados e Municípios.

§ 2º A eleição do Governador e do Vice-Governador, observadas as regras do art. 77, e dos Deputados Distritais coincidirá com a dos Governadores e Deputados Estaduais, para mandato de igual duração.

§ 3º Aos Deputados Distritais e à Câmara Legislativa aplica-se o disposto no art. 27.

§ 4º Lei federal disporá sobre a utilização, pelo Governo do Distrito Federal, da polícia civil, da polícia penal, da polícia militar e do corpo de bombeiros militar. (*Redação dada pela Emenda Constitucional n. 104, de 2019*)

Seção II – Dos Territórios

Art. 33. A lei disporá sobre a organização administrativa e judiciária dos Territórios.

§ 1º Os Territórios poderão ser divididos em Municípios, aos quais se aplicará, no que couber, o disposto no Capítulo IV deste Título.

§ 2º As contas do Governo do Território serão submetidas ao Congresso Nacional, com parecer prévio do Tribunal de Contas da União.

§ 3º Nos Territórios Federais com mais de cem mil habitantes, além do Governador nomeado na forma desta Constituição, haverá órgãos judiciários de primeira e segunda instância, membros do Ministério Público e defensores públicos federais; a lei disporá sobre as eleições para a Câmara Territorial e sua competência deliberativa.

DA INTERVENÇÃO

Art. 34. A União não intervirá nos Estados nem no Distrito Federal, exceto para:

I manter a integridade nacional;

II repelir invasão estrangeira ou de uma unidade da Federação em outra;

III pôr termo a grave comprometimento da ordem pública;

IV garantir o livre exercício de qualquer dos Poderes nas unidades da Federação;

V reorganizar as finanças da unidade da Federação que:

a) suspender o pagamento da dívida fundada por mais de dois anos consecutivos, salvo motivo de força maior;
b) deixar de entregar aos Municípios receitas tributárias fixadas nesta Constituição, dentro dos prazos estabelecidos em lei.

VI prover a execução de lei federal, ordem ou decisão judicial;

VII assegurar a observância dos seguintes princípios constitucionais:

a) forma republicana, sistema representativo e regime democrático;
b) direitos da pessoa humana;
c) autonomia municipal;
d) prestação de contas da administração pública, direta e indireta;
e) aplicação do mínimo exigido da receita resultante de impostos estaduais, compreendida a proveniente de trans ferências, na manutenção e desenvolvimento do ensino e nas ações e serviços públicos de saúde. (*Redação dada pela Emenda Constitucional n. 29, de 2000*)

Art. 35. O Estado não intervirá em seus Municípios, nem a União nos Municípios localizados em Território Federal, exceto quando:

I deixar de ser paga, sem motivo de força maior, por dois anos consecutivos, a dívida fundada;

II não forem prestadas contas devidas, na forma da lei;

III não tiver sido aplicado o mínimo exigido da receita municipal na manutenção e desenvolvimento do ensino e nas ações e serviços públicos de saúde; (*Redação dada pela Emenda Constitucional n. 29, de 2000*)

IV o Tribunal de Justiça der provimento a representação para assegurar a observância de princípios indicados na Constituição Estadual, ou para prover a execução de lei, de ordem ou de decisão judicial.

Art. 36. A decretação da intervenção dependerá:

I no caso do art. 34, IV, de solicitação do Poder Legislativo ou do Poder Executivo coacto ou impedido, ou de requisição do Supremo Tribunal Federal, se a coação for exercida contra o Poder Judiciário;

II no caso de desobediência a ordem ou decisão judiciária, de requisição do Supremo Tribunal Federal, do Superior Tribunal de Justiça ou do Tribunal Superior Eleitoral;

III de provimento, pelo Supremo Tribunal Federal, de representação do Procurador-Geral da República, na hipótese do art. 34, VII, e no caso de recusa à execução de lei federal. (*Redação dada pela Emenda Constitucional n. 45, de 2004*)

IV (*Revogado pela Emenda Constitucional n. 45, de 2004*)

§ 1º O decreto de intervenção, que especificará a amplitude, o prazo e as condições de execução e que, se couber, nomeará o interventor, será submetido à apreciação do Congresso Nacional ou da Assembléia Legislativa do Estado, no prazo de vinte e quatro horas.

§ 2º Se não estiver funcionando o Congresso Nacional ou a Assembléia

Legislativa, far-se-á convocação extraordinária, no mesmo prazo de vinte e quatro horas.

§ 3º Nos casos do art. 34, VI e VII, ou do art. 35, IV, dispensada a apreciação pelo Congresso Nacional ou pela Assembléia Legislativa, o decreto limitar-se-á a suspender a execução do ato impugnado, se essa medida bastar ao restabelecimento da normalidade.

§ 4º Cessados os motivos da intervenção, as autoridades afastadas de seus cargos a estes voltarão, salvo impedimento legal.

DA ADMINISTRAÇÃO PÚBLICA

Seção I – Disposições Gerais

Art. 37. A administração pública direta e indireta de qualquer dos Poderes da União, dos Estados, do Distrito Federal e dos Municípios obedecerá aos princípios de legalidade, impessoalidade, moralidade, publicidade e eficiência e, também, ao seguinte: (*Redação dada pela Emenda Constitucional n. 19, de 1998*)

I os cargos, empregos e funções públicas são acessíveis aos brasileiros que preencham os requisitos estabelecidos em lei, assim como aos estrangeiros, na forma da lei; (*Redação dada pela Emenda Constitucional n. 19, de 1998*)

II a investidura em cargo ou emprego público depende de aprovação prévia em concurso público de provas ou de provas e títulos, de acordo com a natureza e a complexidade do cargo ou emprego, na forma prevista em lei, ressalvadas as nomeações para cargo em comissão declarado em lei de livre nomeação e exoneração; (*Redação dada pela Emenda Constitucional n. 19, de 1998*)

III o prazo de validade do concurso público será de até dois anos, prorrogável uma vez, por igual período;

IV durante o prazo improrrogável previsto no edital de convocação, aquele aprovado em concurso público de provas ou de provas e títulos será convocado com prioridade sobre novos concursados para assumir cargo ou emprego, na carreira;

V as funções de confiança, exercidas exclusivamente por servidores ocupantes de cargo efetivo, e os cargos em comissão, a serem preenchidos por servidores de carreira nos casos, condições e percentuais mínimos previstos em lei, destinam-se apenas às atribuições de direção, chefia e assessoramento; (*Redação dada pela Emenda Constitucional n. 19, de 1998*)

VI é garantido ao servidor público civil o direito à livre associação sindical;

VII o direito de greve será exercido nos termos e nos limites definidos em lei específica; (*Redação dada pela Emenda Constitucional n. 19, de 1998*)

VIII a lei reservará percentual dos cargos e empregos públicos para as pessoas portadoras de deficiência e definirá os critérios de sua admissão;

IX a lei estabelecerá os casos de contratação por tempo determinado para atender a necessidade temporária de excepcional interesse público;[22]

X a remuneração dos servidores públicos e o subsídio de que trata o § 4º do art. 39 somente poderão ser fixados ou altera dos por lei específica, observada a iniciativa privativa em cada caso, assegurada revisão geral anual, sempre na mesma data e sem distinção de índices; (*Redação dada pela Emenda Constitucional n. 19, de 1998*)

XI a remuneração e o subsídio dos ocupantes de cargos, funções e empregos públicos da administração direta, autárquica e fundacional, dos membros de qualquer dos Poderes da União, dos Estados, do Distrito Federal e dos Municípios, dos detentores de mandato eletivo e dos demais agentes políticos e os proventos, pensões ou outra espécie remuneratória, percebidos cumulativamente ou não, incluídas as vantagens pessoais ou de qualquer outra natureza, não poderão exceder o subsídio mensal, em espécie, dos Ministros do Supremo Tribunal Federal, aplicando-se como limite, nos Municípios, o subsídio do Prefeito, e nos Estados e no Distrito Federal, o subsídio mensal do Governador no âmbito do Poder Executivo, o subsídio dos Deputados Estaduais e Distritais no âmbito do Poder Legislativo e o subsidio dos Desembargadores do Tribunal de Justiça, limitado a noventa inteiros e vinte e cinco centésimos por cento do subsídio mensal, em espécie, dos Ministros do Supremo

22 Vide Emenda Constitucional n. 106, de 2020.

Tribunal Federal, no âmbito do Poder Judiciário, aplicável este limite aos membros do Ministério Público, aos Procuradores e aos Defensores Públicos; (*Redação dada pela Emenda Constitucional n. 41, 19.12.2003*)

XII os vencimentos dos cargos do Poder Legislativo e do Poder Judiciário não poderão ser superiores aos pagos pelo Poder Executivo;

XIII é vedada a vinculação ou equiparação de quaisquer espécies remuneratórias para o efeito de remuneração de pessoal do serviço público; (*Redação dada pela Emenda Constitucional n. 19, de 1998*)

XIV os acréscimos pecuniários percebidos por servidor público não serão computados nem acumulados para fins de concessão de acréscimos ulteriores; (*Redação dada pela Emenda Constitucional n. 19, de 1998*)

XV o subsídio e os vencimentos dos ocupantes de cargos e empregos públicos são irredutíveis, ressalvado o disposto nos incisos XI e XIV deste artigo e nos arts. 39, § 4°, 150, II, 153, III, e 153, § 2°, I; (*Redação dada pela Emenda Constitucional n. 19, de 1998*)

XVI é vedada a acumulação remunerada de cargos públicos, exceto, quando houver compatibilidade de horários, observado em qualquer caso o disposto no inciso XI: (*Redação dada pela Emenda Constitucional n. 19, de 1998*)

a) a de dois cargos de professor; (*Redação dada pela Emenda Constitucional n. 19, de 1998*)
b) a de um cargo de professor com outro técnico ou científico; (*Redação dada pela Emenda Constitucional n. 19, de 1998*)
c) a de dois cargos ou empregos privativos de profissionais de saúde, com profissões regulamentadas. (*Redação dada pela Emenda Constitucional n. 34, de 2001*)

XVII a proibição de acumular estende-se a empregos e funções e abrange autarquias, fundações, empresas públicas, sociedades de economia mista, suas subsidiárias, e sociedades controladas, direta ou indiretamente, pelo poder público; (*Redação dada pela Emenda Constitucional n. 19, de 1998*)

XVIII a administração fazendária e seus servidores fiscais terão, dentro de suas áreas de competência e jurisdição, precedência sobre os demais setores administrativos, na forma da lei;

XIX somente por lei específica poderá ser criada autarquia e autorizada a instituição de empresa pública, de sociedade de economia mista e de fundação, cabendo à lei complementar, neste último caso, definir as áreas de sua atuação; (*Redação dada pela Emenda Constitucional n. 19, de 1998*)

XX depende de autorização legislativa, em cada caso, a criação de subsidiárias das entidades mencionadas no inciso anterior, assim como a participação de qualquer delas em empresa privada;

XXI ressalvados os casos especificados na legislação, as obras, serviços, compras e alienações serão contratados mediante processo de licitação pública que assegure igualdade de condições a todos os concorrentes, com cláusulas que estabeleçam obrigações de pagamento, mantidas as condições efetivas da proposta, nos termos da lei, o qual somente permitirá as exigências de qualificação técnica e econômica indispensáveis à garantia do cumprimento das obrigações;

XXII as administrações tributárias da União, dos Estados, do Distrito Federal e dos Municípios, atividades essenciais ao funcionamento do Estado, exercidas por servidores de carreiras específicas, terão recursos prioritários para a realização de suas atividades e atuarão de forma integrada, inclusive com o compartilhamento de cadastros e de informações fiscais, na forma da lei ou convênio. (*Incluído pela Emenda Constitucional n. 42, de 19.12.2003*)

§ 1º A publicidade dos atos, programas, obras, serviços e campanhas dos órgãos públicos deverá ter caráter educativo, informativo ou de orientação social, dela não podendo constar nomes, símbolos ou imagens que caracterizem promoção pessoal de autoridades ou servidores públicos.

§ 2º A não observância do disposto nos incisos II e III implicará a nulidade do ato e a punição da autoridade responsável, nos termos da lei.

§ 3º A lei disciplinará as formas de participação do usuário na administração pública direta e indireta, regulando especialmente: (*Redação dada pela Emenda Constitucional n. 19, de 1998*)

I as reclamações relativas à prestação dos serviços públicos em geral, asseguradas a manutenção de serviços de atendimento ao usuário e a avaliação periódica, externa e interna, da qualidade dos serviços; (*Incluído pela Emenda Constitucional n. 19, de 1998*)

II o acesso dos usuários a registros administrativos e a informações sobre atos de governo, observado o disposto no art. 5º, X e XXXIII; (*Incluído pela Emenda Constitucional n. 19, de 1998*)[23]

III a disciplina da representação contra o exercício negligente ou abusivo de cargo, emprego ou função na administração pública. (*Incluído pela Emenda Constitucional n. 19, de 1998*)

§ 4º Os atos de improbidade administrativa importarão a suspensão dos direitos políticos, a perda da função pública, a indisponibilidade dos bens e o ressarcimento ao erário, na forma e gradação previstas em lei, sem prejuízo da ação penal cabível.

§ 5º A lei estabelecerá os prazos de prescrição para ilícitos praticados por qualquer agente, servidor ou não, que causem prejuízos ao erário, ressalvadas as respectivas ações de ressarcimento.

§ 6º As pessoas jurídicas de direito público e as de direito privado prestadoras de serviços públicos responderão pelos danos que seus agentes, nessa qualidade, causarem a terceiros, assegurado o direito de regresso contra o responsável nos casos de dolo ou culpa.

---

23 Vide Lei n. 12.527, de 2011.

§ 7º A lei disporá sobre os requisitos e as restrições ao ocupante de cargo ou emprego da administração direta e indireta que possibilite o acesso a informações privilegiadas. (*Incluído pela Emenda Constitucional n. 19, de 1998*)

§ 8º A autonomia gerencial, orçamentária e financeira dos órgãos e entidades da administração direta e indireta poderá ser ampliada mediante contrato, a ser firmado entre seus administradores e o poder público, que tenha por objeto a fixação de metas de desempenho para o órgão ou entidade, cabendo à lei dispor sobre: (*Incluído pela Emenda Constitucional n. 19, de 1998*)

I o prazo de duração do contrato; (*Incluído pela Emenda Constitucional n. 19, de 1998*)

II os controles e critérios de avaliação de desempenho, direitos, obrigações e responsabilidade dos dirigentes; (*Incluído pela Emenda Constitucional n. 19, de 1998*)

III a remuneração do pessoal. (*Incluído pela Emenda Constitucional n. 19, de 1998*)

§ 9º O disposto no inciso XI aplica-se às empresas públicas e às sociedades de economia mista, e suas subsidiárias, que receberem recursos da União, dos Estados, do Distrito Federal ou dos Municípios para pagamento de despesas de pessoal ou de custeio em geral. (*Incluído pela Emenda Constitucional n. 19, de 1998*)

§ 10. É vedada a percepção simultânea de proventos de aposentadoria decorrentes do art. 40 ou dos arts. 42 e 142 com a remuneração de cargo, emprego ou função pública, ressalvados os cargos acumuláveis na forma desta Constituição, os cargos eletivos e os cargos em comissão declarados em lei de livre nomeação e exoneração. (*Incluído pela Emenda Constitucional n. 19, de 1998*)[24]

§ 11. Não serão computadas, para efeito dos limites remuneratórios de que trata o inciso XI do caput deste artigo, as parcelas de caráter indenizatório previstas em lei. (*Incluído pela Emenda Constitucional n. 47, de 2005*)

§ 12. Para os fins do disposto no inciso XI do caput deste artigo, fica

---

24 Vide Emenda Constitucional n. 20, de 1998.

facultado aos Estados e ao Distrito Federal fixar, em seu âmbito, mediante emenda às respectivas Constituições e Lei Orgânica, como limite único, o subsídio mensal dos Desembargadores do respectivo Tribunal de Justiça, limitado a noventa inteiros e vinte e cinco centésimos por cento do subsídio mensal dos Ministros do Supremo Tribunal Federal, não se aplicando o disposto neste parágrafo aos subsídios dos Deputados Estaduais e Distritais e dos Vereadores. (*Incluído pela Emenda Constitucional n. 47, de 2005*)

§ 13. O servidor público titular de cargo efetivo poderá ser readaptado para exercício de cargo cujas atribuições e responsabilidades sejam compatíveis com a limitação que tenha sofrido em sua capacidade física ou mental, enquanto permanecer nesta condição, desde que possua a habilitação e o nível de escolaridade exigidos para o cargo de destino, mantida a remuneração do cargo de origem. (*Incluído pela Emenda Constitucional n. 103, de 2019*)

§ 14. A aposentadoria concedida com a utilização de tempo de contribuição decorrente de cargo, emprego ou função pública, inclusive do Regime Geral de Previdência Social, acarretará o rompimento do vínculo que gerou o referido tempo de contribuição. (*Incluído pela Emenda Constitucional n. 103, de 2019*)

§ 15. É vedada a complementação de aposentadorias de servidores públicos e de pensões por morte a seus dependentes que não seja decorrente do disposto nos §§ 14 a 16 do art. 40 ou que não seja prevista em lei que extinga regime próprio de previdência social. (*Incluído pela Emenda Constitucional n. 103, de 2019*)

§ 16. Os órgãos e entidades da administração pública, individual ou conjuntamente, devem realizar avaliação das políticas públicas, inclusive com divulgação do objeto a ser avaliado e dos resultados alcançados, na forma da lei. (*Incluído pela Emenda Constitucional n. 103, de 2019*)

Art. 38. Ao servidor público da administração direta, autárquica e fundacional, no exercício de mandato eletivo, aplicam-se as seguintes disposições: (*Redação dada pela Emenda Constitucional n. 19, de 1998*)

I tratando-se de mandato eletivo federal, estadual ou distrital, ficará afastado de seu cargo, emprego ou função;

II investido no mandato de Prefeito, será afastado do cargo, emprego ou função, sendo-lhe facultado optar pela sua remuneração;

III investido no mandato de Vereador, havendo compatibilidade de horários, perceberá as vantagens de seu cargo, emprego ou função, sem prejuízo da remuneração do cargo eletivo, e, não havendo compatibilidade, será aplicada a norma do inciso anterior;

IV em qualquer caso que exija o afastamento para o exercício de mandato eletivo, seu tempo de serviço será contado para todos os efeitos legais, exceto para promoção por merecimento;

V na hipótese de ser segurado de regime próprio de previdência social, permanecerá filiado a esse regime, no ente federativo de origem. (*Redação dada pela Emenda Constitucional n. 103, de 2019*)

Seção II – Dos Servidores Públicos
(*Redação dada pela Emenda Constitucional n. 18, de 1998*)

Art. 39. A União, os Estados, o Distrito Federal e os Municípios instituirão, no âmbito de sua competência, regime jurídico único e planos de carreira para os servidores da administração pública direta, das autarquias e das fundações públicas.[25]

Art. 39. A União, os Estados, o Distrito Federal e os Municípios instituirão conselho de política de administração e remuneração de pessoal, integrado por servidores designados pelos respectivos Poderes. (*Redação dada pela Emenda Constitucional n. 19, de 1998*)[26]

§ 1º A fixação dos padrões de vencimento e dos demais componentes do sistema remuneratório observará: (*Redação dada pela Emenda Constitucional n. 19, de 1998*)

I a natureza, o grau de responsabilidade e a complexidade dos cargos componentes de cada carreira; (*Redação dada pela Emenda Constitucional n. 19, de 1998*)

II os requisitos para a investidura; (*Redação dada pela Emenda Constitucional n. 19, de 1998*)

---

25 Vide ADI n. 2.135.

26 Vide ADI n. 2.135.

III as peculiaridades dos cargos. (*Redação dada pela Emenda Constitucional n. 19, de 1998*)

§ 2º A União, os Estados e o Distrito Federal manterão escolas de governo para a formação e o aperfeiçoamento dos servidores públicos, constituindo-se a participação nos cursos um dos requisitos para a promoção na carreira, facultada, para isso, a celebração de convênios ou contratos entre os entes federados. (*Redação dada pela Emenda Constitucional n. 19, de 1998*)

§ 3º Aplica-se aos servidores ocupantes de cargo público o disposto no art. 7º, IV, VII, VIII, IX, XII, XIII, XV, XVI, XVII, XVIII, XIX, XX, XXII e XXX, podendo a lei estabelecer requisitos diferenciados de admissão quando a natureza do cargo o exigir. (*Incluído pela Emenda Constitucional n. 19, de 1998*)

§ 4º O membro de Poder, o detentor de mandato eletivo, os Ministros de Estado e os Secretários Estaduais e Municipais serão remunerados exclusivamente por subsídio fixado em parcela única, vedado o acréscimo de qualquer gratificação, adicional, abono, prêmio, verba de representação ou outra espécie remuneratória, obedecido, em qualquer caso, o disposto no art. 37, X e XI. (*Incluído pela Emenda Constitucional n. 19, de 1998*)

§ 5º Lei da União, dos Estados, do Distrito Federal e dos Municípios poderá estabelecer a relação entre a maior e a menor remuneração dos servidores públicos, obedecido, em qualquer caso, o disposto no art. 37, XI. (*Incluído pela Emenda Constitucional n. 19, de 1998*)

§ 6º Os Poderes Executivo, Legislativo e Judiciário publicarão anualmente os valores do subsídio e da remuneração dos cargos e empregos públicos. (*Incluído pela Emenda Constitucional n. 19, de 1998*)

§ 7º Lei da União, dos Estados, do Distrito Federal e dos Municípios disciplinará a aplicação de recursos orçamentários provenientes da economia com despesas correntes em cada órgão, autarquia e fundação, para aplicação no desenvolvimento de programas de qualidade e produtividade, treinamento e desenvolvimento, modernização, reaparelhamento e racionalização do serviço público, inclusive sob a forma de adicional ou prêmio de produtividade. (*Incluído pela Emenda Constitucional n. 19, de 1998*)

§ 8º A remuneração dos servidores públicos organizados em carreira poderá ser fixada nos termos do § 4º. (*Incluído pela Emenda Constitucional n. 19, de 1998*)

§ 9º É vedada a incorporação de vantagens de caráter temporário ou vinculadas ao exercício de função de confiança ou de cargo em comissão à remuneração do cargo efetivo. (*Incluído pela Emenda Constitucional n. 103, de 2019*)

Art. 40. O regime próprio de previdência social dos servidores titulares de cargos efetivos terá caráter contributivo e solidário, mediante contribuição do respectivo ente federativo, de servidores ativos, de aposentados e de pensionistas, observados critérios que preservem o equilíbrio financeiro e atuarial. (*Redação dada pela Emenda Constitucional n. 103, de 2019*)

§ 1º O servidor abrangido por regime próprio de previdência social será aposentado: (*Redação dada pela Emenda Constitucional n. 103, de 2019*)

I por incapacidade permanente para o trabalho, no cargo em que estiver investido, quando insuscetível de readaptação, hipótese em que será obrigatória a realização de avaliações periódicas para verificação da continuidade das condições que ensejaram a concessão da aposentadoria, na forma de lei do respectivo ente federativo; (*Redação dada pela Emenda Constitucional n. 103, de 2019*)

II compulsoriamente, com proventos proporcionais ao tempo de contribuição, aos 70 (setenta) anos de idade, ou aos 75 (setenta e cinco) anos de idade, na forma de lei complementar; (*Redação dada pela Emenda Constitucional n. 88, de 2015*)[27]

III no âmbito da União, aos 62 (sessenta e dois) anos de idade, se mulher, e aos 65 (sessenta e cinco) anos de idade, se homem, e, no âmbito dos Estados, do Distrito Federal e dos Municípios, na idade mínima estabelecida mediante emenda às respectivas Constituições e Leis Orgânicas, observados o tempo de contribuição e os demais requisitos estabelecidos em lei complementar do respectivo ente federativo. (*Redação dada pela Emenda Constitucional n. 103, de 2019*)

§ 2º Os proventos de aposentadoria não poderão ser inferiores ao valor mínimo a que se refere o § 2º do art. 201 ou superiores ao limite máximo estabelecido para o Regime Geral de Previdência Social, observado o

27 Vide Lei Complementar n. 152, de 2015.

disposto nos §§ 14 a 16. (*Redação dada pela Emenda Constitucional n. 103, de 2019*)

§ 3º As regras para cálculo de proventos de aposentadoria serão disciplinadas em lei do respectivo ente federativo. (*Redação dada pela Emenda Constitucional n. 103, de 2019*)

§ 4º É vedada a adoção de requisitos ou critérios diferenciados para concessão de benefícios em regime próprio de previdência social, ressalvado o disposto nos §§ 4º-A, 4º-B, 4º-C e 5º. (*Redação dada pela Emenda Constitucional n. 103, de 2019*)

§ 4º-A. Poderão ser estabelecidos por lei complementar do respectivo ente federativo idade e tempo de contribuição diferenciados para aposentadoria de servidores com deficiência, previamente submetidos a avaliação biopsicossocial realizada por equipe multiprofissional e interdisciplinar. (*Incluído pela Emenda Constitucional n. 103, de 2019*)

§ 4º-B. Poderão ser estabelecidos por lei complementar do respectivo ente federativo idade e tempo de contribuição diferenciados para aposentadoria de ocupantes do cargo de agente penitenciário, de agente socioeducativo ou de policial dos órgãos de que tratam o inciso IV do **caput** do art. 51, o inciso XIII do caput do art. 52 e os incisos I a IV do caput do art. 144. (*Incluído pela Emenda Constitucional n. 103, de 2019*)

§ 4º-C. Poderão ser estabelecidos por lei complementar do respectivo ente federativo idade e tempo de contribuição diferenciados para aposentadoria de servidores cujas atividades sejam exercidas com efetiva exposição a agentes químicos, físicos e biológicos prejudiciais à saúde, ou associação desses agentes, vedada a caracterização por categoria profissional ou ocupação. (*Incluído pela Emenda Constitucional n. 103, de 2019*)

§ 5º Os ocupantes do cargo de professor terão idade mínima reduzida em 5 (cinco) anos em relação às idades decorrentes da aplicação do disposto no inciso III do § 1º, desde que comprovem tempo de efetivo exercício das funções de magistério na educação infantil e no ensino fundamental e médio fixado em lei complementar do respectivo ente federativo. (*Redação dada pela Emenda Constitucional n. 103, de 2019*)

§ 6º Ressalvadas as aposentadorias decorrentes dos cargos acumuláveis na forma desta Constituição, é vedada a percepção de mais de uma aposentadoria à conta de regime próprio de previdência social, aplicando-se outras vedações, regras e condições para a acumulação de benefícios previdenciários estabelecidas no Regime Geral de Previdência Social. (*Redação dada pela Emenda Constitucional n. 103, de 2019*)

§ 7º Observado o disposto no § 2º do art. 201, quando se tratar da única fonte de renda formal auferida pelo dependente, o benefício de pensão por morte será concedido nos termos de lei do respectivo ente federativo, a qual tratará de forma diferenciada a hipótese de morte dos servidores de que trata o § 4º-B decorrente de agressão sofrida no exercício ou em razão da função. (*Redação dada pela Emenda Constitucional n. 103, de 2019*)

§ 8º É assegurado o reajustamento dos benefícios para preservar-lhes, em caráter permanente, o valor real, conforme critérios estabelecidos em lei. (*Redação dada pela Emenda Constitucional n. 41, 19.12.2003*)

§ 9º O tempo de contribuição federal, estadual, distrital ou municipal será contado para fins de aposentadoria, observado o disposto nos §§ 9º e 9º-A do art. 201, e o tempo de serviço correspondente será contado para fins de disponibilidade. (*Redação dada pela Emenda Constitucional n. 103, de 2019*)

§ 10 A lei não poderá estabelecer qualquer forma de contagem de tempo de contribuição fictício. (*Incluído pela Emenda Constitucional n. 20, de 15/12/98*)[28]

§ 11 Aplica-se o limite fixado no art. 37, XI, à soma total dos proventos de inatividade, inclusive quando decorrentes da acumulação de cargos ou empregos públicos, bem como de outras atividades sujeitas a contribuição para o regime geral de previdência social, e ao montante resultante da adição de proventos de inatividade com remuneração de cargo acumulável na forma desta Constituição, cargo em comissão declarado em lei de livre nomeação e exoneração, e de cargo eletivo. (*Incluído pela Emenda Constitucional n. 20, de 15/12/98*)

§ 12 Além do disposto neste artigo, serão observados, em regime próprio de previdência social, no que couber, os requisitos e critérios fixados para o Regime Geral de Previdência Social. (*Redação dada pela Emenda Constitucional n. 103, de 2019*)

§ 13 Aplica-se ao agente público ocupante, exclusivamente, de cargo em comissão declarado em lei de livre nomeação e exoneração, de outro cargo

---

28 Vide Emenda Constitucional n. 20, de 1998.

temporário, inclusive mandato eletivo, ou de emprego público, o Regime Geral de Previdência Social. (*Redação dada pela Emenda Constitucional n. 103, de 2019*)

§ 14 A União, os Estados, o Distrito Federal e os Municípios instituirão, por lei de iniciativa do respectivo Poder Executivo, regime de previdência complementar para servidores públicos ocupantes de cargo efetivo, observado o limite máximo dos benefícios do Regime Geral de Previdência Social para o valor das aposentadorias e das pensões em regime próprio de previdência social, ressalvado o disposto no § 16. (*Redação dada pela Emenda Constitucional n. 103, de 2019*)

§ 15 O regime de previdência complementar de que trata o § 14 oferecerá plano de benefícios somente na modalidade contribuição definida, observará o disposto no art. 202 e será efetivado por intermédio de entidade fechada de previdência complementar ou de entidade aberta de previdência complementar. (*Redação dada pela Emenda Constitucional n. 103, de 2019*)

§ 16 Somente mediante sua prévia e expressa opção, o disposto nos §§ 14 e 15 poderá ser aplicado ao servidor que tiver ingressado no serviço público até a data da publicação do ato de instituição do correspondente regime de previdência complementar. (*Incluído pela Emenda Constitucional n. 20, de 1998*)

§ 17 Todos os valores de remuneração considerados para o cálculo do benefício previsto no § 3° serão devidamente atualizados, na forma da lei. (*Incluído pela Emenda Constitucional n. 41, de 2003*)

§ 18 Incidirá contribuição sobre os proventos de aposentadorias e pensões concedidas pelo regime de que trata este artigo que superem o limite máximo estabelecido para os benefícios do regime geral de previdência social de que trata o art. 201, com percentual igual ao estabelecido para os servidores titulares de cargos efetivos. (*Incluído pela Emenda Constitucional n. 41, de 2003*)[29]

§ 19 Observados critérios a serem estabelecidos em lei do respectivo ente federativo, o servidor titular de cargo efetivo que tenha completado as exigências para a aposentadoria voluntária e que opte por permanecer em atividade poderá fazer jus a um abono de permanência equivalente, no máximo, ao valor da sua contribuição previdenciária, até completar a idade

29 Vide ADIN 3133, ADIN 3143 e ADIN 3184.

para aposentadoria compulsória. (*Redação dada pela Emenda Constitucional n. 103, de 2019*)

§ 20 É vedada a existência de mais de um regime próprio de previdência social e de mais de um órgão ou entidade gestora desse regime em cada ente federativo, abrangidos todos os poderes, órgãos e entidades autárquicas e fundacionais, que serão responsáveis pelo seu financiamento, observados os critérios, os parâmetros e a natureza jurídica definidos na lei complementar de que trata o § 22. (*Redação dada pela Emenda Constitucional n. 103, de 2019*)

§ 21 (*Revogado pela Emenda Constitucional n. 103, de 2019*)

§ 22 Vedada a instituição de novos regimes próprios de previdência social, lei complementar federal estabelecerá, para os que já existam, normas gerais de organização, de funcionamento e de responsabilidade em sua gestão, dispondo, entre outros aspectos, sobre: (*Incluído pela Emenda Constitucional n. 103, de 2019*)

I requisitos para sua extinção e consequente migração para o Regime Geral de Previdência Social; (*Incluído pela Emenda Constitucional n. 103, de 2019*)

II modelo de arrecadação, de aplicação e de utilização dos recursos; (*Incluído pela Emenda Constitucional n. 103, de 2019*)

III fiscalização pela União e controle externo e social; (*Incluído pela Emenda Constitucional n. 103, de 2019*)

IV definição de equilíbrio financeiro e atuarial; (*Incluído pela Emenda Constitucional n. 103, de 2019*)

V condições para instituição do fundo com finalidade previdenciária de que trata o art. 249 e para vinculação a ele dos recursos provenientes de contribuições e dos bens, direitos e ativos de qualquer natureza; (*Incluído pela Emenda Constitucional n. 103, de 2019*)

VI mecanismos de equacionamento do ***deficit*** atuarial; (*Incluído pela Emenda Constitucional n. 103, de 2019*)

VII estruturação do órgão ou entidade gestora do regime, observados os princípios relacionados com governança, controle interno e transparência; (*Incluído pela Emenda Constitucional n. 103, de 2019*)

VIII condições e hipóteses para responsabilização daqueles que desempenhem atribuições relacionadas, direta ou indiretamente, com a gestão do regime; (*Incluído pela Emenda Constitucional n. 103, de 2019*)

IX condições para adesão a consórcio público; (*Incluído pela Emenda Constitucional n. 103, de 2019*)

X parâmetros para apuração da base de cálculo e definição de alíquota de contribuições ordinárias e extraordinárias. (*Incluído pela Emenda Constitucional n. 103, de 2019*)

Art. 41. São estáveis após três anos de efetivo exercício os servidores nomeados para cargo de provimento efetivo em virtude de concurso público. (*Redação dada pela Emenda Constitucional n. 19, de 1998*)

§ 1º O servidor público estável só perderá o cargo: (*Redação dada pela Emenda Constitucional n. 19, de 1998*)

I em virtude de sentença judicial transitada em julgado; (*Incluído pela Emenda Constitucional n. 19, de 1998*)

II mediante processo administrativo em que lhe seja assegurada ampla defesa; (*Incluído pela Emenda Constitucional n. 19, de 1998*)

III mediante procedimento de avaliação periódica de desempenho, na forma de lei complementar, assegurada ampla defesa. (*Incluído pela Emenda Constitucional n. 19, de 1998*)

§ 2º Invalidada por sentença judicial a demissão do servidor estável, será ele reintegrado, e o eventual ocupante da vaga, se estável, reconduzido ao cargo de origem, sem direito a indenização, aproveitado em outro cargo ou posto em disponibilidade com remuneração proporcional ao tempo de serviço. (*Redação dada pela Emenda Constitucional n. 19, de 1998*)

§ 3º Extinto o cargo ou declarada a sua desnecessidade, o servidor estável ficará em disponibilidade, com remuneração proporcional ao tempo de serviço, até seu adequado aproveitamento em outro cargo. (*Redação dada pela Emenda Constitucional n. 19, de 1998*)

§ 4º Como condição para a aquisição da estabilidade, é obrigatória a avaliação especial de desempenho por comissão instituída para essa finalidade. (*Incluído pela Emenda Constitucional n. 19, de 1998*)

Seção III – Dos Militares dos Estados, do Distrito Federal e dos Territórios (*Redação dada pela Emenda Constitucional n. 18, de 1998*)

Art. 42. Os membros das Polícias Militares e Corpos de Bombeiros Militares, instituições organizadas com base na hierarquia e disciplina, são militares dos Estados, do Distrito Federal e dos Territórios. (*Redação dada pela Emenda Constitucional n. 18, de 1998*)

§ 1º Aplicam-se aos militares dos Estados, do Distrito Federal e dos Territórios, além do que vier a ser fixado em lei, as disposições do art. 14, § 8º; do art. 40, § 9º; e do art. 142, §§ 2º e 3º, cabendo a lei estadual específica dispor sobre as matérias do art. 142, § 3º, inciso X, sendo as patentes dos oficiais conferidas pelos respectivos governadores. (*Redação dada pela Emenda Constitucional n. 20, de 1998*)

§ 2º Aos pensionistas dos militares dos Estados, do Distrito Federal e dos Territórios aplica-se o que for fixado em lei específica do respectivo ente estatal. (*Redação dada pela Emenda Constitucional n. 41, de 2003*)

§ 3º Aplica-se aos militares dos Estados, do Distrito Federal e dos Territórios o disposto no art. 37, inciso XVI, com prevalência da atividade militar. (*Incluído pela Emenda Constitucional n. 101, de 2019*)

Seção IV – Das Regiões

Art. 43. Para efeitos administrativos, a União poderá articular sua ação em um mesmo complexo geoeconômico e social, visando a seu desenvolvimento e à redução das desigualdades regionais.

§ 1º Lei complementar disporá sobre:

I as condições para integração de regiões em desenvolvimento;

II a composição dos organismos regionais que executarão, na forma da lei, os planos regionais, integrantes dos planos nacionais de desenvolvimento econômico e social, aprovados juntamente com estes.

§ 2º Os incentivos regionais compreenderão, além de outros, na forma da lei:

I igualdade de tarifas, fretes, seguros e outros itens de custos e preços de responsabilidade do Poder Público;

II juros favorecidos para financiamento de atividades prioritárias;

III isenções, reduções ou diferimento temporário de tributos federais devidos por pessoas físicas ou jurídicas;

IV prioridade para o aproveitamento econômico e social dos rios e das massas de água represadas ou represáveis nas regiões de baixa renda, sujeitas a secas periódicas.

§ 3º Nas áreas a que se refere o § 2º, IV, a União incentivará a recuperação de terras áridas e cooperará com os pequenos e médios proprietários rurais para o estabelecimento, em suas glebas, de fontes de água e de pequena irrigação.

TÍTULO IV

DA ORGANIZAÇÃO DOS PODERES

(Redação dada pela Emenda Constitucional n. 80, de 2014)

DO PODER LEGISLATIVO

Seção I – Do Congresso Nacional

Art. 44. O Poder Legislativo é exercido pelo Congresso Nacional, que se compõe da Câmara dos Deputados e do Senado Federal.
Parágrafo único. Cada legislatura terá a duração de quatro anos.

Art. 45. A Câmara dos Deputados compõe-se de representantes do povo, eleitos, pelo sistema proporcional, em cada Estado, em cada Território e no Distrito Federal.

§ 1º O número total de Deputados, bem como a representação por Estado e pelo Distrito Federal, será estabelecido por lei complementar, proporcionalmente à população, procedendo-se aos ajustes necessários, no ano anterior às eleições, para que nenhuma daquelas unidades da Federação tenha menos de oito ou mais de setenta Deputados.[30]

§ 2º Cada Território elegerá quatro Deputados.

Art. 46. O Senado Federal compõe-se de representantes dos Estados e do Distrito Federal, eleitos segundo o princípio majoritário.

§ 1º Cada Estado e o Distrito Federal elegerão três Senadores, com mandato de oito anos.

§ 2º A representação de cada Estado e do Distrito Federal será renovada de quatro em quatro anos, alternadamente, por um e dois terços.

§ 3º Cada Senador será eleito com dois suplentes.

Art. 47. Salvo disposição constitucional em contrário, as deliberações de cada Casa e de suas Comissões serão tomadas por maioria dos votos, presente a maioria absoluta de seus membros.

---

30 Vide Lei Complementar n. 78, de 1993.

Seção II – Das Atribuições do Congresso Nacional

Art. 48. Cabe ao Congresso Nacional, com a sanção do Presidente da República, não exigida esta para o especificado nos arts. 49, 51 e 52, dispor sobre todas as matérias de competência da União, especialmente sobre:

I sistema tributário, arrecadação e distribuição de rendas;

II plano plurianual, diretrizes orçamentárias, orçamento anual, operações de crédito, dívida pública e emissões de curso forçado;

III fixação e modificação do efetivo das Forças Armadas;

IV planos e programas nacionais, regionais e setoriais de desenvolvimento;

V limites do território nacional, espaço aéreo e marítimo e bens do domínio da União;

VI incorporação, subdivisão ou desmembramento de áreas de Territórios ou Estados, ouvidas as respectivas Assembléias Legislativas;

VII transferência temporária da sede do Governo Federal;

VIII concessão de anistia;

IX organização administrativa, judiciária, do Ministério Público e da Defensoria Pública da União e dos Territórios e organização judiciária e do Ministério Público do Distrito Federal; (*Redação dada pela Emenda Constitucional n. 69, de 2012*)

X criação, transformação e extinção de cargos, empregos e funções públicas, observado o que estabelece o art. 84, VI, *b*; (*Redação dada pela Emenda Constitucional n. 32, de 2001*)

XI criação e extinção de Ministérios e órgãos da administração pública; (*Redação dada pela Emenda Constitucional n. 32, de 2001*)

XII telecomunicações e radiodifusão;

XIII matéria financeira, cambial e monetária, instituições financeiras e suas operações;

XIV moeda, seus limites de emissão, e montante da dívida mobiliária federal.

XV fixação do subsídio dos Ministros do Supremo Tribunal Federal, observado o que dispõem os arts. 39, § 4º; 150, II; 153, III; e 153, § 2º, I. (*Redação dada pela Emenda Constitucional n. 41, de 2003*)

Art. 49. É da competência exclusiva do Congresso Nacional:

I resolver definitivamente sobre tratados, acordos ou atos inter nacionais que acarretem encargos ou compromissos gravosos ao patrimônio nacional;

II autorizar o Presidente da República a declarar guerra, a celebrar a paz, a permitir que forças estrangeiras transitem pelo território nacional ou nele permaneçam temporariamente, ressalvados os casos previstos em lei complementar;

III autorizar o Presidente e o Vice-Presidente da República a se ausentarem do País, quando a ausência exceder a quinze dias;

IV aprovar o estado de defesa e a intervenção federal, autorizar o estado de sítio, ou suspender qualquer uma dessas medidas;

V sustar os atos normativos do Poder Executivo que exorbitem do poder regulamentar ou dos limites de delegação legislativa;

VI mudar temporariamente sua sede;

VII fixar idêntico subsídio para os Deputados Federais e os Senadores, observado o que dispõem os arts. 37, XI, 39, § 4º, 150, II, 153, III, e 153, § 2º, I; (*Redação dada pela Emenda Constitucional n. 19, de 1998*)

VIII fixar os subsídios do Presidente e do Vice-Presidente da República e dos Ministros de Estado, observado o que dispõem os arts. 37, XI, 39, § 4º, 150, II, 153, III, e 153, § 2º, I; (*Redação dada pela Emenda Constitucional n. 19, de 1998*)

IX julgar anualmente as contas prestadas pelo Presidente da República e apreciar os relatórios sobre a execução dos planos de governo;

X fiscalizar e controlar, diretamente, ou por qualquer de suas Casas, os atos do Poder Executivo, incluídos os da administração indireta;

XI zelar pela preservação de sua competência legislativa em face da atribuição normativa dos outros Poderes;

XII apreciar os atos de concessão e renovação de concessão de emissoras de rádio e televisão;

XIII escolher dois terços dos membros do Tribunal de Contas da União;

XIV aprovar iniciativas do Poder Executivo referentes a atividades nucleares;

XV autorizar referendo e convocar plebiscito;

XVI autorizar, em terras indígenas, a exploração e o aproveitamento de recursos hídricos e a pesquisa e lavra de riquezas minerais;

XVII aprovar, previamente, a alienação ou concessão de terras públicas com área superior a dois mil e quinhentos hectares.

XVIII decretar o estado de calamidade pública de âmbito nacional previsto nos arts. 167-B, 167-C, 167-D, 167-E, 167-F e 167-G desta Constituição. (*Incluído pela Emenda Constitucional n. 109, de 2021*)

Art. 50. A Câmara dos Deputados e o Senado Federal, ou qualquer de suas Comissões, poderão convocar Ministro de Estado ou quaisquer titulares de órgãos diretamente subordinados à Presidência da República para prestarem, pessoalmente, informações sobre assunto previamente determinado, importando crime de responsabilidade a ausência sem justificação adequada. (*Redação dada pela Emenda Constitucional de Revisão n. 2, de 1994*)

§ 1º Os Ministros de Estado poderão comparecer ao Senado Federal, à Câmara dos Deputados, ou a qualquer de suas Comissões, por sua iniciativa e mediante entendimentos com a Mesa respectiva, para expor assunto de relevância de seu Ministério.

§ 2º As Mesas da Câmara dos Deputados e do Senado Federal poderão encaminhar pedidos escritos de informações a Ministros de Estado ou a qualquer das pessoas referidas no caput deste artigo, importando em crime de responsabilidade a recusa, ou o não - atendimento, no prazo de trinta dias, bem como a prestação de informações falsas. (*Redação dada pela Emenda Constitucional de Revisão n. 2, de 1994*)

Seção III – Da Câmara dos Deputados

Art. 51. Compete privativamente à Câmara dos Deputados:

I autorizar, por dois terços de seus membros, a instauração de processo contra o Presidente e o Vice-Presidente da República e os Ministros de Estado;

II proceder à tomada de contas do Presidente da República, quando não apresentadas ao Congresso Nacional dentro de sessenta dias após a abertura da sessão legislativa;

III elaborar seu regimento interno;

IV dispor sobre sua organização, funcionamento, polícia, criação, transformação ou extinção dos cargos, empregos e funções de seus serviços, e a iniciativa de lei para fixação da respectiva remuneração, observados os parâmetros estabelecidos na lei de diretrizes orçamentárias; (*Redação dada pela Emenda Constitucional n. 19, de 1998*)

V eleger membros do Conselho da República, nos termos do art. 89, VII.

Seção IV – Do Senado Federal

Art. 52. Compete privativamente ao Senado Federal:

I processar e julgar o Presidente e o Vice-Presidente da República nos crimes de responsabilidade, bem como os Ministros de Estado e os Comandantes da Marinha, do Exército e da Aeronáutica nos crimes da mesma natureza conexos com aqueles; (*Redação dada pela Emenda Constitucional n. 23, de 1999*)

II processar e julgar os Ministros do Supremo Tribunal Federal, os membros do Conselho Nacional de Justiça e do Conselho Nacional do Ministério Público, o Procurador-Geral da República e o Advogado-Geral da União nos crimes de responsabilidade; (*Redação dada pela Emenda Constitucional n. 45, de 2004*)

III aprovar previamente, por voto secreto, após argüição pública, a escolha de:

a) Magistrados, nos casos estabelecidos nesta Constituição;
b) Ministros do Tribunal de Contas da União indicados pelo Presidente da República;
c) Governador de Território;
d) Presidente e diretores do banco central;
e) Procurador-Geral da República;
f) titulares de outros cargos que a lei determinar.

IV aprovar previamente, por voto secreto, após argüição em sessão secreta, a escolha dos chefes de missão diplomática de caráter permanente;

V autorizar operações externas de natureza financeira, de interesse da União, dos Estados, do Distrito Federal, dos Territórios e dos Municípios;

VI fixar, por proposta do Presidente da República, limites globais para o montante da dívida consolidada da União, dos Estados, do Distrito Federal e dos Municípios;

VII dispor sobre limites globais e condições para as operações de crédito externo e interno da União, dos Estados, do Distrito

Federal e dos Municípios, de suas autarquias e demais entidades controladas pelo Poder Público federal;

VIII dispor sobre limites e condições para a concessão de garantia da União em operações de crédito externo e interno;

IX estabelecer limites globais e condições para o montante da dívida mobiliária dos Estados, do Distrito Federal e dos Municípios;

X suspender a execução, no todo ou em parte, de lei declarada inconstitucional por decisão definitiva do Supremo Tribunal Federal;

XI aprovar, por maioria absoluta e por voto secreto, a exoneração, de ofício, do Procurador-Geral da República antes do término de seu mandato;

XII elaborar seu regimento interno;

XIII dispor sobre sua organização, funcionamento, polícia, criação, transformação ou extinção dos cargos, empregos e funções de seus serviços, e a iniciativa de lei para fixação da respectiva remuneração, observados os parâmetros estabelecidos na lei de diretrizes orçamentárias; (*Redação dada pela Emenda Constitucional n. 19, de 1998*)

XIV eleger membros do Conselho da República, nos termos do art. 89, VII.

XV avaliar periodicamente a funcionalidade do Sistema Tributário Nacional, em sua estrutura e seus componentes, e o desempenho das administrações tributárias da União, dos Estados e do Distrito Federal e dos Municípios. (*Incluído pela Emenda Constitucional n. 42, de 2003*)

Parágrafo único. Nos casos previstos nos incisos I e II, funcionará como Presidente o do Supremo Tribunal Federal, limitando-se a condenação, que somente será proferida por dois terços dos votos do Senado Federal, à perda do cargo, com inabilitação, por oito anos, para o exercício de função pública, sem prejuízo das demais sanções judiciais cabíveis.

Seção V – Dos Deputados e dos Senadores

Art. 53. Os Deputados e Senadores são invioláveis, civil e penalmente, por quaisquer de suas opiniões, palavras e votos. (*Redação dada pela Emenda Constitucional n. 35, de 2001*)

§ 1º Os Deputados e Senadores, desde a expedição do diploma, serão submetidos a julgamento perante o Supremo Tribunal Federal. (*Redação dada pela Emenda Constitucional n. 35, de 2001*)

§ 2º Desde a expedição do diploma, os membros do Congresso Nacional não poderão ser presos, salvo em flagrante de crime inafiançável. Nesse caso, os autos serão remetidos dentro de vinte e quatro horas à Casa respectiva, para que, pelo voto da maioria de seus membros, resolva sobre a prisão. (*Redação dada pela Emenda Constitucional n. 35, de 2001*)

§ 3º Recebida a denúncia contra o Senador ou Deputado, por crime ocorrido após a diplomação, o Supremo Tribunal Federal dará ciência à Casa respectiva, que, por iniciativa de partido político nela representado e pelo voto da maioria de seus membros, poderá, até a decisão final, sustar o andamento da ação. (*Redação dada pela Emenda Constitucional n. 35, de 2001*)

§ 4º O pedido de sustação será apreciado pela Casa respectiva no prazo improrrogável de quarenta e cinco dias do seu recebimento pela Mesa Diretora. (*Redação dada pela Emenda Constitucional n. 35, de 2001*)

§ 5º A sustação do processo suspende a prescrição, enquanto durar o mandato. (*Redação dada pela Emenda Constitucional n. 35, de 2001*)

§ 6º Os Deputados e Senadores não serão obrigados a testemunhar sobre informações recebidas ou prestadas em razão do exercício do mandato, nem sobre as pessoas que lhes confiaram ou deles receberam informações. (*Redação dada pela Emenda Constitucional n. 35, de 2001*)

§ 7º A incorporação às Forças Armadas de Deputados e Senadores, embora militares e ainda que em tempo de guerra, dependerá de prévia licença da Casa respectiva. (*Redação dada pela Emenda Constitucional n. 35, de 2001*)

§ 8º As imunidades de Deputados ou Senadores subsistirão durante o estado de sítio, só podendo ser suspensas mediante o voto de dois terços dos membros da Casa respectiva, nos casos de atos praticados fora do recinto do Congresso Nacional, que sejam incompatíveis com a execução da medida. (*Incluído pela Emenda Constitucional n. 35, de 2001*)

Art. 54. Os Deputados e Senadores não poderão:

I desde a expedição do diploma:

a) firmar ou manter contrato com pessoa jurídica de direito público, autarquia, empresa pública, sociedade de economia mista ou empresa concessionária de serviço público, salvo quando o contrato obedecer a cláusulas uniformes;
b) aceitar ou exercer cargo, função ou emprego remunerado, inclusive os de que sejam demissíveis "ad nutum", nas entidades constantes da alínea anterior;

II desde a posse:

a) ser proprietários, controladores ou diretores de empresa que goze de favor decorrente de contrato com pessoa jurídica de direito público, ou nela exercer função remunerada;
b) ocupar cargo ou função de que sejam demissíveis "ad nutum", nas entidades referidas no inciso I, "a";
c) patrocinar causa em que seja interessada qualquer das entidades a que se refere o inciso I, "a";
d) ser titulares de mais de um cargo ou mandato público eletivo.

Art. 55. Perderá o mandato o Deputado ou Senador:

I que infringir qualquer das proibições estabelecidas no artigo anterior;

II cujo procedimento for declarado incompatível com o decoro parlamentar;

III que deixar de comparecer, em cada sessão legislativa, à terça parte das sessões ordinárias da Casa a que pertencer, salvo licença ou missão por esta autorizada;

IV que perder ou tiver suspensos os direitos políticos;

V quando o decretar a Justiça Eleitoral, nos casos previstos nesta Constituição;

VI que sofrer condenação criminal em sentença transitada em julgado.

§ 1º É incompatível com o decoro parlamentar, além dos casos definidos no regimento interno, o abuso das prerrogativas asseguradas a membro do Congresso Nacional ou a percepção de vantagens indevidas.

§ 2º Nos casos dos incisos I, II e VI, a perda do mandato será decidida pela Câmara dos Deputados ou pelo Senado Federal, por maioria absoluta, mediante provocação da respectiva Mesa ou de partido político representado no Congresso Nacional, assegurada ampla defesa. (*Redação dada pela Emenda Constitucional n. 76, de 2013*)

§ 3º Nos casos previstos nos incisos III a V, a perda será declarada pela Mesa da Casa respectiva, de ofício ou mediante provocação de qualquer de seus membros, ou de partido político representado no Congresso Nacional, assegurada ampla defesa.

§ 4º A renúncia de parlamentar submetido a processo que vise ou possa levar à perda do mandato, nos termos deste artigo, terá seus efeitos suspensos até as deliberações finais de que tratam os §§ 2º e 3º. (*Incluído pela Emenda Constitucional de Revisão n. 6, de 1994*)

Art. 56. Não perderá o mandato o Deputado ou Senador:

I investido no cargo de Ministro de Estado, Governador de Território, Secretário de Estado, do Distrito Federal, de Território, de Prefeitura de Capital ou chefe de missão diplomática temporária;

II licenciado pela respectiva Casa por motivo de doença, ou para tratar, sem remuneração, de interesse particular, desde que, neste caso, o afastamento não ultrapasse cento e vinte dias por sessão legislativa.

§ 1º O suplente será convocado nos casos de vaga, de investidura em funções previstas neste artigo ou de licença superior a cento e vinte dias.

§ 2º Ocorrendo vaga e não havendo suplente, far-se-á eleição para preenchê-la se faltarem mais de quinze meses para o término do mandato.

§ 3º Na hipótese do inciso I, o Deputado ou Senador poderá optar pela remuneração do mandato.

Seção VI – Das Reuniões

Art. 57. O Congresso Nacional reunir-se-á, anualmente, na Capital Federal, de 2 de fevereiro a 17 de julho e de 1º de agosto a 22 de dezembro. (*Redação dada pela Emenda Constitucional n. 50, de 2006*)

§ 1º As reuniões marcadas para essas datas serão transferidas para o primeiro dia útil subseqüente, quando recaírem em sábados, domingos ou feriados.

§ 2º A sessão legislativa não será interrompida sem a aprovação do projeto de lei de diretrizes orçamentárias.

§ 3º Além de outros casos previstos nesta Constituição, a Câmara dos Deputados e o Senado Federal reunir-se-ão em sessão conjunta para:

I inaugurar a sessão legislativa;

II elaborar o regimento comum e regular a criação de serviços comuns às duas Casas;

III receber o compromisso do Presidente e do Vice-Presidente da República;

IV conhecer do veto e sobre ele deliberar.

§ 4º Cada uma das Casas reunir-se-á em sessões preparatórias, a partir de 1º de fevereiro, no primeiro ano da legislatura, para a posse de seus membros e eleição das respectivas Mesas, para mandato de 2 (dois) anos, vedada a recondução para o mesmo cargo na eleição imediatamente subseqüente. (*Redação dada pela Emenda Constitucional n. 50, de 2006*)

§ 5º A Mesa do Congresso Nacional será presidida pelo Presidente do Senado Federal, e os demais cargos serão exercidos, alternadamente, pelos ocupantes de cargos equivalentes na Câmara dos Deputados e no Senado Federal.

§ 6º A convocação extraordinária do Congresso Nacional far-se-á: (*Redação dada pela Emenda Constitucional n. 50, de 2006*)

I pelo Presidente do Senado Federal, em caso de decretação de estado de defesa ou de intervenção federal, de pedido de autorização para a decretação de estado de sítio e para o compromisso e a posse do Presidente e do Vice-Presidente da República;

II pelo Presidente da República, pelos Presidentes da Câmara dos Deputados e do Senado Federal ou a requerimento da maioria dos membros de ambas as Casas, em caso de urgência ou interesse público relevante, em todas as hipóteses deste inciso com a aprovação da maioria absoluta de cada uma das Casas do Congresso Nacional. (*Redação dada pela Emenda Constitucional n. 50, de 2006*)

§ 7º Na sessão legislativa extraordinária, o Congresso Nacional somente deliberará sobre a matéria para a qual foi convocado, ressalvada a hipótese do § 8º deste artigo, vedado o pagamento de parcela indenizatória, em razão da convocação. (*Redação dada pela Emenda Constitucional n. 50, de 2006*)

§ 8º Havendo medidas provisórias em vigor na data de convocação extraordinária do Congresso Nacional, serão elas automaticamente incluídas na pauta da convocação. (*Incluído pela Emenda Constitucional n. 32, de 2001*)

Seção VII – Das Comissões

Art. 58. O Congresso Nacional e suas Casas terão comissões permanentes e temporárias, constituídas na forma e com as atribuições previstas no respectivo regimento ou no ato de que resultar sua criação.

§ 1º Na constituição das Mesas e de cada Comissão, é assegurada, tanto quanto possível, a representação proporcional dos partidos ou dos blocos parlamentares que participam da respectiva Casa.

§ 2º Às comissões, em razão da matéria de sua competência, cabe:

I discutir e votar projeto de lei que dispensar, na forma do regimento, a competência do Plenário, salvo se houver recurso de um décimo dos membros da Casa;

II realizar audiências públicas com entidades da sociedade civil;

III convocar Ministros de Estado para prestar informações sobre assuntos inerentes a suas atribuições;

IV receber petições, reclamações, representações ou queixas de qualquer pessoa contra atos ou omissões das autoridades ou entidades públicas;

V solicitar depoimento de qualquer autoridade ou cidadão;

VI apreciar programas de obras, planos nacionais, regionais e setoriais de desenvolvimento e sobre eles emitir parecer.

§ 3º As comissões parlamentares de inquérito, que terão poderes de investigação próprios das autoridades judiciais, além de outros previstos nos regimentos das respectivas Casas, serão criadas pela Câmara dos Deputados e pelo Senado Federal, em conjunto ou separadamente, mediante requerimento de um terço de seus membros, para a apuração de fato determinado e por prazo certo, sendo suas conclusões, se for o caso, encaminhadas ao Ministério Público, para que promova a responsabilidade civil ou criminal dos infratores.

§ 4º Durante o recesso, haverá uma Comissão representativa do Congresso Nacional, eleita por suas Casas na última sessão ordinária do período legislativo, com atribuições definidas no regimento comum, cuja composição reproduzirá, quanto possível, a proporcionalidade da representação partidária.

Seção VIII – Do Processo Legislativo

Subseção I – Disposição Geral

Art. 59. O processo legislativo compreende a elaboração de:

I emendas à Constituição;

II leis complementares;

III leis ordinárias;

IV leis delegadas;

V medidas provisórias;

VI decretos legislativos;

VII resoluções.

Parágrafo único. Lei complementar disporá sobre a elaboração, redação, alteração e consolidação das leis.

Subseção II – Da Emenda à Constituição

Art. 60. A Constituição poderá ser emendada mediante proposta:

I de um terço, no mínimo, dos membros da Câmara dos Deputados ou do Senado Federal;

II do Presidente da República;

III de mais da metade das Assembléias Legislativas das unidades da Federação, manifestando-se, cada uma delas, pela maioria relativa de seus membros.

§ 1º A Constituição não poderá ser emendada na vigência de intervenção federal, de estado de defesa ou de estado de sítio.

§ 2º A proposta será discutida e votada em cada Casa do Congresso Nacional, em dois turnos, considerando-se aprovada se obtiver, em ambos, três quintos dos votos dos respectivos membros.

§ 3º A emenda à Constituição será promulgada pelas Mesas da Câmara dos Deputados e do Senado Federal, com o respectivo número de ordem.

§ 4º Não será objeto de deliberação a proposta de emenda tendente a abolir:

I a forma federativa de Estado;

II o voto direto, secreto, universal e periódico;

III a separação dos Poderes;

IV os direitos e garantias individuais.

§ 5º A matéria constante de proposta de emenda rejeitada ou havida por prejudicada não pode ser objeto de nova proposta na mesma sessão legislativa.

Subseção III – Das Leis

Art. 61. A iniciativa das leis complementares e ordinárias cabe a qualquer membro ou Comissão da Câmara dos Deputados, do Senado Federal ou do Congresso Nacional, ao Presidente da República, ao Supremo Tribunal Federal, aos Tribunais Superiores, ao Procurador-Geral da República e aos cidadãos, na forma e nos casos previstos nesta Constituição.

§ 1º São de iniciativa privativa do Presidente da República as leis que:

I fixem ou modifiquem os efetivos das Forças Armadas;

II disponham sobre:

a) criação de cargos, funções ou empregos públicos na administração direta e autárquica ou aumento de sua remuneração;
b) organização administrativa e judiciária, matéria tributária e orçamentária, serviços públicos e pessoal da administração dos Territórios;
c) servidores públicos da União e Territórios, seu regime jurídico, provimento de cargos, estabilidade e aposentadoria; (*Redação dada pela Emenda Constitucional n. 18, de 1998*)
d) organização do Ministério Público e da Defensoria Pública da União, bem como normas gerais para a organização do Ministério Público e da Defensoria Pública dos Estados, do Distrito Federal e dos Territórios;
e) criação e extinção de Ministérios e órgãos da administração pública, observado o disposto no art. 84, VI; (*Redação dada pela Emenda Constitucional n. 32, de 2001*)
f) militares das Forças Armadas, seu regime jurídico, provimento de cargos, promoções, estabilidade, remuneração, reforma e transferência para a reserva. (*Incluída pela Emenda Constitucional n. 18, de 1998*)

§ 2º A iniciativa popular pode ser exercida pela apresentação à Câmara dos Deputados de projeto de lei subscrito por, no mínimo, um por cento do eleitorado nacional, distribuído pelo menos por cinco Estados, com não menos de três décimos por cento dos eleitores de cada um deles.

Art. 62. Em caso de relevância e urgência, o Presidente da República poderá adotar medidas provisórias, com força de lei, devendo submetê-las de imediato ao Congresso Nacional. (*Redação dada pela Emenda Constitucional n. 32, de 2001*)

§ 1º É vedada a edição de medidas provisórias sobre matéria: (*Incluído pela Emenda Constitucional n. 32, de 2001*)

I relativa a: (*Incluído pela Emenda Constitucional n. 32, de 2001*)

a) nacionalidade, cidadania, direitos políticos, partidos políticos e direito eleitoral; (*Incluído pela Emenda Constitucional n. 32, de 2001*)
b) direito penal, processual penal e processual civil; (*Incluído pela Emenda Constitucional n. 32, de 2001*)
c) organização do Poder Judiciário e do Ministério Público, a carreira e a garantia de seus membros; (*Incluído pela Emenda Constitucional n. 32, de 2001*)
d) planos plurianuais, diretrizes orçamentárias, orçamento e créditos adicionais e suplementares, ressalvado o previsto no art. 167, § 3º; (*Incluído pela Emenda Constitucional n. 32, de 2001*)

II que vise a detenção ou seqüestro de bens, de poupança popular ou qualquer outro ativo financeiro; (*Incluído pela Emenda Constitucional n. 32, de 2001*)

III reservada a lei complementar; (*Incluído pela Emenda Constitucional n. 32, de 2001*)

IV já disciplinada em projeto de lei aprovado pelo Congresso Nacional e pendente de sanção ou veto do Presidente da República. (*Incluído pela Emenda Constitucional n. 32, de 2001*)

§ 2º Medida provisória que implique instituição ou majoração de impostos, exceto os previstos nos arts. 153, I, II, IV, V, e 154, II, só produzirá efeitos no exercício financeiro seguinte se houver sido convertida em lei até o último dia daquele em que foi editada. (*Incluído pela Emenda Constitucional n. 32, de 2001*)

§ 3º As medidas provisórias, ressalvado o disposto nos §§ 11 e 12 perderão eficácia, desde a edição, se não forem convertidas em lei no prazo de sessenta dias, prorrogável, nos termos do § 7º, uma vez por igual período, devendo o Congresso Nacional disciplinar, por decreto legislativo, as relações jurídicas delas decorrentes. (*Incluído pela Emenda Constitucional n. 32, de 2001*)

§ 4º O prazo a que se refere o § 3º contar-se-á da publicação da medida provisória, suspendendo-se durante os períodos de recesso do Congresso Nacional. (*Incluído pela Emenda Constitucional n. 32, de 2001*)

§ 5º A deliberação de cada uma das Casas do Congresso Nacional sobre o mérito das medidas provisórias dependerá de juízo prévio sobre o atendimento de seus pressupostos constitucionais. (*Incluído pela Emenda Constitucional n. 32, de 2001*)

§ 6º Se a medida provisória não for apreciada em até quarenta e cinco dias contados de sua publicação, entrará em regime de urgência, subseqüentemente, em cada uma das Casas do Congresso Nacional, ficando sobrestadas, até que se ultime a votação, todas as demais deliberações legislativas da Casa em que estiver tramitando. (*Incluído pela Emenda Constitucional n. 32, de 2001*)

§ 7º Prorrogar-se-á uma única vez por igual período a vigência de medida provisória que, no prazo de sessenta dias, contado de sua publicação, não tiver a sua votação encerrada nas duas Casas do Congresso Nacional. (*Incluído pela Emenda Constitucional n. 32, de 2001*)

§ 8º As medidas provisórias terão sua votação iniciada na Câmara dos Deputados. (*Incluído pela Emenda Constitucional n. 32, de 2001*)

§ 9º Caberá à comissão mista de Deputados e Senadores examinar as medidas provisórias e sobre elas emitir parecer, antes de serem apreciadas, em sessão separada, pelo plenário de cada uma das Casas do Congresso Nacional. (*Incluído pela Emenda Constitucional n. 32, de 2001*)

§ 10. É vedada a reedição, na mesma sessão legislativa, de medida provisória que tenha sido rejeitada ou que tenha perdido sua eficácia por decurso de prazo. (*Incluído pela Emenda Constitucional n. 32, de 2001*)

§ 11. Não editado o decreto legislativo a que se refere o § 3º até sessenta dias após a rejeição ou perda de eficácia de medida provisória, as relações jurídicas constituídas e decorrentes de atos praticados durante sua vigência conservar-se-ão por ela regidas. (*Incluído pela Emenda Constitucional n. 32, de 2001*)

§ 12. Aprovado projeto de lei de conversão alterando o texto original da medida provisória, esta manter-se-á integralmente em vigor até que seja sancionado ou vetado o projeto. (*Incluído pela Emenda Constitucional n. 32, de 2001*)

Art. 63. Não será admitido aumento da despesa prevista:

I nos projetos de iniciativa exclusiva do Presidente da República, ressalvado o disposto no art. 166, § 3º e § 4º;

II nos projetos sobre organização dos serviços administrativos da Câmara dos Deputados, do Senado Federal, dos Tribunais Federais e do Ministério Público.

Art. 64. A discussão e votação dos projetos de lei de iniciativa do Presidente da República, do Supremo Tribunal Federal e dos Tribunais Superiores terão início na Câmara dos Deputados.

§ 1º O Presidente da República poderá solicitar urgência para apreciação de projetos de sua iniciativa.

§ 2º Se, no caso do § 1º, a Câmara dos Deputados e o Senado Federal não se manifestarem sobre a proposição, cada qual sucessivamente, em até quarenta e cinco dias, sobrestar-se-ão todas as demais deliberações legislativas da respectiva Casa, com exceção das que tenham prazo constitucional determinado, até que se ultime a votação. (*Redação dada pela Emenda Constitucional n. 32, de 2001*)

§ 3º A apreciação das emendas do Senado Federal pela Câmara dos Deputados far-se-á no prazo de dez dias, observado quanto ao mais o disposto no parágrafo anterior.

§ 4º Os prazos do § 2º não correm nos períodos de recesso do Congresso Nacional, nem se aplicam aos projetos de código.

Art. 65. O projeto de lei aprovado por uma Casa será revisto pela outra, em um só turno de discussão e votação, e enviado à sanção ou promulgação, se a Casa revisora o aprovar, ou arquivado, se o rejeitar.

Parágrafo único. Sendo o projeto emendado, voltará à Casa iniciadora.

Art. 66. A Casa na qual tenha sido concluída a votação enviará o projeto de lei ao Presidente da República, que, aquiescendo, o sancionará.

§ 1º Se o Presidente da República considerar o projeto, no todo ou em parte, inconstitucional ou contrário ao interesse público, vetá-lo-á total ou parcialmente, no prazo de quinze dias úteis, contados da data do recebimento, e comunicará, dentro de quarenta e oito horas, ao Presidente do Senado Federal os motivos do veto.

§ 2º O veto parcial somente abrangerá texto integral de artigo, de parágrafo, de inciso ou de alínea.

§ 3º Decorrido o prazo de quinze dias, o silêncio do Presidente da República importará sanção.

§ 4º O veto será apreciado em sessão conjunta, dentro de trinta dias a contar de seu recebimento, só podendo ser rejeitado pelo voto da maioria absoluta dos Deputados e Senadores. (*Redação dada pela Emenda Constitucional n. 76, de 2013*)

§ 5º Se o veto não for mantido, será o projeto enviado, para promulgação, ao Presidente da República.

§ 6º Esgotado sem deliberação o prazo estabelecido no § 4º, o veto será colocado na ordem do dia da sessão imediata, sobrestadas as demais proposições, até sua votação final. (*Redação dada pela Emenda Constitucional n. 32, de 2001*)

§ 7º Se a lei não for promulgada dentro de quarenta e oito horas pelo Presidente da República, nos casos dos § 3º e § 5º, o Presidente do Senado a promulgará, e, se este não o fizer em igual prazo, caberá ao Vice-Presidente do Senado fazê-lo.

Art. 67. A matéria constante de projeto de lei rejeitado somente poderá constituir objeto de novo projeto, na mesma sessão legislativa, mediante proposta da maioria absoluta dos membros de qualquer das Casas do Congresso Nacional.

Art. 68. As leis delegadas serão elaboradas pelo Presidente da República, que deverá solicitar a delegação ao Congresso Nacional.

§ 1º Não serão objeto de delegação os atos de competência exclusiva do Congresso Nacional, os de competência privativa da Câmara dos Deputados ou do Senado Federal, a matéria reservada à lei complementar, nem a legislação sobre:

I organização do Poder Judiciário e do Ministério Público, a carreira e a garantia de seus membros;

II nacionalidade, cidadania, direitos individuais, políticos e eleitorais;

III planos plurianuais, diretrizes orçamentárias e orçamentos.

§ 2º A delegação ao Presidente da República terá a forma de resolução do Congresso Nacional, que especificará seu conteúdo e os termos de seu exercício.

§ 3º Se a resolução determinar a apreciação do projeto pelo Congresso Nacional, este a fará em votação única, vedada qualquer emenda.

Art. 69. As leis complementares serão aprovadas por maioria absoluta.

Seção IX – Da Fiscalização Contábil, Financeira e Orçamentária

Art. 70. A fiscalização contábil, financeira, orçamentária, operacional e patrimonial da União e das entidades da administração direta e indireta, quanto à legalidade, legitimidade, economicidade, aplicação das subvenções e renúncia de receitas, será exercida pelo Congresso Nacional, mediante controle externo, e pelo sistema de controle interno de cada Poder.

Parágrafo único. Prestará contas qualquer pessoa física ou jurídica, pública ou privada, que utilize, arrecade, guarde, gerencie ou administre dinheiros, bens e valores públicos ou pelos quais a União responda, ou que, em nome desta, assuma obrigações de natureza pecuniária. (*Redação dada pela Emenda Constitucional n. 19, de 1998*)

Art. 71. O controle externo, a cargo do Congresso Nacional, será exercido com o auxílio do Tribunal de Contas da União, ao qual compete:

I apreciar as contas prestadas anualmente pelo Presidente da República, mediante parecer prévio que deverá ser elaborado em sessenta dias a contar de seu recebimento;

II julgar as contas dos administradores e demais responsáveis por dinheiros, bens e valores públicos da administração direta e indireta, incluídas as fundações e sociedades instituí das e mantidas pelo Poder Público federal, e as contas daqueles que derem causa a perda, extravio ou outra irregularidade de que resulte prejuízo ao erário público;

III apreciar, para fins de registro, a legalidade dos atos de admissão de pessoal, a qualquer título, na administração direta e indireta, incluídas as fundações instituídas e mantidas pelo Poder Público, excetuadas as nomeações para cargo de provimento em comissão, bem como a das concessões de aposentadorias, reformas e pensões, ressalvadas as melhorias posteriores que não alterem o fundamento legal do ato concessório;

IV realizar, por iniciativa própria, da Câmara dos Deputados, do Senado Federal, de Comissão técnica ou de inquérito, inspeções e auditorias de natureza contábil, financeira, orça mentária, operacional e patrimonial, nas unidades administrativas dos Poderes Legislativo, Executivo e Judiciário, e demais entidades referidas no inciso II;

V fiscalizar as contas nacionais das empresas supranacionais de cujo capital social a União participe, de forma direta ou indireta, nos termos do tratado constitutivo;

VI fiscalizar a aplicação de quaisquer recursos repassados pela União mediante convênio, acordo, ajuste ou outros instrumentos congêneres, a Estado, ao Distrito Federal ou a Município;

VII prestar as informações solicitadas pelo Congresso Nacional, por qualquer de suas Casas, ou por qualquer das respectivas Comissões, sobre a fiscalização contábil, financeira, orçamentária, operacional e patrimonial e sobre resultados de auditorias e inspeções realizadas;

VIII aplicar aos responsáveis, em caso de ilegalidade de despesa ou irregularidade de contas, as sanções previstas em lei, que estabelecerá, entre outras cominações, multa proporcional ao dano causado ao erário;

IX assinar prazo para que o órgão ou entidade adote as providências necessárias ao exato cumprimento da lei, se verificada ilegalidade;

X sustar, se não atendido, a execução do ato impugnado, comunicando a decisão à Câmara dos Deputados e ao Senado Federal;

XI representar ao Poder competente sobre irregularidades ou abusos apurados.

§ 1º No caso de contrato, o ato de sustação será adotado diretamente pelo Congresso Nacional, que solicitará, de imediato, ao Poder Executivo as medidas cabíveis.

§ 2º Se o Congresso Nacional ou o Poder Executivo, no prazo de noventa dias, não efetivar as medidas previstas no parágrafo anterior, o Tribunal decidirá a respeito.

§ 3º As decisões do Tribunal de que resulte imputação de débito ou multa terão eficácia de título executivo.

§ 4º O Tribunal encaminhará ao Congresso Nacional, trimestral e anualmente, relatório de suas atividades.

Art. 72. A Comissão mista permanente a que se refere o art. 166, §1º, diante de indícios de despesas não autorizadas, ainda que sob a forma de investimentos não programados ou de subsídios não aprovados, poderá solicitar à autoridade governamental responsável que, no prazo de cinco dias, preste os esclarecimentos necessários.

§ 1º Não prestados os esclarecimentos, ou considerados estes insuficientes, a Comissão solicitará ao Tribunal pronunciamento conclusivo sobre a matéria, no prazo de trinta dias.

§ 2º Entendendo o Tribunal irregular a despesa, a Comissão, se julgar que o gasto possa causar dano irreparável ou grave lesão à economia pública, proporá ao Congresso Nacional sua sustação.

Art. 73. O Tribunal de Contas da União, integrado por nove Ministros, tem sede no Distrito Federal, quadro próprio de pessoal e jurisdição em todo o território nacional, exercendo, no que couber, as atribuições previstas no art. 96.

§ 1º Os Ministros do Tribunal de Contas da União serão nomeados dentre brasileiros que satisfaçam os seguintes requisitos:

I mais de trinta e cinco e menos de setenta anos de idade; (*Redação dada pela Emenda Constitucional n. 122, de 2022*)

II idoneidade moral e reputação ilibada;

III notórios conhecimentos jurídicos, contábeis, econômicos e financeiros ou de administração pública;

IV mais de dez anos de exercício de função ou de efetiva atividade profissional que exija os conhecimentos menciona dos no inciso anterior.

§ 2º Os Ministros do Tribunal de Contas da União serão escolhidos:

I um terço pelo Presidente da República, com aprovação do Senado Federal, sendo dois alternadamente dentre auditores e membros do Ministério Público junto ao Tribunal, indica dos em lista tríplice pelo Tribunal, segundo os critérios de antigüidade e merecimento;

II dois terços pelo Congresso Nacional.

§ 3º Os Ministros do Tribunal de Contas da União terão as mesmas garantias, prerrogativas, impedimentos, vencimentos e vantagens dos Ministros do Superior Tribunal de Justiça, aplicando-se-lhes, quanto à aposentadoria e pensão, as normas constantes do art. 40. (*Redação dada pela Emenda Constitucional n. 20, de 1998*)

§ 4º O auditor, quando em substituição a Ministro, terá as mesmas garantias e impedimentos do titular e, quando no exercício das demais atribuições da judicatura, as de juiz de Tribunal Regional Federal.

Art. 74. Os Poderes Legislativo, Executivo e Judiciário manterão, de forma integrada, sistema de controle interno com a finalidade de:

I avaliar o cumprimento das metas previstas no plano plurianual, a execução dos programas de governo e dos orça mentos da União;

II comprovar a legalidade e avaliar os resultados, quanto à eficácia e eficiência, da gestão orçamentária, financeira e patrimonial nos órgãos e entidades da administração federal, bem como da aplicação de recursos públicos por entidades de direito privado;

III exercer o controle das operações de crédito, avais e garantias, bem como dos direitos e haveres da União;

IV apoiar o controle externo no exercício de sua missão institucional.

§ 1º Os responsáveis pelo controle interno, ao tomarem conhecimento de qualquer irregularidade ou ilegalidade, dela darão ciência ao Tribunal de Contas da União, sob pena de responsabilidade solidária.

§ 2º Qualquer cidadão, partido político, associação ou sindicato é parte legítima para, na forma da lei, denunciar irregularidades ou ilegalidades perante o Tribunal de Contas da União.

Art. 75. As normas estabelecidas nesta seção aplicam-se, no que couber, à organização, composição e fiscalização dos Tribunais de Contas dos Estados e do Distrito Federal, bem como dos Tribunais e Conselhos de Contas dos Municípios.

Parágrafo único. As Constituições estaduais disporão sobre os Tribunais de Contas respectivos, que serão integrados por sete Conselheiros.

CAPÍTULO II

DO PODER EXECUTIVO

Seção I – Do Presidente e do Vice-Presidente da República

Art. 76. O Poder Executivo é exercido pelo Presidente da República, auxiliado pelos Ministros de Estado.

Art. 77. A eleição do Presidente e do Vice-Presidente da República realizar-se-á, simultaneamente, no primeiro domingo de outubro, em primeiro turno, e no último domingo de outubro, em segundo turno, se houver, do ano anterior ao do término do mandato presidencial vigente. (*Redação dada pela Emenda Constitucional n. 16, de 1997*)

§ 1º A eleição do Presidente da República importará a do Vice-Presidente com ele registrado.

§ 2º Será considerado eleito Presidente o candidato que, registrado por partido político, obtiver a maioria absoluta de votos, não computados os em branco e os nulos.

§ 3º Se nenhum candidato alcançar maioria absoluta na primeira votação, far-se-á nova eleição em até vinte dias após a proclamação do resultado, concorrendo os dois candidatos mais votados e considerando-se eleito aquele que obtiver a maioria dos votos válidos.

§ 4º Se, antes de realizado o segundo turno, ocorrer morte, desistência ou impedimento legal de candidato, convocar-se-á, dentre os remanescentes, o de maior votação.

§ 5º Se, na hipótese dos parágrafos anteriores, remanescer, em segundo lugar, mais de um candidato com a mesma votação, qualificar-se-á o mais idoso.

Art. 78. O Presidente e o Vice-Presidente da República tomarão posse em sessão do Congresso Nacional, prestando o compromisso de manter, defender e cumprir a Constituição, observar as leis, promover o bem geral do povo brasileiro, sustentar a união, a integridade e a independência do Brasil.

Parágrafo único. Se, decorridos dez dias da data fixada para a posse, o Presidente ou o Vice-Presidente, salvo motivo de força maior, não tiver assumido o cargo, este será declarado vago.

Art. 79. Substituirá o Presidente, no caso de impedimento, e suceder-lhe-á, no de vaga, o Vice-Presidente.

Parágrafo único. O Vice-Presidente da República, além de outras atribuições que lhe forem conferidas por lei complementar, auxiliará o Presidente, sempre que por ele convocado para missões especiais.

Art. 80. Em caso de impedimento do Presidente e do Vice-Presidente, ou vacância dos respectivos cargos, serão sucessivamente chamados ao exercício da Presidência o Presidente da Câmara dos Deputados, o do Senado Federal e o do Supremo Tribunal Federal.

Art. 81. Vagando os cargos de Presidente e Vice-Presidente da República, far-se-á eleição noventa dias depois de aberta a última vaga.

§ 1º Ocorrendo a vacância nos últimos dois anos do período presidencial, a eleição para ambos os cargos será feita trinta dias depois da última vaga, pelo Congresso Nacional, na forma da lei.

§ 2º Em qualquer dos casos, os eleitos deverão completar o período de seus antecessores.

Art. 82. O mandato do Presidente da República é de 4 (quatro) anos e terá início em 5 de janeiro do ano seguinte ao de sua eleição. (*Redação dada pela Emenda Constitucional n. 111, de 2021*)

Art. 83. O Presidente e o Vice-Presidente da República não poderão, sem licença do Congresso Nacional, ausentar-se do País por período superior a quinze dias, sob pena de perda do cargo.

Seção II – Das Atribuições do Presidente da República

Art. 84. Compete privativamente ao Presidente da República:

I nomear e exonerar os Ministros de Estado;

II exercer, com o auxílio dos Ministros de Estado, a direção superior da administração federal;

III iniciar o processo legislativo, na forma e nos casos previstos nesta Constituição;

IV sancionar, promulgar e fazer publicar as leis, bem como expedir decretos e regulamentos para sua fiel execução;

V vetar projetos de lei, total ou parcialmente;

VI dispor, mediante decreto, sobre: (*Redação dada pela Emenda Constitucional n. 32, de 2001*)

a) organização e funcionamento da administração federal, quando não implicar aumento de despesa nem criação ou extinção de órgãos públicos; (*Incluída pela Emenda Constitucional n. 32, de 2001*)
b) extinção de funções ou cargos públicos, quando vagos; (*Incluída pela Emenda Constitucional n. 32, de 2001*)

VII manter relações com Estados estrangeiros e acreditar seus representantes diplomáticos;

VIII celebrar tratados, convenções e atos internacionais, sujeitos a referendo do Congresso Nacional;

IX decretar o estado de defesa e o estado de sítio;

X decretar e executar a intervenção federal;

XI remeter mensagem e plano de governo ao Congresso Nacional por ocasião da abertura da sessão legislativa, expondo a situação do País e solicitando as providências que julgar necessárias;

XII conceder indulto e comutar penas, com audiência, se necessário, dos órgãos instituídos em lei;

XIII exercer o comando supremo das Forças Armadas, nomear os Comandantes da Marinha, do Exército e da Aeronáutica, promover seus oficiais-generais e nomeá-los para os cargos que lhes são privativos; (*Redação dada pela Emenda Constitucional n. 23, de 1999*)

XIV nomear, após aprovação pelo Senado Federal, os Ministros do Supremo Tribunal Federal e dos Tribunais Superiores, os Governadores de Territórios, o Procurador-Geral da República, o presidente e os diretores do banco central e outros servidores, quando determinado em lei;

XV nomear, observado o disposto no art. 73, os Ministros do Tribunal de Contas da União;

XVI nomear os magistrados, nos casos previstos nesta Constituição, e o Advogado-Geral da União;

XVII nomear membros do Conselho da República, nos termos do art. 89, VII;

XVIII convocar e presidir o Conselho da República e o Conselho de Defesa Nacional;

XIX declarar guerra, no caso de agressão estrangeira, autorizado pelo Congresso Nacional ou referendado por ele, quando ocorrida no intervalo das sessões legislativas, e, nas mesmas condições, decretar, total ou parcialmente, a mobilização nacional;

XX celebrar a paz, autorizado ou com o referendo do Congresso Nacional;

XXI conferir condecorações e distinções honoríficas;

XXII permitir, nos casos previstos em lei complementar, que forças estrangeiras transitem pelo território nacional ou nele permaneçam temporariamente;

XXIII enviar ao Congresso Nacional o plano plurianual, o projeto de lei de diretrizes orçamentárias e as propostas de orçamento previstos nesta Constituição;

XXIV prestar, anualmente, ao Congresso Nacional, dentro de sessenta dias após a abertura da sessão legislativa, as contas referentes ao exercício anterior;

XXV prover e extinguir os cargos públicos federais, na forma da lei;

XXVI editar medidas provisórias com força de lei, nos termos do art. 62;

XXVII exercer outras atribuições previstas nesta Constituição.

XXVIII propor ao Congresso Nacional a decretação do estado de calamidade pública de âmbito nacional previsto nos arts. 167-B, 167-C, 167-D, 167-E, 167-F e 167-G desta Constituição. (*Incluído pela Emenda Constitucional n. 109, de 2021*)

Parágrafo único. O Presidente da República poderá delegar as atribuições mencionadas nos incisos VI, XII e XXV, primeira parte, aos Ministros de Estado, ao Procurador-Geral da República ou ao Advogado-Geral da União, que observarão os limites traçados nas respectivas delegações.

Seção III – Da Responsabilidade do Presidente da República

Art. 85. São crimes de responsabilidade os atos do Presidente da República que atentem contra a Constituição Federal e, especialmente, contra:

I a existência da União;

II o livre exercício do Poder Legislativo, do Poder Judiciário, do Ministério Público e dos Poderes constitucionais das unidades da Federação;

III o exercício dos direitos políticos, individuais e sociais;

IV a segurança interna do País;

V a probidade na administração;

VI a lei orçamentária;

VII o cumprimento das leis e das decisões judiciais.

Parágrafo único. Esses crimes serão definidos em lei especial, que estabelecerá as normas de processo e julgamento.

Art. 86. Admitida a acusação contra o Presidente da República, por dois terços da Câmara dos Deputados, será ele submetido a julgamento perante o Supremo Tribunal Federal, nas infrações penais comuns, ou perante o Senado Federal, nos crimes de responsabilidade.

§ 1º O Presidente ficará suspenso de suas funções:

I nas infrações penais comuns, se recebida a denúncia ou queixa-crime pelo Supremo Tribunal Federal;

II nos crimes de responsabilidade, após a instauração do processo pelo Senado Federal.

§ 2º Se, decorrido o prazo de cento e oitenta dias, o julgamento não estiver concluído, cessará o afastamento do Presidente, sem prejuízo do regular prosseguimento do processo.

§ 3º Enquanto não sobrevier sentença condenatória, nas infrações comuns, o Presidente da República não estará sujeito a prisão.

§ 4º O Presidente da República, na vigência de seu mandato, não pode ser responsabilizado por atos estranhos ao exercício de suas funções.

Seção IV – Dos Ministros de Estado

Art. 87. Os Ministros de Estado serão escolhidos dentre brasileiros maiores de vinte e um anos e no exercício dos direitos políticos.

Parágrafo único. Compete ao Ministro de Estado, além de outras atribuições estabelecidas nesta Constituição e na lei:

I exercer a orientação, coordenação e supervisão dos órgãos e entidades da administração federal na área de sua competência e referendar os atos e decretos assinados pelo Presidente da República;

II expedir instruções para a execução das leis, decretos e regulamentos;

III apresentar ao Presidente da República relatório anual de sua gestão no Ministério;

IV praticar os atos pertinentes às atribuições que lhe forem outorgadas ou delegadas pelo Presidente da República.

Art. 88. A lei disporá sobre a criação e extinção de Ministérios e órgãos da administração pública. (*Redação dada pela Emenda Constitucional n. 32, de 2001*)

Seção V – Do Conselho da República e do Conselho de Defesa Nacional

Subseção I – Do Conselho da República

Art. 89. O Conselho da República é órgão superior de consulta do Presidente da República, e dele participam:

I o Vice-Presidente da República;

II o Presidente da Câmara dos Deputados;

III o Presidente do Senado Federal;

IV os líderes da maioria e da minoria na Câmara dos Deputados;

V os líderes da maioria e da minoria no Senado Federal;

VI o Ministro da Justiça;

VI seis cidadãos brasileiros natos, com mais de trinta e cinco anos de idade, sendo dois nomeados pelo Presidente da República, dois eleitos pelo Senado Federal e dois eleitos pela Câmara dos Deputados, todos com mandato de três anos, vedada a recondução.

Art. 90. Compete ao Conselho da República pronunciar-se sobre:

I intervenção federal, estado de defesa e estado de sítio;

II as questões relevantes para a estabilidade das instituições democráticas.

§ 1º O Presidente da República poderá convocar Ministro de Estado para participar da reunião do Conselho, quando constar da pauta questão relacionada com o respectivo Ministério.

§ 2º A lei regulará a organização e o funcionamento do Conselho da República.[31]

Subseção II – Do Conselho de Defesa Nacional

Art. 91. O Conselho de Defesa Nacional é órgão de consulta do Presidente da República nos assuntos relacionados com a soberania nacional e a defesa do Estado Democrático, e dele participam como membros natos:

I o Vice-Presidente da República;

II o Presidente da Câmara dos Deputados;

III o Presidente do Senado Federal;

IV o Ministro da Justiça;

V o Ministro de Estado da Defesa; (*Redação dada pela Emenda Constitucional n. 23, de 1999*)

VI o Ministro das Relações Exteriores;

VII o Ministro do Planejamento.

VIII os Comandantes da Marinha, do Exército e da Aeronáutica. (*Incluído pela Emenda Constitucional n. 23, de 1999*)

§ 1º Compete ao Conselho de Defesa Nacional:

I opinar nas hipóteses de declaração de guerra e de celebração da paz, nos termos desta Constituição;

II opinar sobre a decretação do estado de defesa, do estado de sítio e da intervenção federal;

III propor os critérios e condições de utilização de áreas indispensáveis à segurança do território nacional e opinar sobre seu efetivo uso, especialmente na faixa de fronteira e nas relacionadas com a preservação e a exploração dos recursos naturais de qualquer tipo;

---

31 Vide Lei n. 8.041, de 1990.

IV estudar, propor e acompanhar o desenvolvimento de iniciativas necessárias a garantir a independência nacional e a defesa do Estado Democrático.

§ 2º A lei regulará a organização e o funcionamento do Conselho de Defesa Nacional.[32]

32 Vide Lei n. 8.183, de 1991.

DO PODER JUDICIÁRIO

Seção I – Disposições Gerais

Art. 92. São órgãos do Poder Judiciário:

I o Supremo Tribunal Federal;

I-A o Conselho Nacional de Justiça; (*Incluído pela Emenda Constitucional n. 45, de 2004*)

II o Superior Tribunal de Justiça;

II-A o Tribunal Superior do Trabalho; (*Incluído pela Emenda Constitucional n. 92, de 2016*)

III os Tribunais Regionais Federais e Juízes Federais;

IV os Tribunais e Juízes do Trabalho;

V os Tribunais e Juízes Eleitorais;

VI os Tribunais e Juízes Militares;

VII os Tribunais e Juízes dos Estados e do Distrito Federal e Territórios.

§ 1º O Supremo Tribunal Federal, o Conselho Nacional de Justiça e os Tribunais Superiores têm sede na Capital Federal. (*Incluído pela Emenda Constitucional n. 45, de 2004*)[33]

§ 2º O Supremo Tribunal Federal e os Tribunais Superiores têm jurisdição em todo o território nacional. (*Incluído pela Emenda Constitucional n. 45, de 2004*)

Art. 93. Lei complementar, de iniciativa do Supremo Tribunal Federal, disporá sobre o Estatuto da Magistratura, observados os seguintes princípios:

---

33 Vide ADIN 3392.

I ingresso na carreira, cujo cargo inicial será o de juiz substituto, mediante concurso público de provas e títulos, com a participação da Ordem dos Advogados do Brasil em todas as fases, exigindo-se do bacharel em direito, no mínimo, três anos de atividade jurídica e obedecendo-se, nas nomeações, à ordem de classificação; (*Redação dada pela Emenda Constitucional n. 45, de 2004*)

II promoção de entrância para entrância, alternadamente, por antiguidade e merecimento, atendidas as seguintes normas:

a) é obrigatória a promoção do juiz que figure por três vezes consecutivas ou cinco alternadas em lista de merecimento;
b) a promoção por merecimento pressupõe dois anos de exercício na respectiva entrância e integrar o juiz a primeira quinta parte da lista de antiguidade desta, salvo se não houver com tais requisitos quem aceite o lugar vago;
c) aferição do merecimento conforme o desempenho e pelos critérios objetivos de produtividade e presteza no exercício da jurisdição e pela frequência e aproveitamento em cursos oficiais ou reconhecidos de aperfeiçoamento; (*Redação dada pela Emenda Constitucional n. 45, de 2004*)
d) na apuração de antiguidade, o tribunal somente poderá recusar o juiz mais antigo pelo voto fundamentado de dois terços de seus membros, conforme procedimento próprio, e assegurada ampla defesa, repetindo-se a votação até fixar-se a indicação; (*Redação dada pela Emenda Constitucional n. 45, de 2004*)
e) não será promovido o juiz que, injustificadamente, retiver autos em seu poder além do prazo legal, não podendo devolvê-los ao cartório sem o devido despacho ou decisão; (*Incluída pela Emenda Constitucional n. 45, de 2004*)

III o acesso aos tribunais de segundo grau far-se-á por antiguidade e merecimento, alternadamente, apurados na última ou única entrância; (*Redação dada pela Emenda Constitucional n. 45, de 2004*)[34]

---

34 Vide ADIN 3392.

IV previsão de cursos oficiais de preparação, aperfeiçoamento e promoção de magistrados, constituindo etapa obrigatória do processo de vitaliciamento a participação em curso oficial ou reconhecido por escola nacional de formação e aperfeiçoamento de magistrados; (*Redação dada pela Emenda Constitucional n. 45, de 2004*)

V o subsídio dos Ministros dos Tribunais Superiores corresponderá a noventa e cinco por cento do subsídio mensal fixado para os Ministros do Supremo Tribunal Federal e os subsídios dos demais magistrados serão fixados em lei e escalonados, em nível federal e estadual, conforme as respectivas categorias da estrutura judiciária nacional, não podendo a diferença entre uma e outra ser superior a dez por cento ou inferior a cinco por cento, nem exceder a noventa e cinco por cento do subsídio mensal dos Ministros dos Tribunais Superiores, obedecido, em qualquer caso, o disposto nos arts. 37, XI, e 39, § 4º; (*Redação dada pela Emenda Constitucional n. 19, de 1998*)

VI a aposentadoria dos magistrados e a pensão de seus dependentes observarão o disposto no art. 40; (*Redação dada pela Emenda Constitucional n. 20, de 1998*)

VII o juiz titular residirá na respectiva comarca, salvo autorização do tribunal; (*Redação dada pela Emenda Constitucional n. 45, de 2004*)

VIII o ato de remoção ou de disponibilidade do magistrado, por interesse público, fundar-se-á em decisão por voto da maioria absoluta do respectivo tribunal ou do Conselho Nacional de Justiça, assegurada ampla defesa; (*Redação dada pela Emenda Constitucional n. 103, de 2019*)

VIII-A a remoção a pedido ou a permuta de magistrados de comarca de igual entrância atenderá, no que couber, ao disposto nas alíneas a, b, c e e do inciso II; (*Incluído pela Emenda Constitucional n. 45, de 2004*)

IX todos os julgamentos dos órgãos do Poder Judiciário serão públicos, e fundamentadas todas as decisões, sob pena de nulidade, podendo a lei limitar a presença, em determinados atos, às próprias partes e a seus advogados, ou somente a estes, em casos nos quais a preservação do direito à intimidade do interessado no sigilo não prejudi que o interesse público à informação; (*Redação dada pela Emenda Constitucional n. 45, de 2004*)

X as decisões administrativas dos tribunais serão motivadas e em sessão pública, sendo as disciplinares tomadas pelo voto da maioria absoluta de seus membros; (*Redação dada pela Emenda Constitucional n. 45, de 2004*)

XI nos tribunais com número superior a vinte e cinco julgadores, poderá ser constituído órgão especial, com o mínimo de onze e o máximo de vinte e cinco membros, para o exercício das atribuições administrativas e jurisdicionais delegadas da competência do tribunal pleno, provendo-se metade das vagas por antigüidade e a outra metade por eleição pelo tribunal pleno; (*Redação dada pela Emenda Constitucional n. 45, de 2004*)

XII a atividade jurisdicional será ininterrupta, sendo vedado férias coletivas nos juízos e tribunais de segundo grau, funcionando, nos dias em que não houver expediente forense normal, juízes em plantão permanente; (*Incluído pela Emenda Constitucional n. 45, de 2004*)

XIII o número de juízes na unidade jurisdicional será proporcional à efetiva demanda judicial e à respectiva população; (*Incluído pela Emenda Constitucional n. 45, de 2004*)

XIV os servidores receberão delegação para a prática de atos de administração e atos de mero expediente sem caráter decisório; (*Incluído pela Emenda Constitucional n. 45, de 2004*)

XV a distribuição de processos será imediata, em todos os graus de jurisdição. (*Incluído pela Emenda Constitucional n. 45, de 2004*)

Art. 94. Um quinto dos lugares dos Tribunais Regionais Federais, dos Tribunais dos Estados, e do Distrito Federal e Territórios será composto de membros, do Ministério Público, com mais de dez anos de carreira, e de advogados de notório saber jurídico e de reputação ilibada, com mais de dez anos de efetiva atividade profissional, indicados em lista sêxtupla pelos órgãos de representação das respectivas classes.

Parágrafo único. Recebidas as indicações, o tribunal formará lista tríplice, enviando-a ao Poder Executivo, que, nos vinte dias subseqüentes, escolherá um de seus integrantes para nomeação.

Art. 95. Os juízes gozam das seguintes garantias:

I vitaliciedade, que, no primeiro grau, só será adquirida após dois anos de exercício, dependendo a perda do cargo, nesse período, de deliberação do tribunal a que o juiz estiver vinculado, e, nos demais casos, de sentença judicial transitada em julgado;

II inamovibilidade, salvo por motivo de interesse público, na forma do art. 93, VIII;

III irredutibilidade de subsídio, ressalvado o disposto nos arts. 37, X e XI, 39, § 4º, 150, II, 153, III, e 153, § 2º, I. (*Redação dada pela Emenda Constitucional n. 19, de 1998*)

Parágrafo único. Aos juízes é vedado:

I exercer, ainda que em disponibilidade, outro cargo ou função, salvo uma de magistério;

II receber, a qualquer título ou pretexto, custas ou participação em processo;

III dedicar-se à atividade político-partidária.

IV receber, a qualquer título ou pretexto, auxílios ou contribuições de pessoas físicas, entidades públicas ou privadas, ressalvadas as exceções previstas em lei; (*Incluído pela Emenda Constitucional n. 45, de 2004*)

V exercer a advocacia no juízo ou tribunal do qual se afastou, antes de decorridos três anos do afastamento do cargo por aposentadoria ou exoneração. (*Incluído pela Emenda Constitucional n. 45, de 2004*)

Art. 96. Compete privativamente:

I aos tribunais:

a) eleger seus órgãos diretivos e elaborar seus regimentos internos, com observância das normas de processo e das garantias processuais das partes, dispondo sobre a competência e o funcionamento dos respectivos órgãos jurisdicionais e administrativos;
b) organizar suas secretarias e serviços auxiliares e os dos juízos que lhes forem vinculados, velando pelo exercício da atividade correicional respectiva;
c) prover, na forma prevista nesta Constituição, os cargos de juiz de carreira da respectiva jurisdição;
d) propor a criação de novas varas judiciárias;
e) prover, por concurso público de provas, ou de provas e títulos, obedecido o disposto no art. 169, parágrafo único, os cargos necessários à administração da Justiça, exceto os de confiança assim definidos em lei;
f) conceder licença, férias e outros afastamentos a seus membros e aos juízes e servidores que lhes forem imediatamente vinculados;

II ao Supremo Tribunal Federal, aos Tribunais Superiores e aos Tribunais de Justiça propor ao Poder Legislativo respectivo, observado o disposto no art. 169:

a) a alteração do número de membros dos tribunais inferiores;
b) a criação e a extinção de cargos e a remuneração dos seus serviços auxiliares e dos juízos que lhes forem vinculados, bem como a fixação do subsídio de seus membros e dos juízes, inclusive dos tribunais inferiores, onde houver; (*Redação dada pela Emenda Constitucional n. 41, de 2003*)
c) a criação ou extinção dos tribunais inferiores;
d) a alteração da organização e da divisão judiciárias.

III aos Tribunais de Justiça julgar os juízes estaduais e do Distrito Federal e Territórios, bem como os membros do Ministério Público, nos crimes comuns e de responsabilidade, ressalvada a competência da Justiça Eleitoral.

Art. 97. Somente pelo voto da maioria absoluta de seus membros ou dos membros do respectivo órgão especial poderão os tribunais declarar a inconstitucionalidade de lei ou ato normativo do Poder Público.

Art. 98. A União, no Distrito Federal e nos Territórios, e os Estados criarão:

I juizados especiais, providos por juízes togados, ou togados e leigos, competentes para a conciliação, o julgamento e a execução de causas cíveis de menor complexidade e infrações penais de menor potencial ofensivo, mediante os procedimentos oral e sumaríssimo, permitidos, nas hipóteses previstas em lei, a transação e o julgamento de recursos por turmas de juízes de primeiro grau;

II justiça de paz, remunerada, composta de cidadãos eleitos pelo voto direto, universal e secreto, com mandato de quatro anos e competência para, na forma da lei, celebrar casamentos, verificar, de ofício ou em face de impugnação apresentada, o processo de habilitação e exercer atribuições conciliatórias, sem caráter jurisdicional, além de outras previstas na legislação.

§ 1º Lei federal disporá sobre a criação de juizados especiais no âmbito da Justiça Federal. (*Renumerado pela Emenda Constitucional n. 45, de 2004*)[35]

§ 2º As custas e emolumentos serão destinados exclusivamente ao custeio dos serviços afetos às atividades específicas da Justiça. (*Incluído pela Emenda Constitucional n. 45, de 2004*)

Art. 99. Ao Poder Judiciário é assegurada autonomia administrativa e financeira.

§ 1º Os tribunais elaborarão suas propostas orçamentárias dentro dos limites estipulados conjuntamente com os demais Poderes na lei de diretrizes orçamentárias.

§ 2º O encaminhamento da proposta, ouvidos os outros tribunais interessados, compete:

35 Vide ADIN 3392.

I no âmbito da União, aos Presidentes do Supremo Tribunal Federal e dos Tribunais Superiores, com a aprovação dos respectivos tribunais;

II no âmbito dos Estados e no do Distrito Federal e Territórios, aos Presidentes dos Tribunais de Justiça, com a aprovação dos respectivos tribunais.

§ 3º Se os órgãos referidos no § 2º não encaminharem as respectivas propostas orçamentárias dentro do prazo estabelecido na lei de diretrizes orçamentárias, o Poder Executivo considerará, para fins de consolidação da proposta orçamentária anual, os valores aprovados na lei orçamentária vigente, ajustados de acordo com os limites estipulados na forma do § 1º deste artigo. (*Incluído pela Emenda Constitucional n. 45, de 2004*)

§ 4º Se as propostas orçamentárias de que trata este artigo forem encaminhadas em desacordo com os limites estipulados na forma do § 1º, o Poder Executivo procederá aos ajustes necessários para fins de consolidação da proposta orçamentária anual. (*Incluído pela Emenda Constitucional n. 45, de 2004*)

§ 5º Durante a execução orçamentária do exercício, não poderá haver a realização de despesas ou a assunção de obrigações que extrapolem os limites estabelecidos na lei de diretrizes orçamentárias, exceto se previamente autorizadas, mediante a abertura de créditos suplementares ou especiais. (*Incluído pela Emenda Constitucional n. 45, de 2004*)

Art. 100. Os pagamentos devidos pelas Fazendas Públicas Federal, Estaduais, Distrital e Municipais, em virtude de sentença judiciária, far-se-ão exclusivamente na ordem cronológica de apresentação dos precatórios e à conta dos créditos respectivos, proibida a designação de casos ou de pessoas nas dotações orçamentárias e nos créditos adicionais abertos para este fim. (*Redação dada pela Emenda Constitucional n. 62, de 2009*)[36]

§ 1º Os débitos de natureza alimentícia compreendem aqueles decorrentes de salários, vencimentos, proventos, pensões e suas complementações, benefícios previdenciários e indenizações por morte ou por invalidez, fundadas em responsabilidade civil, em virtude de sentença judicial transitada em julgado, e serão pagos com preferência sobre todos os demais débitos, exceto

36 Vide Emenda Constitucional n. 62, de 2009, e ADI 4425.

sobre aqueles referidos no § 2° deste artigo. (*Redação dada pela Emenda Constitucional n. 62, de 2009*)

§ 2° Os débitos de natureza alimentícia cujos titulares, originários ou por sucessão hereditária, tenham 60 (sessenta) anos de idade, ou sejam portadores de doença grave, ou pessoas com deficiência, assim definidos na forma da lei, serão pagos com preferência sobre todos os demais débitos, até o valor equivalente ao triplo fixado em lei para os fins do disposto no § 3° deste artigo, admitido o fracionamento para essa finalidade, sendo que o restante será pago na ordem cronológica de apresentação do precatório. (*Redação dada pela Emenda Constitucional n. 94, de 2016*)

§ 3° O disposto no caput deste artigo relativamente à expedição de precatórios não se aplica aos pagamentos de obrigações definidas em leis como de pequeno valor que as Fazendas referidas devam fazer em virtude de sentença judicial transitada em julgado. (*Redação dada pela Emenda Constitucional n. 62, de 2009*)

§ 4° Para os fins do disposto no § 3°, poderão ser fixados, por leis próprias, valores distintos às entidades de direito público, segundo as diferentes capacidades econômicas, sendo o mínimo igual ao valor do maior benefício do regime geral de previdência social. (*Redação dada pela Emenda Constitucional n. 62, de 2009*)

§ 5° É obrigatória a inclusão no orçamento das entidades de direito público de verba necessária ao pagamento de seus débitos oriundos de sentenças transitadas em julgado constantes de precatórios judiciários apresentados até 2 de abril, fazendo-se o pagamento até o final do exercício seguinte, quando terão seus valores atualizados monetariamente. (*Redação dada pela Emenda Constitucional n. 114, de 2021*)

§ 6° As dotações orçamentárias e os créditos abertos serão consignados diretamente ao Poder Judiciário, cabendo ao Presidente do Tribunal que proferir a decisão exequenda determinar o pagamento integral e autorizar, a requerimento do credor e exclusivamente para os casos de preterimento de seu direito de precedência ou de não alocação orçamentária do valor necessário à satisfação do seu débito, o sequestro da quantia respectiva. (*Redação dada pela Emenda Constitucional n. 62, de 2009*)

§ 7° O Presidente do Tribunal competente que, por ato comissivo ou omissivo, retardar ou tentar frustrar a liquidação regular de precatórios incorrerá em crime de responsabilidade e responderá, também, perante o Conselho Nacional de Justiça. (*Incluído pela Emenda Constitucional n. 62, de 2009*)

§ 8º É vedada a expedição de precatórios complementares ou suplementares de valor pago, bem como o fracionamento, repartição ou quebra do valor da execução para fins de enquadramento de parcela do total ao que dispõe o § 3º deste artigo. (*Incluído pela Emenda Constitucional n. 62, de 2009*)

§ 9º Sem que haja interrupção no pagamento do precatório e mediante comunicação da Fazenda Pública ao Tribunal, o valor correspondente aos eventuais débitos inscritos em dívida ativa contra o credor do requisitório e seus substituídos deverá ser depositado à conta do juízo responsável pela ação de cobrança, que decidirá pelo seu destino definitivo. (*Redação dada pela Emenda Constitucional n. 113, de 2021*)

§ 10. Antes da expedição dos precatórios, o Tribunal solicitará à Fazenda Pública devedora, para resposta em até 30 (trinta) dias, sob pena de perda do direito de abatimento, informação sobre os débitos que preencham as condições estabelecidas no § 9º, para os fins nele previstos. (*Incluído pela Emenda Constitucional n. 62, de 2009*)[37]

§ 11. É facultada ao credor, conforme estabelecido em lei do ente federativo devedor, com auto aplicabilidade para a União, a oferta de créditos líquidos e certos que originalmente lhe são próprios ou adquiridos de terceiros reconhecidos pelo ente federativo ou por decisão judicial transitada em julgado para: (*Redação dada pela Emenda Constitucional n. 113, de 2021*)

I quitação de débitos parcelados ou débitos inscritos em dívida ativa do ente federativo devedor, inclusive em transação resolutiva de litígio, e, subsidiariamente, débitos com a administração autárquica e fundacional do mesmo ente; (*Incluído pela Emenda Constitucional n. 113, de 2021*)

II compra de imóveis públicos de propriedade do mesmo ente disponibilizados para venda; (*Incluído pela Emenda Constitucional n. 113, de 2021*)

III pagamento de outorga de delegações de serviços públicos e demais espécies de concessão negocial promovidas pelo mesmo ente; (*Incluído pela Emenda Constitucional n. 113, de 2021*)

---

37 Vide ADI 4425.

IV aquisição, inclusive minoritária, de participação societária, disponibilizada para venda, do respectivo ente federativo; ou (*Incluído pela Emenda Constitucional n. 113, de 2021*)

V compra de direitos, disponibilizados para cessão, do respectivo ente federativo, inclusive, no caso da União, da antecipação de valores a serem recebidos a título do excedente em óleo em contratos de partilha de petróleo. (*Incluído pela Emenda Constitucional n. 113, de 2021*)

§ 12. A partir da promulgação desta Emenda Constitucional, a atualização de valores de requisitórios, após sua expedição, até o efetivo pagamento, independentemente de sua natureza, será feita pelo índice oficial de remuneração básica da caderneta de poupança, e, para fins de compensação da mora, incidirão juros simples no mesmo percentual de juros incidentes sobre a caderneta de poupança, ficando excluída a incidência de juros compensatórios. (*Incluído pela Emenda Constitucional n. 62, de 2009*)[38]

§ 13. O credor poderá ceder, total ou parcialmente, seus créditos em precatórios a terceiros, independentemente da concordância do devedor, não se aplicando ao cessionário o disposto nos §§ 2º e 3º. (*Incluído pela Emenda Constitucional n. 62, de 2009*)

§ 14. A cessão de precatórios, observado o disposto no § 9º deste artigo, somente produzirá efeitos após comunicação, por meio de petição protocolizada, ao Tribunal de origem e ao ente federativo devedor. (*Redação dada pela Emenda Constitucional n. 113, de 2021*)

§ 15. Sem prejuízo do disposto neste artigo, lei complementar a esta Constituição Federal poderá estabelecer regime especial para pagamento de crédito de precatórios de Estados, Distrito Federal e Municípios, dispondo sobre vinculações à receita corrente líquida e forma e prazo de liquidação. (*Incluído pela Emenda Constitucional n. 62, de 2009*)

§ 16. A seu critério exclusivo e na forma de lei, a União poderá assumir débitos, oriundos de precatórios, de Estados, Distrito Federal e Municípios, refinanciando-os diretamente. (*Incluído pela Emenda Constitucional n. 62, de 2009*)

---

38 Vide ADI 4425.

§ 17. A União, os Estados, o Distrito Federal e os Municípios aferirão mensalmente, em base anual, o comprometimento de suas respectivas receitas correntes líquidas com o pagamento de precatórios e obrigações de pequeno valor. (*Incluído pela Emenda Constitucional n. 94, de 2016*)

§ 18. Entende-se como receita corrente líquida, para os fins de que trata o § 17, o somatório das receitas tributárias, patrimoniais, industriais, agropecuárias, de contribuições e de serviços, de transferências correntes e outras receitas correntes, incluindo as oriundas do § 1º do art. 20 da Constituição Federal, verificado no período compreendido pelo segundo mês imediatamente anterior ao de referência e os 11 (onze) meses precedentes, excluídas as duplicidades, e deduzidas: (*Incluído pela Emenda Constitucional n. 94, de 2016*)

I na União, as parcelas entregues aos Estados, ao Distrito Federal e aos Municípios por determinação constitucional; (*Incluído pela Emenda Constitucional n. 94, de 2016*)

II nos Estados, as parcelas entregues aos Municípios por determinação constitucional; (*Incluído pela Emenda Constitucional n. 94, de 2016*)

III na União, nos Estados, no Distrito Federal e nos Municípios, a contribuição dos servidores para custeio de seu sistema de previdência e assistência social e as receitas provenientes da compensação financeira referida no § 9º do art. 201 da Constituição Federal. (*Incluído pela Emenda Constitucional n. 94, de 2016*)

§ 19. Caso o montante total de débitos decorrentes de condenações judiciais em precatórios e obrigações de pequeno valor, em período de 12 (doze) meses, ultrapasse a média do comprometimento percentual da receita corrente líquida nos 5 (cinco) anos imediatamente anteriores, a parcela que exceder esse percentual poderá ser financiada, excetuada dos limites de endividamento de que tratam os incisos VI e VII do art. 52 da Constituição Federal e de quaisquer outros limites de endividamento previstos, não se aplicando a esse financiamento a vedação de vinculação de receita prevista no inciso IV do art. 167 da Constituição Federal. (*Incluído pela Emenda Constitucional n. 94, de 2016*)

§ 20. Caso haja precatório com valor superior a 15% (quinze por cento) do montante dos precatórios apresentados nos termos do § 5º deste artigo, 15% (quinze por cento) do valor deste precatório serão pagos até o final do exercício seguinte e o restante em parcelas iguais nos cinco exercícios subsequentes, acrescidas de juros de mora e correção monetária, ou mediante acordos diretos, perante Juízos Auxiliares de Conciliação de Precatórios, com redução máxima de 40% (quarenta por cento) do valor do crédito atualizado, desde que em relação ao crédito não penda recurso ou defesa judicial e que sejam observados os requisitos definidos na regulamentação editada pelo ente federado. (*Incluído pela Emenda Constitucional n. 94, de 2016*)

§ 21. Ficam a União e os demais entes federativos, nos montantes que lhes são próprios, desde que aceito por ambas as partes, autorizados a utilizar valores objeto de sentenças transitadas em julgado devidos a pessoa jurídica de direito público para amortizar dívidas, vencidas ou vincendas: (*Incluído pela Emenda Constitucional n. 113, de 2021*)

I nos contratos de refinanciamento cujos créditos sejam detidos pelo ente federativo que figure como devedor na sentença de que trata o **caput** deste artigo; (*Incluído pela Emenda Constitucional n. 113, de 2021*)

II nos contratos em que houve prestação de garantia a outro ente federativo; (*Incluído pela Emenda Constitucional n. 113, de 2021*)

III nos parcelamentos de tributos ou de contribuições sociais; e (*Incluído pela Emenda Constitucional n. 113, de 2021*)

IV nas obrigações decorrentes do descumprimento de prestação de contas ou de desvio de recursos. (*Incluído pela Emenda Constitucional n. 113, de 2021*)

§ 22. A amortização de que trata o § 21 deste artigo: (*Incluído pela Emenda Constitucional n. 113, de 2021*)

I nas obrigações vencidas, será imputada primeiramente às parcelas mais antigas; (*Incluído pela Emenda Constitucional n. 113, de 2021*)

II nas obrigações vincendas, reduzirá uniformemente o valor de cada parcela devida, mantida a duração original do respectivo contrato ou parcelamento. (*Incluído pela Emenda Constitucional n. 113, de 2021*)

Seção II – Do Supremo Tribunal Federal

Art. 101. O Supremo Tribunal Federal compõe-se de onze Ministros, escolhidos dentre cidadãos com mais de trinta e cinco e menos de setenta anos de idade, de notável saber jurídico e reputação ilibada. (*Redação dada pela Emenda Constitucional n. 122, de 2022*)

Parágrafo único. Os Ministros do Supremo Tribunal Federal serão nomeados pelo Presidente da República, depois de aprovada a escolha pela maioria absoluta do Senado Federal.

Art. 102. Compete ao Supremo Tribunal Federal, precipuamente, a guarda da Constituição, cabendo-lhe:

I processar e julgar, originariamente:

a) a ação direta de inconstitucionalidade de lei ou ato normativo federal ou estadual e a ação declaratória de constitucionalidade de lei ou ato normativo federal; (*Redação dada pela Emenda Constitucional n. 3, de 1993*)
b) nas infrações penais comuns, o Presidente da República, o Vice-Presidente, os membros do Congresso Nacional, seus próprios Ministros e o Procurador-Geral da República;
c) nas infrações penais comuns e nos crimes de responsabilidade, os Ministros de Estado e os Comandantes da Marinha, do Exército e da Aeronáutica, ressalvado o disposto no art. 52, I, os membros dos Tribunais Superiores, os do Tribunal de Contas da União e os chefes de missão diplomática de caráter permanente; (*Redação dada pela Emenda Constitucional n. 23, de 1999*)
d) o *habeas corpus*, sendo paciente qualquer das pessoas referidas nas alíneas anteriores; o mandado de segurança e o *habeas data* contra atos do Presidente da República, das Mesas da Câmara dos Deputados e do Senado Federal, do Tribunal de Contas da União, do Procurador-Geral da República e do próprio Supremo Tribunal Federal;
e) o litígio entre Estado estrangeiro ou organismo internacional e a União, o Estado, o Distrito Federal ou o Território;
f) as causas e os conflitos entre a União e os Estados, a União e o Distrito Federal, ou entre uns e outros, inclusive as respectivas entidades da administração indireta;
g) a extradição solicitada por Estado estrangeiro;

h) (*Revogado pela Emenda Constitucional n. 45, de 2004*)
i) o ***habeas corpus***, quando o coator for Tribunal Superior ou quando o coator ou o paciente for autoridade ou funcionário cujos atos estejam sujeitos diretamente à jurisdição do Supremo Tribunal Federal, ou se trate de crime sujeito à mesma jurisdição em uma única instância; (*Redação dada pela Emenda Constitucional n. 22, de 1999*)
j) a revisão criminal e a ação rescisória de seus julgados;
l) a reclamação para a preservação de sua competência e garantia da autoridade de suas decisões;
m) a execução de sentença nas causas de sua competência originária, facultada a delegação de atribuições para a prática de atos processuais;
n) a ação em que todos os membros da magistratura sejam direta ou indiretamente interessados, e aquela em que mais da metade dos membros do tribunal de origem estejam impedidos ou sejam direta ou indiretamente interessados;
o) os conflitos de competência entre o Superior Tribunal de Justiça e quaisquer tribunais, entre Tribunais Superiores, ou entre estes e qualquer outro tribunal;
p) o pedido de medida cautelar das ações diretas de inconstitucionalidade;
q) o mandado de injunção, quando a elaboração da norma regulamentadora for atribuição do Presidente da República, do Congresso Nacional, da Câmara dos Deputados, do Senado Federal, das Mesas de uma dessas Casas Legislativas, do Tribunal de Contas da União, de um dos Tribunais Superiores, ou do próprio Supremo Tribunal Federal;
r) as ações contra o Conselho Nacional de Justiça e contra o Conselho Nacional do Ministério Público. (*Incluída pela Emenda Constitucional n. 45, de 2004*)

II julgar, em recurso ordinário:

a) o *habeas corpus*, o mandado de segurança, o *habeas data* e o mandado de injunção decididos em única instância pelos Tribunais Superiores, se denegatória a decisão;
b) o crime político.

III julgar, mediante recurso extraordinário, as causas decididas em única ou última instância, quando a decisão recorrida:

a) contrariar dispositivo desta Constituição;
b) declarar a inconstitucionalidade de tratado ou lei federal;
c) julgar válida lei ou ato de governo local contestado em face desta Constituição.
d) julgar válida lei local contestada em face de lei federal. (*Incluída pela Emenda Constitucional n. 45, de 2004*)

§ 1º A argüição de descumprimento de preceito fundamental, decorrente desta Constituição, será apreciada pelo Supremo Tribunal Federal, na forma da lei. (*Transformado do parágrafo único em § 1º pela Emenda Constitucional n. 3, de 1993*)

§ 2º As decisões definitivas de mérito, proferidas pelo Supremo Tribunal Federal, nas ações diretas de inconstitucionalidade e nas ações declaratórias de constitucionalidade produzirão eficácia contra todos e efeito vinculante, relativamente aos demais órgãos do Poder Judiciário e à administração pública direta e indireta, nas esferas federal, estadual e municipal. (*Redação dada pela Emenda Constitucional n. 45, de 2004*)[39]

§ 3º No recurso extraordinário o recorrente deverá demonstrar a repercussão geral das questões constitucionais discutidas no caso, nos termos da lei, a fim de que o Tribunal examine a admissão do recurso, somente podendo recusá-lo pela manifestação de dois terços de seus membros. (*Incluída pela Emenda Constitucional n. 45, de 2004*)

Art. 103. Podem propor a ação direta de inconstitucionalidade e a ação declaratória de constitucionalidade: (*Redação dada pela Emenda Constitucional n. 45, de 2004*)[40]

I o Presidente da República;

II a Mesa do Senado Federal;

III a Mesa da Câmara dos Deputados;

IV a Mesa de Assembléia Legislativa ou da Câmara Legislativa do Distrito Federal; (*Redação dada pela Emenda Constitucional n. 45, de 2004*)

---

39 Vide ADIN 3392.
40 Vide Lei n. 13.105, de 2015.

V o Governador de Estado ou do Distrito Federal; (*Redação dada pela Emenda Constitucional n. 45, de 2004*)

VI o Procurador-Geral da República;

VII o Conselho Federal da Ordem dos Advogados do Brasil;

VIII partido político com representação no Congresso Nacional;

IX confederação sindical ou entidade de classe de âmbito nacional.

§ 1º O Procurador-Geral da República deverá ser previamente ouvido nas ações de inconstitucionalidade e em todos os processos de competência do Supremo Tribunal Federal.

§ 2º Declarada a inconstitucionalidade por omissão de medida para tornar efetiva norma constitucional, será dada ciência ao Poder competente para a adoção das providências necessárias e, em se tratando de órgão administrativo, para fazê-lo em trinta dias.

§ 3º Quando o Supremo Tribunal Federal apreciar a inconstitucionalidade, em tese, de norma legal ou ato normativo, citará, previamente, o Advogado-Geral da União, que defenderá o ato ou texto impugnado.

§ 4º (*Revogado pela Emenda Constitucional n. 45, de 2004*)

Art. 103-A. O Supremo Tribunal Federal poderá, de ofício ou por provocação, mediante decisão de dois terços dos seus membros, após reiteradas decisões sobre matéria constitucional, aprovar súmula que, a partir de sua publicação na imprensa oficial, terá efeito vinculante em relação aos demais órgãos do Poder Judiciário e à administração pública direta e indireta, nas esferas federal, estadual e municipal, bem como proceder à sua revisão ou cancelamento, na forma estabelecida em lei. (*Incluído pela Emenda Constitucional n. 45, de 2004*)[41]

§ 1º A súmula terá por objetivo a validade, a interpretação e a eficácia de normas determinadas, acerca das quais haja controvérsia atual entre órgãos judiciários ou entre esses e a administração pública que acarrete grave insegurança jurídica e relevante multiplicação de processos sobre questão idêntica. (*Incluído pela Emenda Constitucional n. 45, de 2004*)

---

41 Vide Lei n. 11.417, de 2006.

§ 2º Sem prejuízo do que vier a ser estabelecido em lei, a aprovação, revisão ou cancelamento de súmula poderá ser provocada por aqueles que podem propor a ação direta de inconstitucionalidade. (*Incluído pela Emenda Constitucional n. 45, de 2004*)

§ 3º Do ato administrativo ou decisão judicial que contrariar a súmula aplicável ou que indevidamente a aplicar, caberá reclamação ao Supremo Tribunal Federal que, julgando-a procedente, anulará o ato administrativo ou cassará a decisão judicial reclamada, e determinará que outra seja proferida com ou sem a aplicação da súmula, conforme o caso. (*Incluído pela Emenda Constitucional n. 45, de 2004*)

Art. 103-B. O Conselho Nacional de Justiça compõe-se de 15 (quinze) membros com mandato de 2 (dois) anos, admitida 1 (uma) recondução, sendo: (*Redação dada pela Emenda Constitucional n. 61, de 2009*)

I o Presidente do Supremo Tribunal Federal; (*Redação dada pela Emenda Constitucional n. 61, de 2009*)

II um Ministro do Superior Tribunal de Justiça, indicado pelo respectivo tribunal; (*Incluído pela Emenda Constitucional n. 45, de 2004*)

III um Ministro do Tribunal Superior do Trabalho, indicado pelo respectivo tribunal; (*Incluído pela Emenda Constitucional n. 45, de 2004*)

IV um desembargador de Tribunal de Justiça, indicado pelo Supremo Tribunal Federal; (*Incluído pela Emenda Constitucional n. 45, de 2004*)

V um juiz estadual, indicado pelo Supremo Tribunal Federal; (*Incluído pela Emenda Constitucional n. 45, de 2004*)

VI um juiz de Tribunal Regional Federal, indicado pelo Superior Tribunal de Justiça; (*Incluído pela Emenda Constitucional n. 45, de 2004*)

VII um juiz federal, indicado pelo Superior Tribunal de Justiça; (*Incluído pela Emenda Constitucional n. 45, de 2004*)

VIII um juiz de Tribunal Regional do Trabalho, indicado pelo Tribunal Superior do Trabalho; (*Incluído pela Emenda Constitucional n. 45, de 2004*)

IX um juiz do trabalho, indicado pelo Tribunal Superior do Trabalho; (*Incluído pela Emenda Constitucional n. 45, de 2004*)

X um membro do Ministério Público da União, indicado pelo Procurador-Geral da República; (*Incluído pela Emenda Constitucional n. 45, de 2004*)

XI um membro do Ministério Público estadual, escolhido pelo Procurador-Geral da República dentre os nomes indicados pelo órgão competente de cada instituição estadual; (*Incluído pela Emenda Constitucional n. 45, de 2004*)

XII dois advogados, indicados pelo Conselho Federal da Ordem dos Advogados do Brasil; (*Incluído pela Emenda Constitucional n. 45, de 2004*)

XIII dois cidadãos, de notável saber jurídico e reputação ilibada, indicados um pela Câmara dos Deputados e outro pelo Senado Federal. (*Incluído pela Emenda Constitucional n. 45, de 2004*)

§ 1º O Conselho será presidido pelo Presidente do Supremo Tribunal Federal e, nas suas ausências e impedimentos, pelo Vice-Presidente do Supremo Tribunal Federal. (*Redação dada pela Emenda Constitucional n. 61, de 2009*)

§ 2º Os demais membros do Conselho serão nomeados pelo Presidente da República, depois de aprovada a escolha pela maioria absoluta do Senado Federal. (*Redação dada pela Emenda Constitucional n. 61, de 2009*)

§ 3º Não efetuadas, no prazo legal, as indicações previstas neste artigo, caberá a escolha ao Supremo Tribunal Federal. (*Incluído pela Emenda Constitucional n. 45, de 2004*)

§ 4º Compete ao Conselho o controle da atuação administrativa e financeira do Poder Judiciário e do cumprimento dos deveres funcionais dos juízes, cabendo-lhe, além de outras atribuições que lhe forem conferidas pelo Estatuto da Magistratura: (*Incluído pela Emenda Constitucional n. 45, de 2004*)

I zelar pela autonomia do Poder Judiciário e pelo cumprimento do Estatuto da Magistratura, podendo expedir atos regulamentares, no âmbito de sua competência, ou recomendar providências; (*Incluído pela Emenda Constitucional n. 45, de 2004*)

II zelar pela observância do art. 37 e apreciar, de ofício ou mediante provocação, a legalidade dos atos administrativos praticados por membros ou órgãos do Poder Judiciário, podendo desconstituí-los, revê-los ou fixar prazo para que se adotem as providências necessárias ao exato cumprimento da lei, sem prejuízo da competência do Tribunal de Contas da União; (*Incluído pela Emenda Constitucional n. 45, de 2004*)

III receber e conhecer das reclamações contra membros ou órgãos do Poder Judiciário, inclusive contra seus serviços auxiliares, serventias e órgãos prestadores de serviços notariais e de registro que atuem por delegação do poder público ou oficializados, sem prejuízo da competência disciplinar e correicional dos tribunais, podendo avocar processos disciplinares em curso, determinar a remoção ou a disponibilidade e aplicar outras sanções administrativas, assegurada ampla defesa; (*Redação dada pela Emenda Constitucional n. 103, de 2019*)

IV representar ao Ministério Público, no caso de crime contra a administração pública ou de abuso de autoridade; (*Incluído pela Emenda Constitucional n. 45, de 2004*)

V rever, de ofício ou mediante provocação, os processos disciplinares de juízes e membros de tribunais julgados há menos de um ano; (*Incluído pela Emenda Constitucional n. 45, de 2004*)

VI elaborar semestralmente relatório estatístico sobre processos e sentenças prolatadas, por unidade da Federação, nos diferentes órgãos do Poder Judiciário; (*Incluído pela Emenda Constitucional n. 45, de 2004*)

VII elaborar relatório anual, propondo as providências que julgar necessárias, sobre a situação do Poder Judiciário no País e as atividades do Conselho, o qual deve integrar mensagem do Presidente do Supremo Tribunal Federal a ser remetida ao Congresso Nacional, por ocasião da abertura da sessão legislativa. (*Incluído pela Emenda Constitucional n. 45, de 2004*)

§ 5º O Ministro do Superior Tribunal de Justiça exercerá a função de Ministro-Corregedor e ficará excluído da distribuição de processos no Tribunal, competindo-lhe, além das atribuições que lhe forem conferidas pelo Estatuto da Magistratura, as seguintes: (*Incluído pela Emenda Constitucional n. 45, de 2004*)

I receber as reclamações e denúncias, de qualquer interessado, relativas aos magistrados e aos serviços judiciários; (*Incluído pela Emenda Constitucional n. 45, de 2004*)

II exercer funções executivas do Conselho, de inspeção e de correição geral; (*Incluído pela Emenda Constitucional n. 45, de 2004*)

III requisitar e designar magistrados, delegando-lhes atribuições, e requisitar servidores de juízos ou tribunais, inclusive nos Estados, Distrito Federal e Territórios. (*Incluído pela Emenda Constitucional n. 45, de 2004*)

§ 6º Junto ao Conselho oficiarão o Procurador-Geral da República e o Presidente do Conselho Federal da Ordem dos Advogados do Brasil. (*Incluído pela Emenda Constitucional n. 45, de 2004*)

§ 7º A União, inclusive no Distrito Federal e nos Territórios, criará ouvidorias de justiça, competentes para receber reclamações e denúncias de qualquer interessado contra membros ou órgãos do Poder Judiciário, ou contra seus serviços auxiliares, representando diretamente ao Conselho Nacional de Justiça. (*Incluído pela Emenda Constitucional n. 45, de 2004*)

Seção III – Do Superior Tribunal de Justiça

Art. 104. O Superior Tribunal de Justiça compõe-se de, no mínimo, trinta e três Ministros.

Parágrafo único. Os Ministros do Superior Tribunal de Justiça serão nomeados pelo Presidente da República, dentre brasileiros com mais de trinta e cinco e menos de setenta anos de idade, de notável saber jurídico e reputação ilibada, depois de aprovada a escolha pela maioria absoluta do Senado Federal, sendo: (*Redação dada pela Emenda Constitucional n. 122, de 2022*)

I um terço dentre juízes dos Tribunais Regionais Federais e um terço dentre desembargadores dos Tribunais de Justiça, indicados em lista tríplice elaborada pelo próprio Tribunal;

II um terço, em partes iguais, dentre advogados e membros do Ministério Público Federal, Estadual, do Distrito Federal e Territórios, alternadamente, indicados na forma do art. 94.

Art. 105. Compete ao Superior Tribunal de Justiça:

I processar e julgar, originariamente:

a) nos crimes comuns, os Governadores dos Estados e do Distrito Federal, e, nestes e nos de responsabilidade, os desembargadores dos Tribunais de Justiça dos Estados e do Distrito Federal, os membros dos Tribunais de Contas dos Estados e do Distrito Federal, os dos Tribunais Regionais Federais, dos Tribunais Regionais Eleitorais e do Trabalho, os membros dos Conselhos ou Tribunais de Contas dos Municípios e os do Ministério Público da União que oficiem perante tribunais;
b) os mandados de segurança e os ***habeas data*** contra ato de Ministro de Estado, dos Comandantes da Marinha, do Exército e da Aeronáutica ou do próprio Tribunal; (*Redação dada pela Emenda Constitucional n. 23, de 1999*)
c) os ***habeas corpus***, quando o coator ou paciente for qualquer das pessoas mencionadas na alínea “a”, ou quando o coator for tribunal sujeito à sua jurisdição, Ministro de Estado ou Comandante da Marinha, do Exército ou da Aeronáutica, ressalvada a competência da Justiça Eleitoral; (*Redação dada pela Emenda Constitucional n. 23, de 1999*)
d) os conflitos de competência entre quaisquer tribunais, ressalvado o disposto no art. 102, I, “o”, bem como entre tribunal e juízes a ele não vinculados e entre juízes vinculados a tribunais diversos;
e) as revisões criminais e as ações rescisórias de seus julgados;

f) a reclamação para a preservação de sua competência e garantia da autoridade de suas decisões;
g) os conflitos de atribuições entre autoridades administrativas e judiciárias da União, ou entre autoridades judiciárias de um Estado e administrativas de outro ou do Distrito Federal, ou entre as deste e da União;
h) o mandado de injunção, quando a elaboração da norma regulamentadora for atribuição de órgão, entidade ou autoridade federal, da administração direta ou indireta, excetuados os casos de competência do Supremo Tribunal Federal e dos órgãos da Justiça Militar, da Justiça Eleitoral, da Justiça do Trabalho e da Justiça Federal;
i) a homologação de sentenças estrangeiras e a concessão de exequatur às cartas rogatórias; (*Incluída pela Emenda Constitucional n. 45, de 2004*)

II julgar, em recurso ordinário:

a) os *habeas corpus* decididos em única ou última instância pelos Tribunais Regionais Federais ou pelos tribunais dos Estados, do Distrito Federal e Territórios, quando a decisão for denegatória;
b) os mandados de segurança decididos em única instância pelos Tribunais Regionais Federais ou pelos tribunais dos Estados, do Distrito Federal e Territórios, quando denegatória a decisão;
c) as causas em que forem partes Estado estrangeiro ou organismo internacional, de um lado, e, do outro, Município ou pessoa residente ou domiciliada no País;

III julgar, em recurso especial, as causas decididas, em única ou última instância, pelos Tribunais Regionais Federais ou pelos tribunais dos Estados, do Distrito Federal e Territórios, quando a decisão recorrida:

a) contrariar tratado ou lei federal, ou negar-lhes vigência;
b) julgar válido ato de governo local contestado em face de lei federal; (*Redação dada pela Emenda Constitucional n. 45, de 2004*)
c) der a lei federal interpretação divergente da que lhe haja atribuído outro tribunal.

§ 1º Funcionarão junto ao Superior Tribunal de Justiça:

I a Escola Nacional de Formação e Aperfeiçoamento de Magistrados, cabendo-lhe, dentre outras funções, regulamentar os cursos oficiais para o ingresso e promoção na carreira; (*Incluído pela Emenda Constitucional n. 45, de 2004*)

II o Conselho da Justiça Federal, cabendo-lhe exercer, na forma da lei, a supervisão administrativa e orçamentária da Justiça Federal de primeiro e segundo graus, como órgão central do sistema e com poderes correicionais, cujas decisões terão cará ter vinculante. (*Incluído pela Emenda Constitucional n. 45, de 2004*)

§ 2º No recurso especial, o recorrente deve demonstrar a relevância das questões de direito federal infraconstitucional discutidas no caso, nos termos da lei, a fim de que a admissão do recurso seja examinada pelo Tribunal, o qual somente pode dele não conhecer com base nesse motivo pela manifestação de 2/3 (dois terços) dos membros do órgão competente para o julgamento. (*Incluído pela Emenda Constitucional n. 125, de 2022*)

§ 3º Haverá a relevância de que trata o § 2º deste artigo nos seguintes casos: (*Incluído pela Emenda Constitucional n. 125, de 2022*)

I ações penais; (*Incluído pela Emenda Constitucional n. 125, de 2022*)

II ações de improbidade administrativa; (*Incluído pela Emenda Constitucional n. 125, de 2022*)

III ações cujo valor da causa ultrapasse 500 (quinhentos) salários mínimos; (*Incluído pela Emenda Constitucional n. 125, de 2022*)

IV ações que possam gerar inelegibilidade; (*Incluído pela Emenda Constitucional n. 125, de 2022*)

V hipóteses em que o acórdão recorrido contrariar jurisprudência dominante o Superior Tribunal de Justiça; (*Incluído pela Emenda Constitucional n. 125, de 2022*)

VI outras hipóteses previstas em lei. (*Incluído pela Emenda Constitucional n. 125, de 2022*)

Seção IV – Dos Tribunais Regionais Federais e dos Juízes Federais

Art. 106. São órgãos da Justiça Federal:

I os Tribunais Regionais Federais;

II os Juízes Federais.

Art. 107. Os Tribunais Regionais Federais compõem-se de, no mínimo, sete juízes, recrutados, quando possível, na respectiva região e nomeados pelo Presidente da República dentre brasileiros com mais de trinta e menos de setenta anos de idade, sendo: (*Redação dada pela Emenda Constitucional n. 122, de 2022*)

I um quinto dentre advogados com mais de dez anos de efetiva atividade profissional e membros do Ministério Público Federal com mais de dez anos de carreira;

II os demais, mediante promoção de juízes federais com mais de cinco anos de exercício, por antigüidade e merecimento, alternadamente.

§ 1º A lei disciplinará a remoção ou a permuta de juízes dos Tribunais Regionais Federais e determinará sua jurisdição e sede. (*Renumerado do parágrafo único, pela Emenda Constitucional n. 45, de 2004*)

§ 2º Os Tribunais Regionais Federais instalarão a justiça itinerante, com a realização de audiências e demais funções da atividade jurisdicional, nos limites territoriais da respectiva jurisdição, servindo-se de equipamentos públicos e comunitários. (*Incluído pela Emenda Constitucional n. 45, de 2004*)

§ 3º Os Tribunais Regionais Federais poderão funcionar descentralizadamente, constituindo Câmaras regionais, a fim de assegurar o pleno acesso do jurisdicionado à justiça em todas as fases do processo. (*Incluído pela Emenda Constitucional n. 45, de 2004*)

Art. 108. Compete aos Tribunais Regionais Federais:

I processar e julgar, originariamente:

a) os juízes federais da área de sua jurisdição, incluídos os da Justiça Militar e da Justiça do Trabalho, nos crimes comuns e de responsabilidade, e os membros do Ministério Público da União, ressalvada a competência da Justiça Eleitoral;
b) as revisões criminais e as ações rescisórias de julgados seus ou dos juízes federais da região;
c) os mandados de segurança e os *habeas data* contra ato do próprio Tribunal ou de juiz federal;
d) os *habeas corpus*, quando a autoridade coatora for juiz federal;
e) os conflitos de competência entre juízes federais vincula dos ao Tribunal;

II julgar, em grau de recurso, as causas decididas pelos juízes federais e pelos juízes estaduais no exercício da competência federal da área de sua jurisdição.

Art. 109. Aos juízes federais compete processar e julgar:

I as causas em que a União, entidade autárquica ou empresa pública federal forem interessadas na condição de autoras, rés, assistentes ou oponentes, exceto as de falência, as de acidentes de trabalho e as sujeitas à Justiça Eleitoral e à Justiça do Trabalho;

II as causas entre Estado estrangeiro ou organismo internacional e Município ou pessoa domiciliada ou residente no País;

III as causas fundadas em tratado ou contrato da União com Estado estrangeiro ou organismo internacional;

IV os crimes políticos e as infrações penais praticadas em detrimento de bens, serviços ou interesse da União ou de suas entidades autárquicas ou empresas públicas, excluídas as contravenções e ressalvada a competência da Justiça Militar e da Justiça Eleitoral;

V os crimes previstos em tratado ou convenção internacional, quando, iniciada a execução no País, o resultado tenha ou devesse ter ocorrido no estrangeiro, ou reciprocamente;

V-A as causas relativas a direitos humanos a que se refere o § 5º deste artigo; (*Incluído pela Emenda Constitucional n. 45, de 2004*)

VI os crimes contra a organização do trabalho e, nos casos determinados por lei, contra o sistema financeiro e a ordem econômico-financeira;

VII os *habeas corpus*, em matéria criminal de sua competência ou quando o constrangimento provier de autoridade cujos atos não estejam diretamente sujeitos a outra jurisdição;

VIII os mandados de segurança e os *habeas data* contra ato de autoridade federal, excetuados os casos de competência dos tribunais federais;

IX os crimes cometidos a bordo de navios ou aeronaves, ressalvada a competência da Justiça Militar;

X os crimes de ingresso ou permanência irregular de estrangeiro, a execução de carta rogatória, após o "exequatur", e de sentença estrangeira, após a homologação, as causas referentes à nacionalidade, inclusive a respectiva opção, e à naturalização;

XI a disputa sobre direitos indígenas.

§ 1º As causas em que a União for autora serão aforadas na seção judiciária onde tiver domicílio a outra parte.

§ 2º As causas intentadas contra a União poderão ser aforadas na seção judiciária em que for domiciliado o autor, naquela onde houver ocorrido o ato ou fato que deu origem à demanda ou onde esteja situada a coisa, ou, ainda, no Distrito Federal.

§ 3º Lei poderá autorizar que as causas de competência da Justiça Federal em que forem parte instituição de previdência social e segurado possam ser processadas e julgadas na justiça estadual quando a comarca do domicílio do segurado não for sede de vara federal. (*Redação dada pela Emenda Constitucional n. 103, de 2019*)

§ 4º Na hipótese do parágrafo anterior, o recurso cabível será sempre para o Tribunal Regional Federal na área de jurisdição do juiz de primeiro grau.

§ 5º Nas hipóteses de grave violação de direitos humanos, o Procurador-Geral da República, com a finalidade de assegurar o cumprimento de obrigações decorrentes de tratados internacionais de direitos humanos dos quais o Brasil seja parte, poderá suscitar, perante o Superior Tribunal de Justiça, em qualquer fase do inquérito ou processo, incidente de deslocamento de competência para a Justiça Federal. (*Incluído pela Emenda Constitucional n. 45, de 2004*)

Art. 110. Cada Estado, bem como o Distrito Federal, constituirá uma seção judiciária que terá por sede a respectiva Capital, e varas localizadas segundo o estabelecido em lei.

Parágrafo único. Nos Territórios Federais, a jurisdição e as atribuições cometidas aos juízes federais caberão aos juízes da justiça local, na forma da lei.

Seção V – Dos Tribunais e Juízes do Trabalho
(*Redação dada pela Emenda Constitucional n. 92, de 2016*)

Art. 111. São órgãos da Justiça do Trabalho:

I o Tribunal Superior do Trabalho;

II os Tribunais Regionais do Trabalho;

III Juizes do Trabalho. (*Redação dada pela Emenda Constitucional n. 24, de 1999*)

§§ 1º a 3º (*Revogados pela Emenda Constitucional n. 45, de 2004*)

Art. 111-A. O Tribunal Superior do Trabalho compõe-se de vinte e sete Ministros, escolhidos dentre brasileiros com mais de trinta e cinco e menos de setenta anos de idade, de notável saber jurídico e reputação ilibada, nomeados pelo Presidente da República após aprovação pela maioria absoluta do Senado Federal, sendo: (*Redação dada pela Emenda Constitucional n. 122, de 2022*)

I um quinto dentre advogados com mais de dez anos de efetiva atividade profissional e membros do Ministério Público do Trabalho com mais de dez anos de efetivo exercício, observado o disposto no art. 94; (*Incluído pela Emenda Constitucional n. 45, de 2004*)

II os demais dentre juízes dos Tribunais Regionais do Trabalho, oriundos da magistratura da carreira, indicados pelo próprio Tribunal Superior. (*Incluído pela Emenda Constitucional n. 45, de 2004*)

§ 1º A lei disporá sobre a competência do Tribunal Superior do Trabalho. (*Incluído pela Emenda Constitucional n. 45, de 2004*)

§ 2º Funcionarão junto ao Tribunal Superior do Trabalho: (*Incluído pela Emenda Constitucional n. 45, de 2004*)

I a Escola Nacional de Formação e Aperfeiçoamento de Magistrados do Trabalho, cabendo-lhe, dentre outras funções, regulamentar os cursos oficiais para o ingresso e promoção na carreira; (*Incluído pela Emenda Constitucional n. 45, de 2004*)

II o Conselho Superior da Justiça do Trabalho, cabendo-lhe exercer, na forma da lei, a supervisão administrativa, orçamentária, financeira e patrimonial da Justiça do Trabalho de primeiro e segundo graus, como órgão central do sistema, cujas decisões terão efeito vinculante. (*Incluído pela Emenda Constitucional n. 45, de 2004*)

§ 3º Compete ao Tribunal Superior do Trabalho processar e julgar, originariamente, a reclamação para a preservação de sua competência e garantia da autoridade de suas decisões. (*Incluído pela Emenda Constitucional n. 92, de 2016*)

Art. 112. A lei criará varas da Justiça do Trabalho, podendo, nas comarcas não abrangidas por sua jurisdição, atribuí-la aos juízes de direito, com recurso para o respectivo Tribunal Regional do Trabalho. (*Redação dada pela Emenda Constitucional n. 45, de 2004*)

Art. 113. A lei disporá sobre a constituição, investidura, jurisdição, competência, garantias e condições de exercício dos órgãos da Justiça do Trabalho. (*Redação dada pela Emenda Constitucional n. 24, de 1999*)

Art. 114. Compete à Justiça do Trabalho processar e julgar: (*Redação dada pela Emenda Constitucional n. 45, de 2004*)[42]

I as ações oriundas da relação de trabalho, abrangidos os entes de direito público externo e da administração pública direta e indireta da União, dos Estados, do Distrito Federal e dos Municípios; (*Incluído pela Emenda Constitucional n. 45, de 2004*)

II as ações que envolvam exercício do direito de greve; (*Incluído pela Emenda Constitucional n. 45, de 2004*)

III as ações sobre representação sindical, entre sindicatos, entre sindicatos e trabalhadores, e entre sindicatos e empregadores; (*Incluído pela Emenda Constitucional n. 45, de 2004*)

IV os mandados de segurança, *habeas corpus* e *habeas data*, quando o ato questionado envolver matéria sujeita à sua jurisdição; (*Incluído pela Emenda Constitucional n. 45, de 2004*)

V os conflitos de competência entre órgãos com jurisdição trabalhista, ressalvado o disposto no art. 102, I, o; (*Incluído pela Emenda Constitucional n. 45, de 2004*)

VI as ações de indenização por dano moral ou patrimonial, decorrentes da relação de trabalho; (*Incluído pela Emenda Constitucional n. 45, de 2004*)

VII as ações relativas às penalidades administrativas impostas aos empregadores pelos órgãos de fiscalização das relações de trabalho; (*Incluído pela Emenda Constitucional n. 45, de 2004*)

VIII a execução, de ofício, das contribuições sociais previstas no art. 195, I, a, e II, e seus acréscimos legais, decorrentes das sentenças que proferir; (*Incluído pela Emenda Constitucional n. 45, de 2004*)

---

42 Vide ADIN 3392 e Vide ADIN 3432.

IX outras controvérsias decorrentes da relação de trabalho, na forma da lei. (*Incluído pela Emenda Constitucional n. 45, de 2004*)

§ 1º Frustrada a negociação coletiva, as partes poderão eleger árbitros.

§ 2º Recusando-se qualquer das partes à negociação coletiva ou à arbitragem, é facultado às mesmas, de comum acordo, ajuizar dissídio coletivo de natureza econômica, podendo a Justiça do Trabalho decidir o conflito, respeitadas as disposições mínimas legais de proteção ao trabalho, bem como as convencionadas anteriormente. (*Redação dada pela Emenda Constitucional n. 45, de 2004*)[43]

§ 3º Em caso de greve em atividade essencial, com possibilidade de lesão do interesse público, o Ministério Público do Trabalho poderá ajuizar dissídio coletivo, competindo à Justiça do Trabalho decidir o conflito. (*Redação dada pela Emenda Constitucional n. 45, de 2004*)[44]

Art. 115. Os Tribunais Regionais do Trabalho compõem-se de, no mínimo, sete juízes, recrutados, quando possível, na respectiva região e nomeados pelo Presidente da República dentre brasileiros com mais de trinta e menos de setenta anos de idade, sendo: (*Redação dada pela Emenda Constitucional n. 122, de 2022*)

I um quinto dentre advogados com mais de dez anos de efetiva atividade profissional e membros do Ministério Público do Trabalho com mais de dez anos de efetivo exercício, observado o disposto no art. 94; (*Redação dada pela Emenda Constitucional n. 45, de 2004*)

II os demais, mediante promoção de juízes do trabalho por antiguidade e merecimento, alternadamente. (*Redação dada pela Emenda Constitucional n. 45, de 2004*)

§ 1º Os Tribunais Regionais do Trabalho instalarão a justiça itinerante, com a realização de audiências e demais funções de atividade jurisdicional,

---

43 Vide ADI n. 3423, ADI n. 3423, ADI n. 3423, ADI n. 3431, ADI n. 3432, ADI n. 3520, ADIN 3392 e ADIN 3432.

44 Vide ADI n. 3423, ADI n. 3431, ADI n. 3520, ADIN 3392 e ADIN 3432.

nos limites territoriais da respectiva jurisdição, servindo-se de equipamentos públicos e comunitários. (*Incluído pela Emenda Constitucional n. 45, de 2004*)

§ 2º Os Tribunais Regionais do Trabalho poderão funcionar descentralizadamente, constituindo Câmaras regionais, a fim de assegurar o pleno acesso do jurisdicionado à justiça em todas as fases do processo. (*Incluído pela Emenda Constitucional n. 45, de 2004*)

Art. 116. Nas Varas do Trabalho, a jurisdição será exercida por um juiz singular. (*Redação dada pela Emenda Constitucional n. 24, de 1999*)

Parágrafo único. (*Revogado pela Emenda Constitucional n. 24, de 1999*)

Art. 117. e Parágrafo único. (*Revogados pela Emenda Constitucional n. 24, de 1999*)

Seção VI – Dos Tribunais e Juízes Eleitorais

Art. 118. São órgãos da Justiça Eleitoral:

I o Tribunal Superior Eleitoral;

II os Tribunais Regionais Eleitorais;

III os Juízes Eleitorais;

IV as Juntas Eleitorais.

Art. 119. O Tribunal Superior Eleitoral compor-se-á, no mínimo, de sete membros, escolhidos:

I mediante eleição, pelo voto secreto:

a) três juízes dentre os Ministros do Supremo Tribunal Federal;
b) dois juízes dentre os Ministros do Superior Tribunal de Justiça;

II por nomeação do Presidente da República, dois juízes dentre seis advogados de notável saber jurídico e idoneidade moral, indicados pelo Supremo Tribunal Federal.

Parágrafo único. O Tribunal Superior Eleitoral elegerá seu Presidente e o Vice-Presidente dentre os Ministros do Supremo Tribunal Federal, e o Corregedor Eleitoral dentre os Ministros do Superior Tribunal de Justiça.

Art. 120. Haverá um Tribunal Regional Eleitoral na Capital de cada Estado e no Distrito Federal.

§ 1º Os Tribunais Regionais Eleitorais compor-se-ão:

I mediante eleição, pelo voto secreto:

a) de dois juízes dentre os desembargadores do Tribunal de Justiça;
b) de dois juízes, dentre juízes de direito, escolhidos pelo Tribunal de Justiça;

II de um juiz do Tribunal Regional Federal com sede na Capital do Estado ou no Distrito Federal, ou, não havendo, de juiz federal, escolhido, em qualquer caso, pelo Tribunal Regional Federal respectivo;

III por nomeação, pelo Presidente da República, de dois juízes dentre seis advogados de notável saber jurídico e idoneidade moral, indicados pelo Tribunal de Justiça.

§ 2º O Tribunal Regional Eleitoral elegerá seu Presidente e o Vice-Presidente dentre os desembargadores.

Art. 121. Lei complementar disporá sobre a organização e competência dos tribunais, dos juízes de direito e das juntas eleitorais.

§ 1º Os membros dos tribunais, os juízes de direito e os integrantes das juntas eleitorais, no exercício de suas funções, e no que lhes for aplicável, gozarão de plenas garantias e serão inamovíveis.

§ 2º Os juízes dos tribunais eleitorais, salvo motivo justificado, servirão por dois anos, no mínimo, e nunca por mais de dois biênios consecutivos, sendo os substitutos escolhidos na mesma ocasião e pelo mesmo processo, em número igual para cada categoria.

§ 3º São irrecorríveis as decisões do Tribunal Superior Eleitoral, salvo as que contrariarem esta Constituição e as denegatórias de *habeas corpus* ou mandado de segurança.

§ 4º Das decisões dos Tribunais Regionais Eleitorais somente caberá recurso quando:

I forem proferidas contra disposição expressa desta Constituição ou de lei;

II ocorrer divergência na interpretação de lei entre dois ou mais tribunais eleitorais;

III versarem sobre inelegibilidade ou expedição de diplomas nas eleições federais ou estaduais;

IV anularem diplomas ou decretarem a perda de mandatos eletivos federais ou estaduais;

V denegarem *habeas corpus*, mandado de segurança, *habeas data* ou mandado de injunção.

Seção VII – Dos Tribunais e Juízes Militares

Art. 122. São órgãos da Justiça Militar:

I o Superior Tribunal Militar;

II os Tribunais e Juízes Militares instituídos por lei.

Art. 123. O Superior Tribunal Militar compor-se-á de quinze Ministros vitalícios, nomeados pelo Presidente da República, depois de aprovada a indicação pelo Senado Federal, sendo três dentre oficiais-generais da Marinha, quatro dentre oficiais-generais do Exército, três dentre oficiais-generais da Aeronáutica, todos da ativa e do posto mais elevado da carreira, e cinco dentre civis.

Parágrafo único. Os Ministros civis serão escolhidos pelo Presidente da República dentre brasileiros com mais de trinta e cinco e menos de setenta anos de idade, sendo: (*Redação dada pela Emenda Constitucional n. 122, de 2022*)

I três dentre advogados de notório saber jurídico e conduta ilibada, om mais de dez anos de efetiva atividade profissional;

II dois, por escolha paritária, dentre juízes auditores e membros do Ministério Público da Justiça Militar.

Art. 124. à Justiça Militar compete processar e julgar os crimes militares definidos em lei.

Parágrafo único. A lei disporá sobre a organização, o funcionamento e a competência da Justiça Militar.

Seção VIII – Dos Tribunais e Juízes dos Estados

Art. 125. Os Estados organizarão sua Justiça, observados os princípios estabelecidos nesta Constituição.

§ 1º A competência dos tribunais será definida na Constituição do Estado, sendo a lei de organização judiciária de iniciativa do Tribunal de Justiça.

§ 2º Cabe aos Estados a instituição de representação de inconstitucionalidade de leis ou atos normativos estaduais ou municipais em face da Constituição Estadual, vedada a atribuição da legitimação para agir a um único órgão.

§ 3º A lei estadual poderá criar, mediante proposta do Tribunal de Justiça, a Justiça Militar estadual, constituída, em primeiro grau, pelos juízes de direito e pelos Conselhos de Justiça e, em segundo grau, pelo próprio Tribunal de Justiça, ou por Tribunal de Justiça Militar nos Estados em que o efetivo militar seja superior a vinte mil integrantes. (*Redação dada pela Emenda Constitucional n. 45, de 2004*)

§ 4º Compete à Justiça Militar estadual processar e julgar os militares dos Estados, nos crimes militares definidos em lei e as ações judiciais contra atos disciplinares militares, ressalvada a competência do júri quando a vítima for civil, cabendo ao tribunal competente decidir sobre a perda do posto e da patente dos oficiais e da graduação das praças. (*Redação dada pela Emenda Constitucional n. 45, de 2004*)

§ 5º Compete aos juízes de direito do juízo militar processar e julgar, singularmente, os crimes militares cometidos contra civis e as ações judiciais contra atos disciplinares militares, cabendo ao Conselho de Justiça, sob a presidência de juiz de direito, processar e julgar os demais crimes militares. (*Incluído pela Emenda Constitucional n. 45, de 2004*)

§ 6º O Tribunal de Justiça poderá funcionar descentralizadamente, constituindo Câmaras regionais, a fim de assegurar o pleno acesso do jurisdicionado à justiça em todas as fases do processo. (*Incluído pela Emenda Constitucional n. 45, de 2004*)

§ 7º O Tribunal de Justiça instalará a justiça itinerante, com a realização de audiências e demais funções da atividade jurisdicional, nos limites territoriais da respectiva jurisdição, servindo-se de equipamentos públicos e comunitários. (*Incluído pela Emenda Constitucional n. 45, de 2004*)

Art. 126. Para dirimir conflitos fundiários, o Tribunal de Justiça proporá a criação de varas especializadas, com competência exclusiva para questões agrárias. (*Redação dada pela Emenda Constitucional n. 45, de 2004*)

Parágrafo único. Sempre que necessário à eficiente prestação jurisdicional, o juiz far-se-á presente no local do litígio.

CAPÍTULO IV

DAS FUNÇÕES ESSENCIAIS À JUSTIÇA

(*Redação dada pela Emenda Constitucional n. 80, de 2014*)

Seção I – Do Ministério Público

Art. 127. O Ministério Público é instituição permanente, essencial à função jurisdicional do Estado, incumbindo-lhe a defesa da ordem jurídica, do regime democrático e dos interesses sociais e individuais indisponíveis.

§ 1º São princípios institucionais do Ministério Público a unidade, a indivisibilidade e a independência funcional.

§ 2º Ao Ministério Público é assegurada autonomia funcional e administrativa, podendo, observado o disposto no art. 169, propor ao Poder Legislativo a criação e extinção de seus cargos e serviços auxiliares, provendo-os por concurso público de provas ou de provas e títulos, a política remuneratória e os planos de carreira; a lei disporá sobre sua organização e funcionamento. (*Redação dada pela Emenda Constitucional n. 19, de 1998*)

§ 3º O Ministério Público elaborará sua proposta orçamentária dentro dos limites estabelecidos na lei de diretrizes orçamentárias.

§ 4º Se o Ministério Público não encaminhar a respectiva proposta orçamentária dentro do prazo estabelecido na lei de diretrizes orçamentárias, o Poder Executivo considerará, para fins de consolidação da proposta orçamentária anual, os valores aprovados na lei orçamentária vigente, ajustados de acordo com os limites estipulados na forma do § 3º. (*Incluído pela Emenda Constitucional n. 45, de 2004*)

§ 5º Se a proposta orçamentária de que trata este artigo for encaminhada em desacordo com os limites estipulados na forma do § 3º, o Poder Executivo procederá aos ajustes necessários para fins de consolidação da proposta orçamentária anual. (*Incluído pela Emenda Constitucional n. 45, de 2004*)

§ 6º Durante a execução orçamentária do exercício, não poderá haver a realização de despesas ou a assunção de obrigações que extrapolem os limites estabelecidos na lei de diretrizes orçamentárias, exceto se previamente autorizadas, mediante a abertura de créditos suplementares ou especiais. (*Incluído pela Emenda Constitucional n. 45, de 2004*)

Art. 128. O Ministério Público abrange:

I o Ministério Público da União, que compreende:

a) o Ministério Público Federal;
b) o Ministério Público do Trabalho;
c) o Ministério Público Militar;
d) o Ministério Público do Distrito Federal e Territórios;

II os Ministérios Públicos dos Estados.

§ 1º O Ministério Público da União tem por chefe o Procurador-Geral da República, nomeado pelo Presidente da República dentre integrantes da carreira, maiores de trinta e cinco anos, após a aprovação de seu nome pela maioria absoluta dos membros do Senado Federal, para mandato de dois anos, permitida a recondução.

§ 2º A destituição do Procurador-Geral da República, por iniciativa do Presidente da República, deverá ser precedida de autorização da maioria absoluta do Senado Federal.

§ 3º Os Ministérios Públicos dos Estados e o do Distrito Federal e Territórios formarão lista tríplice dentre integrantes da carreira, na forma da lei respectiva, para escolha de seu Procurador-Geral, que será nomeado pelo Chefe do Poder Executivo, para mandato de dois anos, permitida uma recondução.

§ 4º Os Procuradores-Gerais nos Estados e no Distrito Federal e Territórios poderão ser destituídos por deliberação da maioria absoluta do Poder Legislativo, na forma da lei complementar respectiva.

§ 5º Leis complementares da União e dos Estados, cuja iniciativa é facultada aos respectivos Procuradores-Gerais, estabelecerão a organização, as atribuições e o estatuto de cada Ministério Público, observadas, relativamente a seus membros:

I as seguintes garantias:

a) vitaliciedade, após dois anos de exercício, não podendo perder o cargo senão por sentença judicial transitada em julgado;
b) inamovibilidade, salvo por motivo de interesse público, mediante decisão do órgão colegiado competente do

Ministério Público, pelo voto da maioria absoluta de seus membros, assegurada ampla defesa; (*Redação dada pela Emenda Constitucional n. 45, de 2004*)
c) irredutibilidade de subsídio, fixado na forma do art. 39, § 4º, e ressalvado o disposto nos arts. 37, X e XI, 150, II, 153, III, 153, § 2º, I; (*Redação dada pela Emenda Constitucional n. 19, de 1998*)

II as seguintes vedações:

a) receber, a qualquer título e sob qualquer pretexto, honorários, percentagens ou custas processuais;
b) exercer a advocacia;
c) participar de sociedade comercial, na forma da lei;
d) exercer, ainda que em disponibilidade, qualquer outra função pública, salvo uma de magistério;
e) exercer atividade político-partidária; (*Redação dada pela Emenda Constitucional n. 45, de 2004*)
f) receber, a qualquer título ou pretexto, auxílios ou contribuições de pessoas físicas, entidades públicas ou privadas, ressalvadas as exceções previstas em lei. (*Incluída pela Emenda Constitucional n. 45, de 2004*)

§ 6º Aplica-se aos membros do Ministério Público o disposto no art. 95, parágrafo único, V. (*Incluído pela Emenda Constitucional n. 45, de 2004*)

Art. 129. São funções institucionais do Ministério Público:

I promover, privativamente, a ação penal pública, na forma da lei;

II zelar pelo efetivo respeito dos Poderes Públicos e dos serviços de relevância pública aos direitos assegurados nesta Constituição, promovendo as medidas necessárias a sua garantia;

III promover o inquérito civil e a ação civil pública, para a proteção do patrimônio público e social, do meio ambiente e de outros interesses difusos e coletivos;

IV promover a ação de inconstitucionalidade ou representação para fins de intervenção da União e dos Estados, nos casos previstos nesta Constituição;

v defender judicialmente os direitos e interesses das populações indígenas;

vi expedir notificações nos procedimentos administrativos de sua competência, requisitando informações e documentos para instruí-los, na forma da lei complementar respectiva;

vii exercer o controle externo da atividade policial, na forma da lei complementar mencionada no artigo anterior;

viii requisitar diligências investigatórias e a instauração de inquérito policial, indicados os fundamentos jurídicos de suas manifestações processuais;

ix exercer outras funções que lhe forem conferidas, desde que compatíveis com sua finalidade, sendo-lhe vedada a representação judicial e a consultoria jurídica de entidades públicas.

§ 1º A legitimação do Ministério Público para as ações civis previstas neste artigo não impede a de terceiros, nas mesmas hipóteses, segundo o disposto nesta Constituição e na lei.

§ 2º As funções do Ministério Público só podem ser exercidas por integrantes da carreira, que deverão residir na comarca da respectiva lotação, salvo autorização do chefe da instituição. (*Redação dada pela Emenda Constitucional n. 45, de 2004*)

§ 3º O ingresso na carreira do Ministério Público far-se-á mediante concurso público de provas e títulos, assegurada a participação da Ordem dos Advogados do Brasil em sua realização, exigindo-se do bacharel em direito, no mínimo, três anos de atividade jurídica e observando-se, nas nomeações, a ordem de classificação. (*Redação dada pela Emenda Constitucional n. 45, de 2004*)

§ 4º Aplica-se ao Ministério Público, no que couber, o disposto no art. 93. (*Redação dada pela Emenda Constitucional n. 45, de 2004*)

§ 5º A distribuição de processos no Ministério Público será imediata. (*Incluído pela Emenda Constitucional n. 45, de 2004*)

Art. 130. Aos membros do Ministério Público junto aos Tribunais de Contas aplicam-se as disposições desta seção pertinentes a direitos, vedações e forma de investidura.

Art. 130-A. O Conselho Nacional do Ministério Público compõe-se de quatorze membros nomeados pelo Presidente da República, depois de aprovada a escolha pela maioria absoluta do Senado Federal, para um mandato de dois anos, admitida uma recondução, sendo: (*Incluído pela Emenda Constitucional n. 45, de 2004*)

I o Procurador-Geral da República, que o preside; (*Incluído pela Emenda Constitucional n. 45, de 2004*)

II quatro membros do Ministério Público da União, assegurada a representação de cada uma de suas carreiras; (*Incluído pela Emenda Constitucional n. 45, de 2004*)

III três membros do Ministério Público dos Estados; (*Incluído pela Emenda Constitucional n. 45, de 2004*)

IV dois juízes, indicados um pelo Supremo Tribunal Federal e outro pelo Superior Tribunal de Justiça; (*Incluído pela Emenda Constitucional n. 45, de 2004*)

V dois advogados, indicados pelo Conselho Federal da Ordem dos Advogados do Brasil; (*Incluído pela Emenda Constitucional n. 45, de 2004*)

VI dois cidadãos de notável saber jurídico e reputação ilibada, indicados um pela Câmara dos Deputados e outro pelo Senado Federal. (*Incluído pela Emenda Constitucional n. 45, de 2004*)

§ 1º Os membros do Conselho oriundos do Ministério Público serão indicados pelos respectivos Ministérios Públicos, na forma da lei. (*Incluído pela Emenda Constitucional n. 45, de 2004*)

§ 2º Compete ao Conselho Nacional do Ministério Público o controle da atuação administrativa e financeira do Ministério Público e do cumprimento dos deveres funcionais de seus membros, cabendo lhe: (*Incluído pela Emenda Constitucional n. 45, de 2004*)

I zelar pela autonomia funcional e administrativa do Ministério Público, podendo expedir atos regulamentares, no âmbito de sua competência, ou recomendar providências; (*Incluído pela Emenda Constitucional n. 45, de 2004*)

II zelar pela observância do art. 37 e apreciar, de ofício ou mediante provocação, a legalidade dos atos administrativos praticados por membros ou órgãos do Ministério Público da União e dos Estados, podendo desconstituí-los, revê-los ou fixar prazo para que se adotem as providências necessárias ao exato cumprimento da lei, sem prejuízo da competência dos Tribunais de Contas; (*Incluído pela Emenda Constitucional n. 45, de 2004*)

III receber e conhecer das reclamações contra membros ou órgãos do Ministério Público da União ou dos Estados, inclusive contra seus serviços auxiliares, sem prejuízo da competência disciplinar e correicional da instituição, podendo avocar processos disciplinares em curso, determinar a remoção ou a disponibilidade e aplicar outras sanções administrativas, assegurada ampla defesa; (*Redação dada pela Emenda Constitucional n. 103, de 2019*)

IV rever, de ofício ou mediante provocação, os processos disciplinares de membros do Ministério Público da União ou dos Estados julgados há menos de um ano; (*Incluído pela Emenda Constitucional n. 45, de 2004*)

V elaborar relatório anual, propondo as providências que julgar necessárias sobre a situação do Ministério Público no País e as atividades do Conselho, o qual deve integrar a mensagem prevista no art. 84, XI. (*Incluído pela Emenda Constitucional n. 45, de 2004*)

§ 3º O Conselho escolherá, em votação secreta, um Corregedor nacional, dentre os membros do Ministério Público que o integram, vedada a recondução, competindo-lhe, além das atribuições que lhe forem conferidas pela lei, as seguintes: (*Incluído pela Emenda Constitucional n. 45, de 2004*)

I receber reclamações e denúncias, de qualquer interessado, relativas aos membros do Ministério Público e dos seus serviços auxiliares; (*Incluído pela Emenda Constitucional n. 45, de 2004*)

II exercer funções executivas do Conselho, de inspeção e correição geral; (*Incluído pela Emenda Constitucional n. 45, de 2004*)

III requisitar e designar membros do Ministério Público, delegando-lhes atribuições, e requisitar servidores de órgãos do Ministério Público. (*Incluído pela Emenda Constitucional n. 45, de 2004*)

§ 4º O Presidente do Conselho Federal da Ordem dos Advogados do Brasil oficiará junto ao Conselho. (*Incluído pela Emenda Constitucional n. 45, de 2004*)

§ 5º Leis da União e dos Estados criarão ouvidorias do Ministério Público, competentes para receber reclamações e denúncias de qualquer interessado contra membros ou órgãos do Ministério Público, inclusive contra seus serviços auxiliares, representando diretamente ao Conselho Nacional do Ministério Público. (*Incluído pela Emenda Constitucional n. 45, de 2004*)

Seção II – Da Advocacia Pública
(*Redação dada pela Emenda Constitucional n. 19, de 1998*)

Art. 131. A Advocacia-Geral da União é a instituição que, diretamente ou através de órgão vinculado, representa a União, judicial e extrajudicialmente, cabendo-lhe, nos termos da lei complementar que dispuser sobre sua organização e funcionamento, as atividades de consultoria e assessoramento jurídico do Poder Executivo.

§ 1º A Advocacia-Geral da União tem por chefe o Advogado-Geral da União, de livre nomeação pelo Presidente da República dentre cidadãos maiores de trinta e cinco anos, de notável saber jurídico e reputação ilibada.

§ 2º O ingresso nas classes iniciais das carreiras da instituição de que trata este artigo far-se-á mediante concurso público de provas e títulos.

§ 3º Na execução da dívida ativa de natureza tributária, a representação da União cabe à Procuradoria-Geral da Fazenda Nacional, observado o disposto em lei.

Art. 132. Os Procuradores dos Estados e do Distrito Federal, organizados em carreira, na qual o ingresso dependerá de concurso público de provas e títulos, com a participação da Ordem dos Advogados do Brasil em todas as suas fases, exercerão a representação judicial e a consultoria jurídica das respectivas unidades federadas. (*Redação dada pela Emenda Constitucional n. 19, de 1998*)

Parágrafo único. Aos procuradores referidos neste artigo é assegurada estabilidade após três anos de efetivo exercício, mediante avaliação de desempenho perante os órgãos próprios, após relatório circunstanciado das corregedorias. (*Incluído pela Emenda Constitucional n. 19, de 1998*)

Seção III – Da Advocacia
(*Redação dada pela Emenda Constitucional n. 80, de 2014*)

Art. 133. O advogado é indispensável à administração da justiça, sendo inviolável por seus atos e manifestações no exercício da profissão, nos limites da lei.

Seção IV – Da Defensoria Pública
(*Redação dada pela Emenda Constitucional n. 80, de 2014*)

Art. 134. A Defensoria Pública é instituição permanente, essencial à função jurisdicional do Estado, incumbindo-lhe, como expressão e instrumento do regime democrático, fundamentalmente, a orientação jurídica, a promoção dos direitos humanos e a defesa, em todos os graus, judicial e extrajudicial, dos direitos individuais e coletivos, de forma integral e gratuita, aos necessitados, na forma do inciso LXXIV do art. 5º desta Constituição Federal. (*Redação dada pela Emenda Constitucional n. 80, de 2014*)

§ 1º Lei complementar organizará a Defensoria Pública da União e do Distrito Federal e dos Territórios e prescreverá normas gerais para sua organização nos Estados, em cargos de carreira, providos, na classe inicial, mediante concurso público de provas e títulos, assegurada a seus integrantes a garantia da inamovibilidade e vedado o exercício da advocacia fora das atribuições institucionais. (*Renumerado do parágrafo único pela Emenda Constitucional n. 45, de 2004*)

§ 2º Às Defensorias Públicas Estaduais são asseguradas autonomia funcional e administrativa e a iniciativa de sua proposta orçamentária dentro dos limites estabelecidos na lei de diretrizes orçamentárias e subordinação ao disposto no art. 99, § 2º. (*Incluído pela Emenda Constitucional n. 45, de 2004*)

§ 3º Aplica-se o disposto no § 2º às Defensorias Públicas da União e do Distrito Federal. (*Incluído pela Emenda Constitucional n. 74, de 2013*)

§ 4º São princípios institucionais da Defensoria Pública a unidade, a indivisibilidade e a independência funcional, aplicando-se também, no que couber, o disposto no art. 93 e no inciso II do art. 96 desta Constituição Federal. (*Incluído pela Emenda Constitucional n. 80, de 2014*)

Art. 135. Os servidores integrantes das carreiras disciplinadas nas Seções II e III deste Capítulo serão remunerados na forma do art. 39, § 4º. (*Redação dada pela Emenda Constitucional n. 19, de 1998*)

TÍTULO V

DA DEFESA DO ESTADO E DAS INSTITUIÇÕES DEMOCRÁTICAS

DO ESTADO DE DEFESA E DO ESTADO DE SÍTIO

Seção I – Do Estado de Defesa

Art. 136. O Presidente da República pode, ouvidos o Conselho da República e o Conselho de Defesa Nacional, decretar estado de defesa para preservar ou prontamente restabelecer, em locais restritos e determinados, a ordem pública ou a paz social ameaçadas por grave e iminente instabilidade institucional ou atingidas por calamidades de grandes proporções na natureza.

§ 1º O decreto que instituir o estado de defesa determinará o tempo de sua duração, especificará as áreas a serem abrangidas e indicará, nos termos e limites da lei, as medidas coercitivas a vigorarem, dentre as seguintes:

I restrições aos direitos de:

a) reunião, ainda que exercida no seio das associações;
b) sigilo de correspondência;
c) sigilo de comunicação telegráfica e telefônica;

II ocupação e uso temporário de bens e serviços públicos, na hipótese de calamidade pública, respondendo a União pelos danos e custos decorrentes.

§ 2º O tempo de duração do estado de defesa não será superior a trinta dias, podendo ser prorrogado uma vez, por igual período, se persistirem as razões que justificaram a sua decretação.

§ 3º Na vigência do estado de defesa:

I a prisão por crime contra o Estado, determinada pelo executor da medida, será por este comunicada imediatamente ao juiz competente, que a relaxará, se não for legal, facultado ao preso requerer exame de corpo de delito à autoridade policial;

II a comunicação será acompanhada de declaração, pela autoridade, do estado físico e mental do detido no momento de sua autuação;

III a prisão ou detenção de qualquer pessoa não poderá ser superior a dez dias, salvo quando autorizada pelo Poder Judiciário;

IV é vedada a incomunicabilidade do preso.

§ 4º Decretado o estado de defesa ou sua prorrogação, o Presidente da República, dentro de vinte e quatro horas, submeterá o ato com a respectiva justificação ao Congresso Nacional, que decidirá por maioria absoluta.

§ 5º Se o Congresso Nacional estiver em recesso, será convocado, extraordinariamente, no prazo de cinco dias.

§ 6º O Congresso Nacional apreciará o decreto dentro de dez dias contados de seu recebimento, devendo continuar funcionando enquanto vigorar o estado de defesa.

§ 7º Rejeitado o decreto, cessa imediatamente o estado de defesa.

Seção II – Do Estado de Sítio

Art. 137. O Presidente da República pode, ouvidos o Conselho da República e o Conselho de Defesa Nacional, solicitar ao Congresso Nacional autorização para decretar o estado de sítio nos casos de:

I comoção grave de repercussão nacional ou ocorrência de fatos que comprovem a ineficácia de medida tomada durante o estado de defesa;

II declaração de estado de guerra ou resposta a agressão armada estrangeira.

Parágrafo único. O Presidente da República, ao solicitar autorização para decretar o estado de sítio ou sua prorrogação, relatará os motivos determinantes do pedido, devendo o Congresso Nacional decidir por maioria absoluta.

Art. 138. O decreto do estado de sítio indicará sua duração, as normas necessárias a sua execução e as garantias constitucionais que ficarão suspensas, e, depois de publicado, o Presidente da República designará o executor das medidas específicas e as áreas abrangidas.

§ 1º O estado de sítio, no caso do art. 137, I, não poderá ser decretado por mais de trinta dias, nem prorrogado, de cada vez, por prazo superior; no do inciso II, poderá ser decretado por todo o tempo que perdurar a guerra ou a agressão armada estrangeira.

§ 2º Solicitada autorização para decretar o estado de sítio durante o recesso parlamentar, o Presidente do Senado Federal, de imediato, convocará extraordinariamente o Congresso Nacional para se reunir dentro de cinco dias, a fim de apreciar o ato.

§ 3º O Congresso Nacional permanecerá em funcionamento até o término das medidas coercitivas.

Art. 139. Na vigência do estado de sítio decretado com fundamento no art. 137, I, só poderão ser tomadas contra as pessoas as seguintes medidas:

I obrigação de permanência em localidade determinada;

II detenção em edifício não destinado a acusados ou condenados por crimes comuns;

III restrições relativas à inviolabilidade da correspondência, ao sigilo das comunicações, à prestação de informações e à liberdade de imprensa, radiodifusão e televisão, na forma da lei;

IV suspensão da liberdade de reunião;

V busca e apreensão em domicílio;

VI intervenção nas empresas de serviços públicos;

VII requisição de bens.

Parágrafo único. Não se inclui nas restrições do inciso III a difusão de pronunciamentos de parlamentares efetuados em suas Casas Legislativas, desde que liberada pela respectiva Mesa.

Seção III – Disposições Gerais

Art. 140. A Mesa do Congresso Nacional, ouvidos os líderes partidários, designará Comissão composta de cinco de seus membros para acompanhar e fiscalizar a execução das medidas referentes ao estado de defesa e ao estado de sítio.

Art. 141. Cessado o estado de defesa ou o estado de sítio, cessarão também seus efeitos, sem prejuízo da responsabilidade pelos ilícitos cometidos por seus executores ou agentes.

Parágrafo único. Logo que cesse o estado de defesa ou o estado de sítio, as medidas aplicadas em sua vigência serão relatadas pelo Presidente da República, em mensagem ao Congresso Nacional, com especificação e justificação das providências adotadas, com relação nominal dos atingidos e indicação das restrições aplicadas.

DAS FORÇAS ARMADAS

Art. 142. As Forças Armadas, constituídas pela Marinha, pelo Exército e pela Aeronáutica, são instituições nacionais permanentes e regulares, organizadas com base na hierarquia e na disciplina, sob a autoridade suprema do Presidente da República, e destinam-se à defesa da Pátria, à garantia dos poderes constitucionais e, por iniciativa de qualquer destes, da lei e da ordem.

§ 1º Lei complementar estabelecerá as normas gerais a serem adotadas na organização, no preparo e no emprego das Forças Armadas.

§ 2º Não caberá *habeas corpus* em relação a punições disciplinares militares.

§ 3º Os membros das Forças Armadas são denominados militares, aplicando-se-lhes, além das que vierem a ser fixadas em lei, as seguintes disposições: (*Incluído pela Emenda Constitucional n. 18, de 1998*)

I as patentes, com prerrogativas, direitos e deveres a elas inerentes, são conferidas pelo Presidente da República e asseguradas em plenitude aos oficiais da ativa, da reserva ou reformados, sendo-lhes privativos os títulos e postos militares e, juntamente com os demais membros, o uso dos uniformes das Forças Armadas; (*Incluído pela Emenda Constitucional n. 18, de 1998*)

II o militar em atividade que tomar posse em cargo ou emprego público civil permanente, ressalvada a hipótese prevista no art. 37, inciso XVI, alínea "c", será transferido para a reserva, nos termos da lei; (*Redação dada pela Emenda Constitucional n. 77, de 2014*)

III o militar da ativa que, de acordo com a lei, tomar posse em cargo, emprego ou função pública civil temporária, não eletiva, ainda que da administração indireta, ressalvada a hipótese prevista no art. 37, inciso XVI, alínea "c", ficará agregado ao respectivo quadro e somente poderá, enquanto permanecer nessa situação, ser promovido por antiguidade, contando-se-lhe o tempo de serviço apenas para aquela promoção e transferência para a reserva, sendo depois de dois anos de afastamento, contínuos ou não, transferido para a reserva, nos termos da lei; (*Redação dada pela Emenda Constitucional n. 77, de 2014*)

IV ao militar são proibidas a sindicalização e a greve; (*Incluído pela Emenda Constitucional n. 18, de 1998*)

V o militar, enquanto em serviço ativo, não pode estar filiado a partidos políticos; (*Incluído pela Emenda Constitucional n. 18, de 1998*)

VI o oficial só perderá o posto e a patente se for julgado indigno do oficialato ou com ele incompatível, por decisão de tribunal militar de caráter permanente, em tempo de paz, ou de tribunal especial, em tempo de guerra; (*Incluído pela Emenda Constitucional n. 18, de 1998*)

VII o oficial condenado na justiça comum ou militar a pena privativa de liberdade superior a dois anos, por sentença transitada em julgado, será submetido ao julgamento previsto no inciso anterior; (*Incluído pela Emenda Constitucional n. 18, de 1998*)

VIII aplica-se aos militares o disposto no art. 7º, incisos VIII, XII, XVII, XVIII, XIX e XXV, e no art. 37, incisos XI, XIII, XIV e XV, bem como, na forma da lei e com prevalência da atividade militar, no art. 37, inciso XVI, alínea "c"; (*Redação dada pela Emenda Constitucional n. 77, de 2014*)

IX (*Revogado pela Emenda Constitucional n. 41, de 2003*)

X a lei disporá sobre o ingresso nas Forças Armadas, os limites de idade, a estabilidade e outras condições de transferência do militar para a inatividade, os direitos, os deveres, a remuneração, as prerrogativas e outras situações especiais dos militares, consideradas as peculiaridades de suas atividades, inclusive aquelas cumpridas por força de compromissos internacionais e de guerra. (*Incluído pela Emenda Constitucional n. 18, de 1998*)

Art. 143. O serviço militar é obrigatório nos termos da lei.

§ 1º Às Forças Armadas compete, na forma da lei, atribuir serviço alternativo aos que, em tempo de paz, após alistados, alegarem imperativo de consciência, entendendo-se como tal o decorrente de crença religiosa e de convicção filosófica ou política, para se eximirem de atividades de caráter essencialmente militar.

§ 2º As mulheres e os eclesiásticos ficam isentos do serviço militar obrigatório em tempo de paz, sujeitos, porém, a outros encargos que a lei lhes atribuir.

CAPÍTULO III

DA SEGURANÇA PÚBLICA

Art. 144. A segurança pública, dever do Estado, direito e responsabilidade de todos, é exercida para a preservação da ordem pública e da incolumidade das pessoas e do patrimônio, através dos seguintes órgãos:

I polícia federal;

II polícia rodoviária federal;

III polícia ferroviária federal;

IV polícias civis;

V polícias militares e corpos de bombeiros militares.

VI polícias penais federal, estaduais e distrital. (*Redação dada pela Emenda Constitucional n. 104, de 2019*)

§ 1º A polícia federal, instituída por lei como órgão permanente, organizado e mantido pela União e estruturado em carreira, destina-se a: (*Redação dada pela Emenda Constitucional n. 19, de 1998*)

I apurar infrações penais contra a ordem política e social ou em detrimento de bens, serviços e interesses da União ou de suas entidades autárquicas e empresas públicas, assim como outras infrações cuja prática tenha repercussão interestadual ou internacional e exija repressão uniforme, segundo se dispuser em lei;

II prevenir e reprimir o tráfico ilícito de entorpecentes e drogas afins, o contrabando e o descaminho, sem prejuízo da ação fazendária e de outros órgãos públicos nas respectivas áreas de competência;

III exercer as funções de polícia marítima, aeroportuária e de fronteiras; (*Redação dada pela Emenda Constitucional n. 19, de 1998*)

IV exercer, com exclusividade, as funções de polícia judiciária da União.

§ 2º A polícia rodoviária federal, órgão permanente, organizado e mantido pela União e estruturado em carreira, destina-se, na forma da lei, ao patrulhamento ostensivo das rodovias federais. (*Redação dada pela Emenda Constitucional n. 19, de 1998*)

§ 3º A polícia ferroviária federal, órgão permanente, organizado e mantido pela União e estruturado em carreira, destina-se, na forma da lei, ao patrulhamento ostensivo das ferrovias federais. (*Redação dada pela Emenda Constitucional n. 19, de 1998*)

§ 4º Às polícias civis, dirigidas por delegados de polícia de carreira, incumbem, ressalvada a competência da União, as funções de polícia judiciária e a apuração de infrações penais, exceto as militares.

§ 5º Às polícias militares cabem a polícia ostensiva e a preservação da ordem pública; aos corpos de bombeiros militares, além das atribuições definidas em lei, incumbe a execução de atividades de defesa civil.

§ 5º-A. Às polícias penais, vinculadas ao órgão administrador do sistema penal da unidade federativa a que pertencem, cabe a segurança dos estabelecimentos penais. (*Redação dada pela Emenda Constitucional n. 104, de 2019*)

§ 6º As polícias militares e os corpos de bombeiros militares, forças auxiliares e reserva do Exército subordinam-se, juntamente com as polícias civis e as polícias penais estaduais e distrital, aos Governadores dos Estados, do Distrito Federal e dos Territórios. (*Redação dada pela Emenda Constitucional n. 104, de 2019*)

§ 7º A lei disciplinará a organização e o funcionamento dos órgãos responsáveis pela segurança pública, de maneira a garantir a eficiência de suas atividades.[45]

§ 8º Os Municípios poderão constituir guardas municipais destinadas à proteção de seus bens, serviços e instalações, conforme dispuser a lei.[46]

---

45 Vide Lei n. 13.675, de 2018.

46 Vide Lei n. 13.022, de 2014.

§ 9º A remuneração dos servidores policiais integrantes dos órgãos relacionados neste artigo será fixada na forma do § 4º do art. 39. (*Incluído pela Emenda Constitucional n. 19, de 1998*)

§ 10. A segurança viária, exercida para a preservação da ordem pública e da incolumidade das pessoas e do seu patrimônio nas vias públicas: (*Incluído pela Emenda Constitucional n. 82, de 2014*)

I compreende a educação, engenharia e fiscalização de trânsito, além de outras atividades previstas em lei, que assegurem ao cidadão o direito à mobilidade urbana eficiente; e (*Incluído pela Emenda Constitucional n. 82, de 2014*)

II compete, no âmbito dos Estados, do Distrito Federal e dos Municípios, aos respectivos órgãos ou entidades executivos e seus agentes de trânsito, estruturados em Carreira, na forma da lei. (*Incluído pela Emenda Constitucional n. 82, de 2014*)

TÍTULO VI

DA TRIBUTAÇÃO E DO ORÇAMENTO

DO SISTEMA TRIBUTÁRIO NACIONAL

Seção I – Dos Princípios Gerais

Art. 145. A União, os Estados, o Distrito Federal e os Municípios poderão instituir os seguintes tributos:

I impostos;

II taxas, em razão do exercício do poder de polícia ou pela utilização, efetiva ou potencial, de serviços públicos específicos e divisíveis, prestados ao contribuinte ou postos a sua disposição;

III contribuição de melhoria, decorrente de obras públicas.

§ 1º Sempre que possível, os impostos terão caráter pessoal e serão graduados segundo a capacidade econômica do contribuinte, facultado à administração tributária, especialmente para conferir efetividade a esses objetivos, identificar, respeitados os direitos individuais e nos termos da lei, o patrimônio, os rendimentos e as atividades econômicas do contribuinte.

§ 2º As taxas não poderão ter base de cálculo própria de impostos.

Art. 146. Cabe à lei complementar:

I dispor sobre conflitos de competência, em matéria tributária, entre a União, os Estados, o Distrito Federal e os Municípios;

II regular as limitações constitucionais ao poder de tributar;

III estabelecer normas gerais em matéria de legislação tributária, especialmente sobre:

a) definição de tributos e de suas espécies, bem como, em relação aos impostos discriminados nesta Constituição, a dos respectivos fatos geradores, bases de cálculo e contribuintes;
b) obrigação, lançamento, crédito, prescrição e decadência tributários;

c) adequado tratamento tributário ao ato cooperativo praticado pelas sociedades cooperativas.

d) definição de tratamento diferenciado e favorecido para as microempresas e para as empresas de pequeno porte, inclusive regimes especiais ou simplificados no caso do imposto previsto no art. 155, II, das contribuições previstas no art. 195, I e §§ 12 e 13, e da contribuição a que se refere o art. 239. (*Incluído pela Emenda Constitucional n. 42, de 2003*)

Parágrafo único. A lei complementar de que trata o inciso III, d, também poderá instituir um regime único de arrecadação dos impostos e contribuições da União, dos Estados, do Distrito Federal e dos Municípios, observado que: (*Incluído pela Emenda Constitucional n. 42, de 2003*)

I será opcional para o contribuinte; (*Incluído pela Emenda Constitucional n. 42, de 2003*)

II poderão ser estabelecidas condições de enquadramento diferenciadas por Estado; (*Incluído pela Emenda Constitucional n. 42, de 2003*)

III o recolhimento será unificado e centralizado e a distribuição da parcela de recursos pertencentes aos respectivos entes federados será imediata, vedada qualquer retenção ou condicionamento; (*Incluído pela Emenda Constitucional n. 42, de 2003*)

IV a arrecadação, a fiscalização e a cobrança poderão ser compartilhadas pelos entes federados, adotado cadastro nacional único de contribuintes. (*Incluído pela Emenda Constitucional n. 42, de 2003*)

Art. 146-A. Lei complementar poderá estabelecer critérios especiais de tributação, com o objetivo de prevenir desequilíbrios da concorrência, sem prejuízo da competência de a União, por lei, estabelecer normas de igual objetivo. (*Incluído pela Emenda Constitucional n. 42, de 2003*)

Art. 147. Competem à União, em Território Federal, os impostos estaduais e, se o Território não for dividido em Municípios, cumulativamente, os impostos municipais; ao Distrito Federal cabem os impostos municipais.

Art. 148. A União, mediante lei complementar, poderá instituir empréstimos compulsórios:

I para atender a despesas extraordinárias, decorrentes de calamidade pública, de guerra externa ou sua iminência;

II no caso de investimento público de caráter urgente e de relevante interesse nacional, observado o disposto no art. 150, III, "b".

Parágrafo único. A aplicação dos recursos provenientes de empréstimo compulsório será vinculada à despesa que fundamentou sua instituição.

Art. 149. Compete exclusivamente à União instituir contribuições sociais, de intervenção no domínio econômico e de interesse das categorias profissionais ou econômicas, como instrumento de sua atuação nas respectivas áreas, observado o disposto nos arts. 146, III, e 150, I e III, e sem prejuízo do previsto no art. 195, § 6º, relativamente às contribuições a que alude o dispositivo.

§ 1º A União, os Estados, o Distrito Federal e os Municípios instituirão, por meio de lei, contribuições para custeio de regime próprio de previdência social, cobradas dos servidores ativos, dos aposentados e dos pensionistas, que poderão ter alíquotas progressivas de acordo com o valor da base de contribuição ou dos proventos de aposentadoria e de pensões. (*Redação dada pela Emenda Constitucional n. 103, de 2019*)

§ 1º-A. Quando houver *deficit* atuarial, a contribuição ordinária dos aposentados e pensionistas poderá incidir sobre o valor dos proventos de aposentadoria e de pensões que supere o salário-mínimo. (*Incluído pela Emenda Constitucional n. 103, de 2019*)

§ 1º-B. Demonstrada a insuficiência da medida prevista no § 1º-A para equacionar o *deficit* atuarial, é facultada a instituição de contribuição extraordinária, no âmbito da União, dos servidores públicos ativos, dos aposentados e dos pensionistas. (*Incluído pela Emenda Constitucional n. 103, de 2019*)

§ 1º-C. A contribuição extraordinária de que trata o § 1º-B deverá ser instituída simultaneamente com outras medidas para equacionamento do *deficit* e vigorará por período determinado, contado da data de sua instituição. (*Incluído pela Emenda Constitucional n. 103, de 2019*)

§ 2º As contribuições sociais e de intervenção no domínio econômico de que trata o *caput* deste artigo: (*Incluído pela Emenda Constitucional n. 33, de 2001*)

I não incidirão sobre as receitas decorrentes de exportação; (*Incluído pela Emenda Constitucional n. 33, de 2001*)

II incidirão também sobre a importação de produtos estrangeiros ou serviços; (*Redação dada pela Emenda Constitucional n. 42, de 2003*)

III poderão ter alíquotas: (*Incluído pela Emenda Constitucional n. 33, de 2001*)

a) *ad valorem*, tendo por base o faturamento, a receita bruta ou o valor da operação e, no caso de importação, o valor aduaneiro; (*Incluído pela Emenda Constitucional n. 33, de 2001*)
b) específica, tendo por base a unidade de medida adotada. (*Incluído pela Emenda Constitucional n. 33, de 2001*)

§ 3º A pessoa natural destinatária das operações de importação poderá ser equiparada a pessoa jurídica, na forma da lei. (*Incluído pela Emenda Constitucional n. 33, de 2001*)

§ 4º A lei definirá as hipóteses em que as contribuições incidirão uma única vez. (*Incluído pela Emenda Constitucional n. 33, de 2001*)

Art. 149-A. Os Municípios e o Distrito Federal poderão instituir contribuição, na forma das respectivas leis, para o custeio do serviço de iluminação pública, observado o disposto no art. 150, I e III. (*Incluído pela Emenda Constitucional n. 39, de 2002*)

Parágrafo único. É facultada a cobrança da contribuição a que se refere o caput, na fatura de consumo de energia elétrica. (*Incluído pela Emenda Constitucional n. 39, de 2002*)

Seção II – Das Limitações do Poder de Tributar

Art. 150. Sem prejuízo de outras garantias asseguradas ao contribuinte, é vedado à União, aos Estados, ao Distrito Federal e aos Municípios:

I exigir ou aumentar tributo sem lei que o estabeleça;

II instituir tratamento desigual entre contribuintes que se encontrem em situação equivalente, proibida qualquer distinção em razão de ocupação profissional ou função por eles exercida, independentemente da denominação jurídica dos rendimentos, títulos ou direitos;

III cobrar tributos:

a) em relação a fatos geradores ocorridos antes do início da vigência da lei que os houver instituído ou aumentado;
b) no mesmo exercício financeiro em que haja sido publicada a lei que os instituiu ou aumentou;[47]
c) antes de decorridos noventa dias da data em que haja sido publicada a lei que os instituiu ou aumentou, observado o disposto na alínea b; (*Incluído pela Emenda Constitucional n. 42, de 2003*)

IV utilizar tributo com efeito de confisco;

V estabelecer limitações ao tráfego de pessoas ou bens, por meio de tributos interestaduais ou intermunicipais, ressalvada a cobrança de pedágio pela utilização de vias conservadas pelo Poder Público;

VI instituir impostos sobre:[48]

a) patrimônio, renda ou serviços, uns dos outros;
b) templos de qualquer culto;
c) patrimônio, renda ou serviços dos partidos políticos, inclusive suas fundações, das entidades sindicais dos trabalhadores, das instituições de educação e de assistência social, sem fins lucrativos, atendidos os requisitos da lei;
d) livros, jornais, periódicos e o papel destinado a sua impressão.
e) fonogramas e videofonogramas musicais produzidos no Brasil contendo obras musicais ou

---

47 Vide Emenda Constitucional n. 3, de 1993.

48 Vide Emenda Constitucional n. 3, de 1993.

literomusicais de autores brasileiros e/ou obras em geral interpretadas por artistas brasileiros bem como os suportes materiais ou arquivos digitais que os contenham, salvo na etapa de replicação industrial de mídias ópticas de leitura a laser. (*Incluída pela Emenda Constitucional n. 75, de 2013*)

§ 1º A vedação do inciso III, *b*, não se aplica aos tributos previstos nos arts. 148, I, 153, I, II, IV e V; e 154, II; e a vedação do inciso III, *c*, não se aplica aos tributos previstos nos arts. 148, I, 153, I, II, III e V; e 154, II, nem à fixação da base de cálculo dos impostos previstos nos arts. 155, III, e 156, I. (*Redação dada pela Emenda Constitucional n. 42, de 2003*)

§ 2º A vedação do inciso VI, "a", é extensiva às autarquias e às fundações instituídas e mantidas pelo Poder Público, no que se refere ao patrimônio, à renda e aos serviços, vinculados a suas finalidades essenciais ou às delas decorrentes.

§ 3º As vedações do inciso VI, "a", e do parágrafo anterior não se aplicam ao patrimônio, à renda e aos serviços, relacionados com exploração de atividades econômicas regidas pelas normas aplicáveis a empreendimentos privados, ou em que haja contraprestação ou pagamento de preços ou tarifas pelo usuário, nem exonera o promitente comprador da obrigação de pagar imposto relativamente ao bem imóvel.

§ 4º As vedações expressas no inciso VI, alíneas "b" e "c", compreendem somente o patrimônio, a renda e os serviços, relacionados com as finalidades essenciais das entidades nelas mencionadas.

§ 5º A lei determinará medidas para que os consumidores sejam esclarecidos acerca dos impostos que incidam sobre mercadorias e serviços.

§ 6º Qualquer subsídio ou isenção, redução de base de cálculo, concessão de crédito presumido, anistia ou remissão, relativos a impostos, taxas ou contribuições, só poderá ser concedido mediante lei específica, federal, estadual ou municipal, que regule exclusivamente as matérias acima enumeradas ou o correspondente tributo ou contribuição, sem prejuízo do disposto no art. 155, § 2.º, XII, g. (*Redação dada pela Emenda Constitucional n. 3, de 1993*)

§ 7º A lei poderá atribuir a sujeito passivo de obrigação tributária a condição de responsável pelo pagamento de imposto ou contribuição, cujo fato gerador deva ocorrer posteriormente, assegurada a imediata e preferencial restituição da quantia paga, caso não se realize o fato gerador presumido. (*Incluído pela Emenda Constitucional n. 3, de 1993*)

Art. 151. É vedado à União:

I instituir tributo que não seja uniforme em todo o território nacional ou que implique distinção ou preferência em relação a Estado, ao Distrito Federal ou a Município, em detrimento de outro, admitida a concessão de incentivos fiscais destinados a promover o equilíbrio do desenvolvimento sócio-econômico entre as diferentes regiões do País;

II tributar a renda das obrigações da dívida pública dos Estados, do Distrito Federal e dos Municípios, bem como a remuneração e os proventos dos respectivos agentes públicos, em níveis superiores aos que fixar para suas obrigações e para seus agentes;

III instituir isenções de tributos da competência dos Estados, do Distrito Federal ou dos Municípios.

Art. 152. É vedado aos Estados, ao Distrito Federal e aos Municípios estabelecer diferença tributária entre bens e serviços, de qualquer natureza, em razão de sua procedência ou destino.

Seção III – Dos Impostos da União

Art. 153. Compete à União instituir impostos sobre:

I importação de produtos estrangeiros;

II exportação, para o exterior, de produtos nacionais ou nacionalizados;

III renda e proventos de qualquer natureza;

IV produtos industrializados;

V operações de crédito, câmbio e seguro, ou relativas a títulos ou valores mobiliários;

VI propriedade territorial rural;

VII grandes fortunas, nos termos de lei complementar.

§ 1º É facultado ao Poder Executivo, atendidas as condições e os limites estabelecidos em lei, alterar as alíquotas dos impostos enumerados nos incisos I, II, IV e V.

§ 2º O imposto previsto no inciso III:

I será informado pelos critérios da generalidade, da universalidade e da progressividade, na forma da lei;

II (*Revogado pela Emenda Constitucional n. 20, de 1998*)

§ 3º O imposto previsto no inciso IV:

I será seletivo, em função da essencialidade do produto;

II será não-cumulativo, compensando-se o que for devido em cada operação com o montante cobrado nas anteriores;

III não incidirá sobre produtos industrializados destinados ao exterior;

IV terá reduzido seu impacto sobre a aquisição de bens de capital pelo contribuinte do imposto, na forma da lei. (*Incluído pela Emenda Constitucional n. 42, de 2003*)

§ 4º O imposto previsto no inciso VI do *caput*: (*Redação dada pela Emenda Constitucional n. 42, de 2003*)

I será progressivo e terá suas alíquotas fixadas de forma a desestimular a manutenção de propriedades improdutivas; (*Incluído pela Emenda Constitucional n. 42, de 2003*)

II não incidirá sobre pequenas glebas rurais, definidas em lei, quando as explore o proprietário que não possua outro imóvel; (*Incluído pela Emenda Constitucional n. 42, de 2003*)

III será fiscalizado e cobrado pelos Municípios que assim optarem, na forma da lei, desde que não implique redução do imposto ou qualquer outra forma de renúncia fiscal. (*Incluído pela Emenda Constitucional n. 42, de 2003*)

§ 5º O ouro, quando definido em lei como ativo financeiro ou instrumento cambial, sujeita-se exclusivamente à incidência do imposto de que trata o inciso V do "caput" deste artigo, devido na operação de origem; a alíquota mínima será de um por cento, assegurada a transferência do montante da arrecadação nos seguintes termos:[49]

I trinta por cento para o Estado, o Distrito Federal ou o Território, conforme a origem;

II setenta por cento para o Município de origem.

Art. 154. A União poderá instituir:

I mediante lei complementar, impostos não previstos no artigo anterior, desde que sejam não-cumulativos e não tenham fato gerador ou base de cálculo próprios dos discriminados nesta Constituição;

II na iminência ou no caso de guerra externa, impostos extraordinários, compreendidos ou não em sua competência tributária, os quais serão suprimidos, gradativamente, cessadas as causas de sua criação.

Seção IV – Dos Impostos dos Estados e do Distrito Federal

Art. 155. Compete aos Estados e ao Distrito Federal instituir impostos sobre: (*Redação dada pela Emenda Constitucional n. 3, de 1993*)

I transmissão causa mortis e doação, de quaisquer bens ou direitos; (*Redação dada pela Emenda Constitucional n. 3, de 1993*)

II operações relativas à circulação de mercadorias e sobre prestações de serviços de transporte interestadual e intermunicipal e de comunicação, ainda que as operações e as prestações se iniciem no exterior; (*Redação dada pela Emenda Constitucional n. 3, de 1993*)

III propriedade de veículos automotores. (*Redação dada pela Emenda Constitucional n. 3, de 1993*)

---

49 Vide Emenda Constitucional n. 3, de 1993.

§ 1º O imposto previsto no inciso I: (*Redação dada pela Emenda Constitucional n. 3, de 1993*)

I relativamente a bens imóveis e respectivos direitos, compete ao Estado da situação do bem, ou ao Distrito Federal

II relativamente a bens móveis, títulos e créditos, compete ao Estado onde se processar o inventário ou arrolamento, ou tiver domicílio o doador, ou ao Distrito Federal;

III terá competência para sua instituição regulada por lei complementar:

a) se o doador tiver domicilio ou residência no exterior;
b) se o de cujus possuía bens, era residente ou domiciliado ou teve o seu inventário processado no exterior;

IV terá suas alíquotas máximas fixadas pelo Senado Federal;

§ 2º O imposto previsto no inciso II atenderá ao seguinte: (*Redação dada pela Emenda Constitucional n. 3, de 1993*)

I será não-cumulativo, compensando-se o que for devido em cada operação relativa à circulação de mercadorias ou prestação de serviços com o montante cobrado nas anteriores pelo mesmo ou outro Estado ou pelo Distrito Federal;

II a isenção ou não-incidência, salvo determinação em contrário da legislação:

a) não implicará crédito para compensação com o montante devido nas operações ou prestações seguintes;
b) acarretará a anulação do crédito relativo às operações anteriores;

III poderá ser seletivo, em função da essencialidade das mercadorias e dos serviços;

IV resolução do Senado Federal, de iniciativa do Presidente da República ou de um terço dos Senadores, aprovada pela maioria absoluta de seus membros, estabelecerá as alíquotas aplicáveis às operações e prestações, interestaduais e de exportação;

V é facultado ao Senado Federal:

a) estabelecer alíquotas mínimas nas operações internas, mediante resolução de iniciativa de um terço e aprovada pela maioria absoluta de seus membros;
b) fixar alíquotas máximas nas mesmas operações para resolver conflito específico que envolva interesse de Estados, mediante resolução de iniciativa da maioria absoluta e aprovada por dois terços de seus membros;

VI salvo deliberação em contrário dos Estados e do Distrito Federal, nos termos do disposto no inciso XII, "g", as alíquotas internas, nas operações relativas à circulação de mercadorias e nas prestações de serviços, não poderão ser inferiores às previstas para as operações interestaduais;

VII nas operações e prestações que destinem bens e serviços a consumidor final, contribuinte ou não do imposto, localizado em outro Estado, adotar-se-á a alíquota interestadual e caberá ao Estado de localização do destinatário o imposto correspondente à diferença entre a alíquota interna do Estado destinatário e a alíquota interestadual; (*Redação dada pela Emenda Constitucional n. 87, de 2015*)

a) (*Revogado pela Emenda Constitucional n. 87, de 2015*)
b) (*Revogado pela Emenda Constitucional n. 87, de 2015*)

VIII a responsabilidade pelo recolhimento do imposto correspondente à diferença entre a alíquota interna e a interestadual de que trata o inciso VII será atribuída: (*Redação dada pela Emenda Constitucional n. 87, de 2015*)

a) ao destinatário, quando este for contribuinte do imposto; (*Incluído pela Emenda Constitucional n. 87, de 2015*)
b) ao remetente, quando o destinatário não for contribuinte do imposto; (*Incluído pela Emenda Constitucional n. 87, de 2015*)

IX incidirá também:

a) sobre a entrada de bem ou mercadoria importados do exterior por pessoa física ou jurídica, ainda que não seja contribuinte habitual do imposto, qualquer que seja a sua finalidade, assim como sobre o serviço prestado no exterior, cabendo o imposto ao Estado onde estiver situado o domicílio ou o estabelecimento do destinatário da mercadoria, bem ou serviço; (*Redação dada pela Emenda Constitucional n. 33, de 2001*)
b) sobre o valor total da operação, quando mercadorias forem fornecidas com serviços não compreendidos na competência tributária dos Municípios;

X não incidirá:

a) sobre operações que destinem mercadorias para o exterior, nem sobre serviços prestados a destinatários no exterior, assegurada a manutenção e o aproveitamento do montante do imposto cobrado nas operações e prestações anteriores; (*Redação dada pela Emenda Constitucional n. 42, de 2003*)
b) sobre operações que destinem a outros Estados petróleo, inclusive lubrificantes, combustíveis líquidos e gasosos dele derivados, e energia elétrica;
c) sobre o ouro, nas hipóteses definidas no art. 153, § 5º;
d) nas prestações de serviço de comunicação nas modalidades de radiodifusão sonora e de sons e imagens de recepção livre e gratuita; (*Incluído pela Emenda Constitucional n. 42, de 2003*)

XI não compreenderá, em sua base de cálculo, o montante do imposto sobre produtos industrializados, quando a operação, realizada entre contribuintes e relativa a produto destinado à industrialização ou à comercialização, configure fato gerador dos dois impostos;

XII cabe à lei complementar:

a) definir seus contribuintes;
b) dispor sobre substituição tributária;
c) disciplinar o regime de compensação do imposto;
d) fixar, para efeito de sua cobrança e definição do

estabelecimento responsável, o local das operações relativas à circulação de mercadorias e das prestações de serviços;
e) excluir da incidência do imposto, nas exportações para o exterior, serviços e outros produtos além dos mencionados no inciso X, "a";
f) prever casos de manutenção de crédito, relativamente à remessa para outro Estado e exportação para o exterior, de serviços e de mercadorias;
g) regular a forma como, mediante deliberação dos Estados e do Distrito Federal, isenções, incentivos e benefícios fiscais serão concedidos e revogados.
h) definir os combustíveis e lubrificantes sobre os quais o imposto incidirá uma única vez, qualquer que seja a sua finalidade, hipótese em que não se aplicará o disposto no inciso X, *b*; (*Incluída pela Emenda Constitucional n. 33, de 2001*)[50]
i) fixar a base de cálculo, de modo que o montante do imposto a integre, também na importação do exterior de bem, mercadoria ou serviço. (*Incluída pela Emenda Constitucional n. 33, de 2001*)

§ 3º À exceção dos impostos de que tratam o inciso II do *caput* deste artigo e o art. 153, I e II, nenhum outro imposto poderá incidir sobre operações relativas a energia elétrica, serviços de telecomunicações, derivados de petróleo, combustíveis e minerais do País. (*Redação dada pela Emenda Constitucional n. 33, de 2001*)

§ 4º Na hipótese do inciso XII, *h*, observar-se-á o seguinte: (*Incluído pela Emenda Constitucional n. 33, de 2001*)

I nas operações com os lubrificantes e combustíveis derivados de petróleo, o imposto caberá ao Estado onde ocorrer o consumo; (*Incluído pela Emenda Constitucional n. 33, de 2001*)

II nas operações interestaduais, entre contribuintes, com gás natural e seus derivados, e lubrificantes e combustíveis não incluídos no inciso I deste parágrafo, o imposto será repartido entre os Estados de origem e de destino,

50 Vide Emenda Constitucional n. 33, de 2001.

mantendo-se a mesma proporcionalidade que ocorre nas operações com as demais mercadorias; (*Incluído pela Emenda Constitucional n. 33, de 2001*)

III nas operações interestaduais com gás natural e seus derivados, e lubrificantes e combustíveis não incluídos no inciso I deste parágrafo, destinadas a não contribuinte, o imposto caberá ao Estado de origem; (*Incluído pela Emenda Constitucional n. 33, de 2001*)

IV as alíquotas do imposto serão definidas mediante deliberação dos Estados e Distrito Federal, nos termos do § 2º, XII, *g*, observando-se o seguinte: (*Incluído pela Emenda Constitucional n. 33, de 2001*)

a) serão uniformes em todo o território nacional, podendo ser diferenciadas por produto; (*Incluído pela Emenda Constitucional n. 33, de 2001*)
b) poderão ser específicas, por unidade de medida adotada, ou *ad valorem*, incidindo sobre o valor da operação ou sobre o preço que o produto ou seu similar alcançaria em uma venda em condições de livre concorrência; (*Incluído pela Emenda Constitucional n. 33, de 2001*)
c) poderão ser reduzidas e restabelecidas, não se lhes aplicando o disposto no art. 150, III, *b*. (*Incluído pela Emenda Constitucional n. 33, de 2001*)

§ 5º As regras necessárias à aplicação do disposto no § 4º, inclusive as relativas à apuração e à destinação do imposto, serão estabelecidas mediante deliberação dos Estados e do Distrito Federal, nos termos do § 2º, XII, *g*. (*Incluído pela Emenda Constitucional n. 33, de 2001*)

§ 6º O imposto previsto no inciso III: (*Incluído pela Emenda Constitucional n. 42, de 19.12.2003*)

I terá alíquotas mínimas fixadas pelo Senado Federal; (*Incluído pela Emenda Constitucional n. 42, de 19.12.2003*)

II poderá ter alíquotas diferenciadas em função do tipo e utilização. (*Incluído pela Emenda Constitucional n. 42, de 19.12.2003*)

Seção V – Dos Impostos dos Municípios

Art. 156. Compete aos Municípios instituir impostos sobre:

I propriedade predial e territorial urbana;

II transmissão "inter vivos", a qualquer título, por ato oneroso, de bens imóveis, por natureza ou acessão física, e de direitos reais sobre imóveis, exceto os de garantia, bem como cessão de direitos a sua aquisição;

III serviços de qualquer natureza, não compreendidos no art. 155, II, definidos em lei complementar. (*Redação dada pela Emenda Constitucional n. 3, de 1993*)

IV (*Revogado pela Emenda Constitucional n. 3, de 1993*)

§ 1º Sem prejuízo da progressividade no tempo a que se refere o art. 182, § 4º, inciso II, o imposto previsto no inciso I poderá: (*Redação dada pela Emenda Constitucional n. 29, de 2000*)

I ser progressivo em razão do valor do imóvel; e (*Incluído pela Emenda Constitucional n. 29, de 2000*)

II ter alíquotas diferentes de acordo com a localização e o uso do imóvel. (*Incluído pela Emenda Constitucional n. 29, de 2000*)

§ 1º-A O imposto previsto no inciso I do caput deste artigo não incide sobre templos de qualquer culto, ainda que as entidades abrangidas pela imunidade de que trata a alínea "b" do inciso VI do caput do art. 150 desta Constituição sejam apenas locatárias do bem imóvel. (*Incluído pela Emenda Constitucional n. 116, de 2022*)

§ 2º O imposto previsto no inciso II:

I não incide sobre a transmissão de bens ou direitos incorporados ao patrimônio de pessoa jurídica em realização de capital, nem sobre a transmissão de bens ou direitos decorrente de fusão, incorporação, cisão ou extinção de pessoa jurídica, salvo se, nesses casos, a atividade preponderante do adquirente for a compra e venda desses bens ou direitos, locação de bens imóveis ou arrendamento mercantil;

II compete ao Município da situação do bem.

§ 3º Em relação ao imposto previsto no inciso III do *caput* deste artigo, cabe à lei complementar: (*Redação dada pela Emenda Constitucional n. 37, de 2002*)

I fixar as suas alíquotas máximas e mínimas; (*Redação dada pela Emenda Constitucional n. 37, de 2002*)

II excluir da sua incidência exportações de serviços para o exterior. (*Incluído pela Emenda Constitucional n. 3, de 1993*)

III regular a forma e as condições como isenções, incentivos e benefícios fiscais serão concedidos e revogados. (*Incluído pela Emenda Constitucional n. 3, de 1993*)

§ 4º (*Revogado pela Emenda Constitucional n. 3, de 1993*)

Seção VI – Da Repartição das Receitas Tributárias

Art. 157. Pertencem aos Estados e ao Distrito Federal:

I o produto da arrecadação do imposto da União sobre renda e proventos de qualquer natureza, incidente na fonte, sobre rendimentos pagos, a qualquer título, por eles, suas autarquias e pelas fundações que instituírem e mantiverem;

II vinte por cento do produto da arrecadação do imposto que a União instituir no exercício da competência que lhe é atribuída pelo art. 154, I.

Art. 158. Pertencem aos Municípios:

I o produto da arrecadação do imposto da União sobre renda e proventos de qualquer natureza, incidente na fonte, sobre rendimentos pagos, a qualquer título, por eles, suas autarquias e pelas fundações que instituírem e mantiverem;

II cinquenta por cento do produto da arrecadação do imposto da União sobre a propriedade territorial rural, relativamente aos imóveis neles situados, cabendo a totalidade na hipótese da opção a que se refere o art. 153, § 4º, III; (*Redação dada pela Emenda Constitucional n. 42, de 19.12.2003*)

III cinquenta por cento do produto da arrecadação do imposto do Estado sobre a propriedade de veículos automotores licenciados em seus territórios;

IV vinte e cinco por cento do produto da arrecadação do imposto do Estado sobre operações relativas à circulação de mercadorias e sobre prestações de serviços de transporte interestadual e intermunicipal e de comunicação.

Parágrafo único. As parcelas de receita pertencentes aos Municípios, mencionadas no inciso IV, serão creditadas conforme os seguintes critérios:

I – 65% (sessenta e cinco por cento), no mínimo, na proporção do valor adicionado nas operações relativas à circulação de mercadorias e nas prestações de serviços, realizadas em seus territórios; (*Redação dada pela Emenda Constitucional n. 108, de 2020*)

II – até 35% (trinta e cinco por cento), de acordo com o que dispuser lei estadual, observada, obrigatoriamente, a distribuição de, no mínimo, 10 (dez) pontos percentuais com base em indicadores de melhoria nos resultados de aprendizagem e de aumento da equidade, considerado o nível socioeconômico dos educandos. (*Redação dada pela Emenda Constitucional n. 108, de 2020*)

Art. 159. A União entregará:[51]

I do produto da arrecadação dos impostos sobre renda e proventos de qualquer natureza e sobre produtos industrializados, 50% (cinquenta por cento), da seguinte forma: (*Redação dada pela Emenda Constitucional n. 112, de 2021*)

a) vinte e um inteiros e cinco décimos por cento ao Fundo de Participação dos Estados e do Distrito Federal;[52]

---

51 Vide Emenda Constitucional n. 55, de 2007.

52 Vide Lei Complementar n. 62, de 1989.

b) vinte e dois inteiros e cinco décimos por cento ao Fundo de Participação dos Municípios;[53]
c) três por cento, para aplicação em programas de financiamento ao setor produtivo das Regiões Norte, Nordeste e Centro-Oeste, através de suas instituições financeiras de caráter regional, de acordo com os planos regionais de desenvolvimento, ficando assegurada ao semi-árido do Nordeste a metade dos recursos destinados à Região, na forma que a lei estabelecer;
d) um por cento ao Fundo de Participação dos Municípios, que será entregue no primeiro decêndio do mês de dezembro de cada ano; (*Incluído pela Emenda Constitucional n. 55, de 2007*)
e) 1% (um por cento) ao Fundo de Participação dos Municípios, que será entregue no primeiro decêndio do mês de julho de cada ano; (*Incluída pela Emenda Constitucional n. 84, de 2014*)
f) 1% (um por cento) ao Fundo de Participação dos Municípios, que será entregue no primeiro decêndio do mês de setembro de cada ano; (*Incluído pela Emenda Constitucional n. 112, de 2021*)

II do produto da arrecadação do imposto sobre produtos industrializados, dez por cento aos Estados e ao Distrito Federal, proporcionalmente ao valor das respectivas exportações de produtos industrializados.

III do produto da arrecadação da contribuição de intervenção no domínio econômico prevista no art. 177, § 4º, 29% (vinte e nove por cento) para os Estados e o Distrito Federal, distribuídos na forma da lei, observada a destinação a que se refere o inciso II, *c*, do referido parágrafo. (*Redação dada pela Emenda Constitucional n. 44, de 2004*)

§ 1º Para efeito de cálculo da entrega a ser efetuada de acordo com o previsto no inciso I, excluir-se-á a parcela da arrecadação do imposto de renda e proventos de qualquer natureza pertencente aos Estados, ao Distrito Federal e aos Municípios, nos termos do disposto nos arts. 157, I, e 158, I.

---

53 Vide Lei Complementar n. 62, de 1989.

§ 2º A nenhuma unidade federada poderá ser destinada parcela superior a vinte por cento do montante a que se refere o inciso II, devendo o eventual excedente ser distribuído entre os demais participantes, mantido, em relação a esses, o critério de partilha nele estabelecido.

§ 3º Os Estados entregarão aos respectivos Municípios vinte e cinco por cento dos recursos que receberem nos termos do inciso II, observados os critérios estabelecidos no art. 158, parágrafo único, I e II.

§ 4º Do montante de recursos de que trata o inciso III que cabe a cada Estado, vinte e cinco por cento serão destinados aos seus Municípios, na forma da lei a que se refere o mencionado inciso. (*Incluído pela Emenda Constitucional n. 42, de 19.12.2003*)

Art. 160. É vedada a retenção ou qualquer restrição à entrega e ao emprego dos recursos atribuídos, nesta seção, aos Estados, ao Distrito Federal e aos Municípios, neles compreendidos adicionais e acréscimos relativos a impostos.

§ 1º A vedação prevista neste artigo não impede a União e os Estados de condicionarem a entrega de recursos: (*Renumerado do Parágrafo único pela Emenda Constitucional n. 113, de 2021*)

I ao pagamento de seus créditos, inclusive de suas autarquias; (*Incluído pela Emenda Constitucional n. 29, de 2000*)

II ao cumprimento do disposto no art. 198, § 2º, incisos II e III. (*Incluído pela Emenda Constitucional n. 29, de 2000*)

§ 2º Os contratos, os acordos, os ajustes, os convênios, os parcelamentos ou as renegociações de débitos de qualquer espécie, inclusive tributários, firmados pela União com os entes federativos conterão cláusulas para autorizar a dedução dos valores devidos dos montantes a serem repassados relacionados às respectivas cotas nos Fundos de Participação ou aos precatórios federais. (*Incluído pela Emenda Constitucional n. 113, de 2021*)

Art. 161. Cabe à lei complementar:

I definir valor adicionado para fins do disposto no art. 158, parágrafo único, I;

II estabelecer normas sobre a entrega dos recursos de que trata o art. 159, especialmente sobre os critérios de rateio dos fundos previstos em seu inciso I, objetivando promover o equilíbrio sócio-econômico entre Estados e entre Municípios;

III dispor sobre o acompanhamento, pelos beneficiários, do cálculo das quotas e da liberação das participações previstas nos arts. 157, 158 e 159.

Parágrafo único. O Tribunal de Contas da União efetuará o cálculo das quotas referentes aos fundos de participação a que alude o inciso II.

Art. 162. A União, os Estados, o Distrito Federal e os Municípios divulgarão, até o último dia do mês subsequente ao da arrecadação, os montantes de cada um dos tributos arrecadados, os recursos recebidos, os valores de origem tributária entregues e a entregar e a expressão numérica dos critérios de rateio.

Parágrafo único. Os dados divulgados pela União serão discriminados por Estado e por Município; os dos Estados, por Município.

CAPÍTULO II

DAS FINANÇAS PÚBLICAS

Seção I – Normas Gerais

Art. 163. Lei complementar disporá sobre:

I finanças públicas;

II dívida pública externa e interna, incluída a das autarquias, fundações e demais entidades controladas pelo Poder Público;

III concessão de garantias pelas entidades públicas;

IV emissão e resgate de títulos da dívida pública;

V fiscalização financeira da administração pública direta e indireta; (*Redação dada pela Emenda Constitucional n. 40, de 2003*)

VI operações de câmbio realizadas por órgãos e entidades da União, dos Estados, do Distrito Federal e dos Municípios;

VII compatibilização das funções das instituições oficiais de crédito da União, resguardadas as características e condições operacionais plenas das voltadas ao desenvolvimento regional.

VIII sustentabilidade da dívida, especificando: (*Incluído pela Emenda Constitucional n. 109, de 2021*)

a) indicadores de sua apuração; (*Incluído pela Emenda Constitucional n. 109, de 2021*)
b) níveis de compatibilidade dos resultados fiscais com a trajetória da dívida; *(Incluído pela Emenda Constitucional n. 109, de 2021*)
c) trajetória de convergência do montante da dívida com os limites definidos em legislação; (*Incluído pela Emenda Constitucional n. 109, de 2021*)
d) medidas de ajuste, suspensões e vedações; (*Incluído pela Emenda Constitucional n. 109, de 2021*)
e) planejamento de alienação de ativos com vistas à

redução do montante da dívida. (*Incluído pela Emenda Constitucional n. 109, de 2021*)

Parágrafo único. A lei complementar de que trata o inciso VIII do caput deste artigo pode autorizar a aplicação das vedações previstas no art. 167-A desta Constituição. (*Incluído pela Emenda Constitucional n. 109, de 2021*)

Art. 163-A. A União, os Estados, o Distrito Federal e os Municípios disponibilizarão suas informações e dados contábeis, orçamentários e fiscais, conforme periodicidade, formato e sistema estabelecidos pelo órgão central de contabilidade da União, de forma a garantir a rastreabilidade, a comparabilidade e a publicidade dos dados coletados, os quais deverão ser divulgados em meio eletrônico de amplo acesso público. (*Incluído pela Emenda Constitucional n. 108, de 2020*)

Art. 164. A competência da União para emitir moeda será exercida exclusivamente pelo banco central.

§ 1º É vedado ao banco central conceder, direta ou indiretamente, empréstimos ao Tesouro Nacional e a qualquer órgão ou entidade que não seja instituição financeira.

§ 2º O banco central poderá comprar e vender títulos de emissão do Tesouro Nacional, com o objetivo de regular a oferta de moeda ou a taxa de juros.

§ 3º As disponibilidades de caixa da União serão depositadas no banco central; as dos Estados, do Distrito Federal, dos Municípios e dos órgãos ou entidades do Poder Público e das empresas por ele controladas, em instituições financeiras oficiais, ressalvados os casos previstos em lei.

Art. 164-A. A União, os Estados, o Distrito Federal e os Municípios devem conduzir suas políticas fiscais de forma a manter a dívida pública em níveis sustentáveis, na forma da lei complementar referida no inciso VIII do caput do art. 163 desta Constituição. (*Incluído pela Emenda Constitucional n. 109, de 2021*)

Parágrafo único. A elaboração e a execução de planos e orçamentos devem refletir a compatibilidade dos indicadores fiscais com a sustentabilidade da dívida. (*Incluído pela Emenda Constitucional n. 109, de 2021*)

Seção II – Dos Orçamentos

Art. 165. Leis de iniciativa do Poder Executivo estabelecerão:

I o plano plurianual;

II as diretrizes orçamentárias;

III os orçamentos anuais.

§ 1º A lei que instituir o plano plurianual estabelecerá, de forma regionalizada, as diretrizes, objetivos e metas da administração pública federal para as despesas de capital e outras delas decorrentes e para as relativas aos programas de duração continuada.

§ 2º A lei de diretrizes orçamentárias compreenderá as metas e prioridades da administração pública federal, estabelecerá as diretrizes de política fiscal e respectivas metas, em consonância com trajetória sustentável da dívida pública, orientará a elaboração da lei orçamentária anual, disporá sobre as alterações na legislação tributária e estabelecerá a política de aplicação das agências financeiras oficiais de fomento. (*Redação dada pela Emenda Constitucional n. 109, de 2021*)

§ 3º O Poder Executivo publicará, até trinta dias após o encerramento de cada bimestre, relatório resumido da execução orçamentária.[54]

§ 4º Os planos e programas nacionais, regionais e setoriais previstos nesta Constituição serão elaborados em consonância com o plano plurianual e apreciados pelo Congresso Nacional.

§ 5º A lei orçamentária anual compreenderá:

I o orçamento fiscal referente aos Poderes da União, seus fundos, órgãos e entidades da administração direta e indireta, inclusive fundações instituídas e mantidas pelo Poder Público;

II o orçamento de investimento das empresas em que a União, direta ou indiretamente, detenha a maioria do capital social com direito a voto;

---

54 Vide Emenda Constitucional n. 106, de 2020

III o orçamento da seguridade social, abrangendo todas as entidades e órgãos a ela vinculados, da administração direta ou indireta, bem como os fundos e fundações instituídos e mantidos pelo Poder Público.

§ 6º O projeto de lei orçamentária será acompanhado de demonstrativo regionalizado do efeito, sobre as receitas e despesas, decorrente de isenções, anistias, remissões, subsídios e benefícios de natureza financeira, tributária e creditícia.

§ 7º Os orçamentos previstos no § 5º, I e II, deste artigo, compatibilizados com o plano plurianual, terão entre suas funções a de reduzir desigualdades inter-regionais, segundo critério populacional.

§ 8º A lei orçamentária anual não conterá dispositivo estranho à previsão da receita e à fixação da despesa, não se incluindo na proibição a autorização para abertura de créditos suplementares e contratação de operações de crédito, ainda que por antecipação de receita, nos termos da lei.

§ 9º Cabe à lei complementar:

I dispor sobre o exercício financeiro, a vigência, os prazos, a elaboração e a organização do plano plurianual, da lei de diretrizes orçamentárias e da lei orçamentária anual;

II estabelecer normas de gestão financeira e patrimonial da administração direta e indireta bem como condições para a instituição e funcionamento de fundos;

III dispor sobre critérios para a execução equitativa, além de procedimentos que serão adotados quando houver impedimentos legais e técnicos, cumprimento de restos a pagar e limitação das programações de caráter obrigatório, para a realização do disposto nos §§ 11 e 12 do art. 166. (*Redação dada pela Emenda Constitucional n. 100, de 2019*)

§ 10. A administração tem o dever de executar as programações orçamentárias, adotando os meios e as medidas necessários, com o propósito de garantir a efetiva entrega de bens e serviços à sociedade. (*Incluído pela Emenda Constitucional n. 100, de 2019*)

§ 11. O disposto no § 10 deste artigo, nos termos da lei de diretrizes orçamentárias: (*Incluído pela Emenda Constitucional n. 102, de 2019*)

I subordina-se ao cumprimento de dispositivos constitucionais e legais que estabeleçam metas fiscais ou limites de despesas e não impede o cancelamento necessário à abertura de créditos adicionais;

II não se aplica nos casos de impedimentos de ordem técnica devidamente justificados;

III aplica-se exclusivamente às despesas primárias discricionárias.

§ 12. Integrará a lei de diretrizes orçamentárias, para o exercício a que se refere e, pelo menos, para os 2 (dois) exercícios subsequentes, anexo com previsão de agregados fiscais e a proporção dos recursos para investimentos que serão alocados na lei orçamentária anual para a continuidade daqueles em andamento. (*Incluído pela Emenda Constitucional n. 102, de 2019*)

§ 13. O disposto no inciso III do § 9º e nos §§ 10, 11 e 12 deste artigo aplica-se exclusivamente aos orçamentos fiscal e da seguridade social da União. (*Incluído pela Emenda Constitucional n. 102, de 2019*)

§ 14. A lei orçamentária anual poderá conter previsões de despesas para exercícios seguintes, com a especificação dos investimentos plurianuais e daqueles em andamento. (*Incluído pela Emenda Constitucional n. 102, de 2019*)

§ 15. A União organizará e manterá registro centralizado de projetos de investimento contendo, por Estado ou Distrito Federal, pelo menos, análises de viabilidade, estimativas de custos e informações sobre a execução física e financeira. (*Incluído pela Emenda Constitucional n. 102, de 2019*)

§ 16. As leis de que trata este artigo devem observar, no que couber, os resultados do monitoramento e da avaliação das políticas públicas previstos no § 16 do art. 37 desta Constituição. (*Incluído pela Emenda Constitucional n. 109, de 2021*)

Art. 166. Os projetos de lei relativos ao plano plurianual, às diretrizes orçamentárias, ao orçamento anual e aos créditos adicionais serão apreciados pelas duas Casas do Congresso Nacional, na forma do regimento comum.

§ 1º Caberá a uma Comissão mista permanente de Senadores e Deputados:

I examinar e emitir parecer sobre os projetos referidos neste artigo e sobre as contas apresentadas anualmente pelo Presidente da República;

II examinar e emitir parecer sobre os planos e programas nacionais, regionais e setoriais previstos nesta Constituição e exercer o acompanhamento e a fiscalização orçamentária, sem prejuízo da atuação das demais comissões do Congresso Nacional e de suas Casas, criadas de acordo com o art. 58.

§ 2º As emendas serão apresentadas na Comissão mista, que sobre elas emitirá parecer, e apreciadas, na forma regimental, pelo Plenário das duas Casas do Congresso Nacional.

§ 3º As emendas ao projeto de lei do orçamento anual ou aos projetos que o modifiquem somente podem ser aprovadas caso:

I sejam compatíveis com o plano plurianual e com a lei de diretrizes orçamentárias;

II indiquem os recursos necessários, admitidos apenas os provenientes de anulação de despesa, excluídas as que incidam sobre:

a) dotações para pessoal e seus encargos;
b) serviço da dívida;
c) transferências tributárias constitucionais para Estados, Municípios e Distrito Federal; ou

III sejam relacionadas:

a) com a correção de erros ou omissões; ou
b) com os dispositivos do texto do projeto de lei.

§ 4º As emendas ao projeto de lei de diretrizes orçamentárias não poderão ser aprovadas quando incompatíveis com o plano plurianual.

§ 5º O Presidente da República poderá enviar mensagem ao Congresso Nacional para propor modificação nos projetos a que se refere este artigo enquanto não iniciada a votação, na Comissão mista, da parte cuja alteração é proposta.

§ 6º Os projetos de lei do plano plurianual, das diretrizes orçamentárias e do orçamento anual serão enviados pelo Presidente da República ao Congresso Nacional, nos termos da lei complementar a que se refere o art. 165, § 9º.

§ 7º Aplicam-se aos projetos mencionados neste artigo, no que não contrariar o disposto nesta seção, as demais normas relativas ao processo legislativo.

§ 8º Os recursos que, em decorrência de veto, emenda ou rejeição do projeto de lei orçamentária anual, ficarem sem despesas correspondentes poderão ser utilizados, conforme o caso, mediante créditos especiais ou suplementares, com prévia e específica autorização legislativa.

§ 9º As emendas individuais ao projeto de lei orçamentária serão aprovadas no limite de 1,2% (um inteiro e dois décimos por cento) da receita corrente líquida prevista no projeto encaminhado pelo Poder Executivo, sendo que a metade deste percentual será destinada a ações e serviços públicos de saúde. (*Incluído pela Emenda Constitucional n. 86, de 2015*)

§ 10. A execução do montante destinado a ações e serviços públicos de saúde previsto no § 9º, inclusive custeio, será computada para fins do cumprimento do inciso I do § 2º do art. 198, vedada a destinação para pagamento de pessoal ou encargos sociais. (*Incluído pela Emenda Constitucional n. 86, de 2015*)

§ 11. É obrigatória a execução orçamentária e financeira das programações a que se refere o § 9º deste artigo, em montante correspondente a 1,2% (um inteiro e dois décimos por cento) da receita corrente líquida realizada no exercício anterior, conforme os critérios para a execução equitativa da programação definidos na lei complementar prevista no § 9º do art. 165. (*Incluído pela Emenda Constitucional n. 86, de 2015*)

§ 12. A garantia de execução de que trata o § 11 deste artigo aplica-se também às programações incluídas por todas as emendas de iniciativa de bancada de parlamentares de Estado ou do Distrito Federal, no montante de até 1% (um por cento) da receita corrente líquida realizada no exercício anterior. (*Redação dada pela Emenda Constitucional n. 100, de 2019*)

§ 13. As programações orçamentárias previstas nos §§ 11 e 12 deste artigo não serão de execução obrigatória nos casos dos impedimentos de ordem técnica. (*Redação dada pela Emenda Constitucional n. 100, de 2019*)

§ 14. Para fins de cumprimento do disposto nos §§ 11 e 12 deste artigo, os órgãos de execução deverão observar, nos termos da lei de diretrizes orçamentárias, cronograma para análise e verificação de eventuais impedimentos das programações e demais procedimentos necessários à viabilização da execução dos respectivos montantes. (*Redação dada pela Emenda Constitucional n. 100, de 2019*)

I (*Revogado pela Emenda Constitucional n. 100, de 2019*)

II (*Revogado pela Emenda Constitucional n. 100, de 2019*)

III (*Revogado pela Emenda Constitucional n. 100, de 2019*)

IV (*Revogado pela Emenda Constitucional n. 100, de 2019*)

§ 15. (*Revogado pela Emenda Constitucional n. 100, de 2019*)

§ 16. Quando a transferência obrigatória da União para a execução da programação prevista nos §§ 11 e 12 deste artigo for destinada a Estados, ao Distrito Federal e a Municípios, independerá da adimplência do ente federativo destinatário e não integrará a base de cálculo da receita corrente líquida para fins de aplicação dos limites de despesa de pessoal de que trata o **caput** do art. 169. (*Redação dada pela Emenda Constitucional n. 100, de 2019*)

§ 17. Os restos a pagar provenientes das programações orçamentárias previstas nos §§ 11 e 12 poderão ser considerados para fins de cumprimento da execução financeira até o limite de 0,6% (seis décimos por cento) da receita corrente líquida realizada no exercício anterior, para as programações das emendas individuais, e até o limite de 0,5% (cinco décimos por cento), para as programações das emendas de iniciativa de bancada de parlamentares de Estado ou do Distrito Federal. (*Redação dada pela Emenda Constitucional n. 100, de 2019*)

§ 18. Se for verificado que a reestimativa da receita e da despesa poderá resultar no não cumprimento da meta de resultado fiscal estabelecida na lei de diretrizes orçamentárias, os montantes previstos nos §§ 11 e 12 deste artigo poderão ser reduzidos em até a mesma proporção da limitação incidente sobre o conjunto das demais despesas discricionárias. (*Redação dada pela Emenda Constitucional n. 100, de 2019*)

§ 19. Considera-se equitativa a execução das programações de caráter obrigatório que observe critérios objetivos e imparciais e que atenda de forma igualitária e impessoal às emendas apresentadas, independentemente da autoria. (*Incluído pela Emenda Constitucional n. 100, de 2019*)

§ 20. As programações de que trata o § 12 deste artigo, quando versarem sobre o início de investimentos com duração de mais de 1 (um) exercício financeiro ou cuja execução já tenha sido iniciada, deverão ser objeto de emenda pela mesma bancada estadual, a cada exercício, até a conclusão da obra ou do empreendimento. (*Incluído pela Emenda Constitucional n. 100, de 2019*)

Art. 166-A. As emendas individuais impositivas apresentadas ao projeto de lei orçamentária anual poderão alocar recursos a Estados, ao Distrito Federal e a Municípios por meio de: (*Incluído pela Emenda Constitucional n. 105, de 2019*)

I transferência especial; ou (*Incluído pela Emenda Constitucional n. 105, de 2019*)

II transferência com finalidade definida. (*Incluído pela Emenda Constitucional n. 105, de 2019*)

§ 1º Os recursos transferidos na forma do caput deste artigo não integrarão a receita do Estado, do Distrito Federal e dos Municípios para fins de repartição e para o cálculo dos limites da despesa com pessoal ativo e inativo, nos termos do § 16 do art. 166, e de endividamento do ente federado, vedada, em qualquer caso, a aplicação dos recursos a que se refere o caput deste artigo no pagamento de: (*Incluído pela Emenda Constitucional n. 105, de 2019*)

I despesas com pessoal e encargos sociais relativas a ativos e inativos, e com pensionistas; e (*Incluído pela Emenda Constitucional n. 105, de 2019*)

II encargos referentes ao serviço da dívida. (*Incluído pela Emenda Constitucional n. 105, de 2019*)

§ 2º Na transferência especial a que se refere o inciso I do caput deste artigo, os recursos: (*Incluído pela Emenda Constitucional n. 105, de 2019*)

I serão repassados diretamente ao ente federado beneficiado, independentemente de celebração de convênio ou de instrumento congênere; (*Incluído pela Emenda Constitucional n. 105, de 2019*)

II pertencerão ao ente federado no ato da efetiva transferência financeira; e (*Incluído pela Emenda Constitucional n. 105, de 2019*)

III serão aplicadas em programações finalísticas das áreas de competência do Poder Executivo do ente federado beneficiado, observado o disposto no § 5º deste artigo. (*Incluído pela Emenda Constitucional n. 105, de 2019*)

§ 3º O ente federado beneficiado da transferência especial a que se refere o inciso I do caput deste artigo poderá firmar contratos de cooperação técnica para fins de subsidiar o acompanhamento da execução orçamentária na aplicação dos recursos. (*Incluído pela Emenda Constitucional n. 105, de 2019*)

§ 4º Na transferência com finalidade definida a que se refere o inciso II do caput deste artigo, os recursos serão: (*Incluído pela Emenda Constitucional n. 105, de 2019*)

I vinculados à programação estabelecida na emenda parlamentar; e (*Incluído pela Emenda Constitucional n. 105, de 2019*)

II aplicados nas áreas de competência constitucional da União. (*Incluído pela Emenda Constitucional n. 105, de 2019*)

§ 5º Pelo menos 70% (setenta por cento) das transferências especiais de que trata o inciso I do caput deste artigo deverão ser aplicadas em despesas de capital, observada a restrição a que se refere o inciso II do § 1º deste artigo. (*Incluído pela Emenda Constitucional n. 105, de 2019*)

Art. 167. São vedados:

I o início de programas ou projetos não incluídos na lei orça mentária anual;

II a realização de despesas ou a assunção de obrigações diretas que excedam os créditos orçamentários ou adicionais;

III a realização de operações de créditos que excedam o montante das despesas de capital, ressalvadas as autorizadas mediante créditos suplementares ou especiais com finalidade precisa, aprovados pelo Poder Legislativo por maioria absoluta;[55]

IV a vinculação de receita de impostos a órgão, fundo ou despesa, ressalvadas a repartição do produto da arrecadação dos impostos a que se referem os arts. 158 e 159, a destinação de recursos para as ações e serviços públicos de saúde, para manutenção e desenvolvimento do ensino e para realização de atividades da administração tributária, como determinado, respectivamente, pelos arts. 198, § 2º, 212 e 37, XXII, e a prestação de garantias às operações de crédito por antecipação de receita, previstas no art. 165, § 8º, bem como o disposto no § 4º deste artigo; (*Redação dada pela Emenda Constitucional n. 42, de 2003*)

V a abertura de crédito suplementar ou especial sem prévia autorização legislativa e sem indicação dos recursos correspondentes;

VI a transposição, o remanejamento ou a transferência de recursos de uma categoria de programação para outra ou de um órgão para outro, sem prévia autorização legislativa;

VII a concessão ou utilização de créditos ilimitados;

VIII a utilização, sem autorização legislativa específica, de recursos dos orçamentos fiscal e da seguridade social para suprir necessidade ou cobrir *deficit* de empresas, fundações e fundos, inclusive dos mencionados no art. 165, § 5º;

IX a instituição de fundos de qualquer natureza, sem prévia autorização legislativa.

X a transferência voluntária de recursos e a concessão de empréstimos, inclusive por antecipação de receita, pelos Governos Federal e Estaduais e suas instituições financeiras, para pagamento de despesas com pessoal ativo, inativo e pensionista, dos Estados, do

---

55 Vide Emenda Constitucional n. 106, de 2020.

Distrito Federal e dos Municípios. (*Incluído pela Emenda Constitucional n. 19, de 1998*)

XI a utilização dos recursos provenientes das contribuições sociais de que trata o art. 195, I, a, e II, para a realização de despesas distintas do pagamento de benefícios do regime geral de previdência social de que trata o art. 201. (*Incluído pela Emenda Constitucional n. 20, de 1998*)

XII na forma estabelecida na lei complementar de que trata o § 22 do art. 40, a utilização de recursos de regime próprio de previdência social, incluídos os valores integrantes dos fundos previstos no art. 249, para a realização de despesas distintas do pagamento dos benefícios previdenciários do respectivo fundo vinculado àquele regime e das despesas necessárias à sua organização e ao seu funcionamento; (*Incluído pela Emenda Constitucional n. 103, de 2019*)

XIII a transferência voluntária de recursos, a concessão de avais, as garantias e as subvenções pela União e a concessão de empréstimos e de financiamentos por instituições financeiras federais aos Estados, ao Distrito Federal e aos Municípios na hipótese de descumprimento das regras gerais de organização e de funcionamento de regime próprio de previdência social; (*Incluído pela Emenda Constitucional n. 103, de 2019*)

XIV a criação de fundo público, quando seus objetivos puderem ser alcançados mediante a vinculação de receitas orçamentárias específicas ou mediante a execução direta por programação orçamentária e financeira de órgão ou entidade da administração pública. (*Incluído pela Emenda Constitucional n. 109, de 2021*)

§ 1º Nenhum investimento cuja execução ultrapasse um exercício financeiro poderá ser iniciado sem prévia inclusão no plano plurianual, ou sem lei que autorize a inclusão, sob pena de crime de responsabilidade.

§ 2º Os créditos especiais e extraordinários terão vigência no exercício financeiro em que forem autorizados, salvo se o ato de autorização for promulgado nos últimos quatro meses daquele exercício, caso em que, reabertos nos limites de seus saldos, serão incorporados ao orçamento do exercício financeiro subseqüente.

§ 3º A abertura de crédito extraordinário somente será admitida para atender a despesas imprevisíveis e urgentes, como as decorrentes de guerra, comoção interna ou calamidade pública, observado o disposto no art. 62.

§ 4º É permitida a vinculação das receitas a que se referem os arts. 155, 156, 157, 158 e as alíneas "a", "b", "d" e "e" do inciso I e o inciso II do caput do art. 159 desta Constituição para pagamento de débitos com a União e para prestar-lhe garantia ou contragarantia. (*Redação dada pela Emenda Constitucional n. 109, de 2021*)

§ 5º A transposição, o remanejamento ou a transferência de recursos de uma categoria de programação para outra poderão ser admitidos, no âmbito das atividades de ciência, tecnologia e inovação, com o objetivo de viabilizar os resultados de projetos restritos a essas funções, mediante ato do Poder Executivo, sem necessidade da prévia autorização legislativa prevista no inciso VI deste artigo. (*Incluído pela Emenda Constitucional n. 85, de 2015*)

§ 6º Para fins da apuração ao término do exercício financeiro do cumprimento do limite de que trata o inciso III do caput deste artigo, as receitas das operações de crédito efetuadas no contexto da gestão da dívida pública mobiliária federal somente serão consideradas no exercício financeiro em que for realizada a respectiva despesa. (*Incluído pela Emenda Constitucional n. 109, de 2021*)

Art. 167-A. Apurado que, no período de 12 (doze) meses, a relação entre despesas correntes e receitas correntes supera 95% (noventa e cinco por cento), no âmbito dos Estados, do Distrito Federal e dos Municípios, é facultado aos Poderes Executivo, Legislativo e Judiciário, ao Ministério Público, ao Tribunal de Contas e à Defensoria Pública do ente, enquanto permanecer a situação, aplicar o mecanismo de ajuste fiscal de vedação da: (*Incluído pela Emenda Constitucional n. 109, de 2021*)

I concessão, a qualquer título, de vantagem, aumento, reajuste ou adequação de remuneração de membros de Poder ou de órgão, de servidores e empregados públicos e de militares, exceto dos derivados de sentença judicial transitada em julgado ou de determinação legal anterior ao início da aplicação das medidas de que trata este artigo; (*Incluído pela Emenda Constitucional n. 109, de 2021*)

II criação de cargo, emprego ou função que implique aumento de despesa; (*Incluído pela Emenda Constitucional n. 109, de 2021*)

III alteração de estrutura de carreira que implique aumento de despesa; (*Incluído pela Emenda Constitucional n. 109, de 2021*)

IV admissão ou contratação de pessoal, a qualquer título, ressalvadas: (*Incluído pela Emenda Constitucional n. 109, de 2021*)

a) as reposições de cargos de chefia e de direção que não acarretem aumento de despesa; (*Incluído pela Emenda Constitucional n. 109, de 2021*)
b) as reposições decorrentes de vacâncias de cargos efetivos ou vitalícios; (*Incluído pela Emenda Constitucional n. 109, de 2021*)
c) as contratações temporárias de que trata o inciso IX do caput do art. 37 desta Constituição; e (*Incluído pela Emenda Constitucional n. 109, de 2021*)
d) as reposições de temporários para prestação de serviço militar e de alunos de órgãos de formação de militares; (*Incluído pela Emenda Constitucional n. 109, de 2021*)

V realização de concurso público, exceto para as reposições de vacâncias previstas no inciso IV deste caput; (*Incluído pela Emenda Constitucional n. 109, de 2021*)

VI criação ou majoração de auxílios, vantagens, bônus, abonos, verbas de representação ou benefícios de qualquer natureza, inclusive os de cunho indenizatório, em favor de membros de Poder, do Ministério Público ou da Defensoria Pública e de servidores e empregados públicos e de militares, ou ainda de seus dependentes, exceto quando derivados de sentença judicial transitada em julgado ou de determinação legal anterior ao início da aplicação das medidas de que trata este artigo; (*Incluído pela Emenda Constitucional n. 109, de 2021*)

VII criação de despesa obrigatória; (*Incluído pela Emenda Constitucional n. 109, de 2021*)

VIII adoção de medida que implique reajuste de despesa obrigatória acima da variação da inflação, observada a preservação do poder aquisitivo referida no inciso IV do caput do art. 7º desta Constituição; (*Incluído pela Emenda Constitucional n. 109, de 2021*)

IX criação ou expansão de programas e linhas de financiamento, bem como remissão, renegociação ou refinanciamento de dívidas que impliquem ampliação das despesas com subsídios e subvenções; (*Incluído pela Emenda Constitucional n. 109, de 2021*)

X concessão ou ampliação de incentivo ou benefício de natureza tributária. (*Incluído pela Emenda Constitucional n. 109, de 2021*)

§ 1º Apurado que a despesa corrente supera 85% (oitenta e cinco por cento) da receita corrente, sem exceder o percentual mencionado no caput deste artigo, as medidas nele indicadas podem ser, no todo ou em parte, implementadas por atos do Chefe do Poder Executivo com vigência imediata, facultado aos demais Poderes e órgãos autônomos implementá-las em seus respectivos âmbitos. (*Incluído pela Emenda Constitucional n. 109, de 2021*)

§ 2º O ato de que trata o § 1º deste artigo deve ser submetido, em regime de urgência, à apreciação do Poder Legislativo. (*Incluído pela Emenda Constitucional n. 109, de 2021*)

§ 3º O ato perde a eficácia, reconhecida a validade dos atos praticados na sua vigência, quando: (*Incluído pela Emenda Constitucional n. 109, de 2021*)

I rejeitado pelo Poder Legislativo; (*Incluído pela Emenda Constitucional n. 109, de 2021*)

II transcorrido o prazo de 180 (cento e oitenta) dias sem que se ultime a sua apreciação; ou (*Incluído pela Emenda Constitucional n. 109, de 2021*)

III apurado que não mais se verifica a hipótese prevista no § 1º deste artigo, mesmo após a sua aprovação pelo Poder Legislativo. (*Incluído pela Emenda Constitucional n. 109, de 2021*)

§ 4º A apuração referida neste artigo deve ser realizada bimestralmente. (*Incluído pela Emenda Constitucional n. 109, de 2021*)

§ 5º As disposições de que trata este artigo: (*Incluído pela Emenda Constitucional n. 109, de 2021*)

I não constituem obrigação de pagamento futuro pelo ente da Federação ou direitos de outrem sobre o erário; (*Incluído pela Emenda Constitucional n. 109, de 2021*)

II não revogam, dispensam ou suspendem o cumprimento de dispositivos constitucionais e legais que disponham sobre metas fiscais ou limites máximos de despesas. (*Incluído pela Emenda Constitucional n. 109, de 2021*)

§ 6º Ocorrendo a hipótese de que trata o caput deste artigo, até que todas as medidas nele previstas tenham sido adotadas por todos os Poderes e órgãos nele mencionados, de acordo com declaração do respectivo Tribunal de Contas, é vedada: (*Incluído pela Emenda Constitucional n. 109, de 2021*)

I a concessão, por qualquer outro ente da Federação, de garantias ao ente envolvido; (*Incluído pela Emenda Constitucional n. 109, de 2021*)

II a tomada de operação de crédito por parte do ente envolvido com outro ente da Federação, diretamente ou por intermédio de seus fundos, autarquias, fundações ou empresas estatais dependentes, ainda que sob a forma de novação, refinanciamento ou postergação de dívida contraída anteriormente, ressalvados os financiamentos destinados a projetos específicos celebrados na forma de operações típicas das agências financeiras oficiais de fomento. (*Incluído pela Emenda Constitucional n. 109, de 2021*)

Art. 167-B. Durante a vigência de estado de calamidade pública de âmbito nacional, decretado pelo Congresso Nacional por iniciativa privativa do Presidente da República, a União deve adotar regime extraordinário fiscal, financeiro e de contratações para atender às necessidades dele decorrentes, somente naquilo em que a urgência for incompatível com o regime regular, nos termos definidos nos arts. 167-C, 167-D, 167-E, 167-F e 167-G desta Constituição. (*Incluído pela Emenda Constitucional n. 109, de 2021*)

Art. 167-C. Com o propósito exclusivo de enfrentamento da calamidade pública e de seus efeitos sociais e econômicos, no seu período de duração, o Poder Executivo federal pode adotar processos simplificados de contratação de pessoal, em caráter temporário e emergencial, e de obras, serviços e compras que assegurem, quando possível, competição e igualdade de condições a todos os concorrentes, dispensada a observância do § 1º do art. 169 na contratação de que trata o inciso IX do caput do art. 37 desta Constituição, limitada a dispensa às situações de que trata o referido inciso, sem prejuízo do controle dos órgãos competentes. (*Incluído pela Emenda Constitucional n. 109, de 2021*)

Art. 167-D. As proposições legislativas e os atos do Poder Executivo com propósito exclusivo de enfrentar a calamidade e suas consequências sociais e econômicas, com vigência e efeitos restritos à sua duração, desde que não impliquem despesa obrigatória de caráter continuado, ficam dispensados da observância das limitações legais quanto à criação, à expansão ou ao aperfeiçoamento de ação governamental que acarrete aumento de despesa e à concessão ou à ampliação de incentivo ou benefício de natureza tributária da qual decorra renúncia de receita. (*Incluído pela Emenda Constitucional n. 109, de 2021*)

Parágrafo único. Durante a vigência da calamidade pública de âmbito nacional de que trata o art. 167-B, não se aplica o disposto no § 3º do art. 195 desta Constituição. (*Incluído pela Emenda Constitucional n. 109, de 2021*)

Art. 167-E. Fica dispensada, durante a integralidade do exercício financeiro em que vigore a calamidade pública de âmbito nacional, a observância do inciso III do caput do art. 167 desta Constituição. (*Incluído pela Emenda Constitucional n. 109, de 2021*)

Art. 167-F. Durante a vigência da calamidade pública de âmbito nacional de que trata o art. 167-B desta Constituição: (*Incluído pela Emenda Constitucional n. 109, de 2021*)

I são dispensados, durante a integralidade do exercício financeiro em que vigore a calamidade pública, os limites, as condições e demais restrições aplicáveis à União para a contratação de operações de crédito, bem como sua verificação; (*Incluído pela Emenda Constitucional n. 109, de 2021*)

II o superávit financeiro apurado em 31 de dezembro do ano imediatamente anterior ao reconhecimento pode ser destinado à cobertura de despesas oriundas das medidas de combate à calamidade pública de âmbito nacional e ao pagamento da dívida pública. (*Incluído pela Emenda Constitucional n. 109, de 2021*)

§ 1º Lei complementar pode definir outras suspensões, dispensas e afastamentos aplicáveis durante a vigência do estado de calamidade pública de âmbito nacional. (*Incluído pela Emenda Constitucional n. 109, de 2021*)

§ 2º O disposto no inciso II do caput deste artigo não se aplica às fontes de recursos: (*Incluído pela Emenda Constitucional n. 109, de 2021*)

I decorrentes de repartição de receitas a Estados, ao Distrito Federal e a Municípios; (*Incluído pela Emenda Constitucional n. 109, de 2021*)

II decorrentes das vinculações estabelecidas pelos arts. 195, 198, 201, 212, 212-A e 239 desta Constituição; (*Incluído pela Emenda Constitucional n. 109, de 2021*)

III destinadas ao registro de receitas oriundas da arrecadação de doações ou de empréstimos compulsórios, de transferências recebidas para o atendimento de finalidades determinadas ou das receitas de capital produto de operações de financiamento celebradas com finalidades contratualmente determinadas. (*Incluído pela Emenda Constitucional n. 109, de 2021*)

Art. 167-G. Na hipótese de que trata o art. 167-B, aplicam-se à União, até o término da calamidade pública, as vedações previstas no art. 167-A desta Constituição. (*Incluído pela Emenda Constitucional n. 109, de 2021*)

§ 1º Na hipótese de medidas de combate à calamidade pública cuja vigência e efeitos não ultrapassem a sua duração, não se aplicam as vedações referidas nos incisos II, IV, VII, IX e X do caput do art. 167-A desta Constituição. (*Incluído pela Emenda Constitucional n. 109, de 2021*)

§ 2º Na hipótese de que trata o art. 167-B, não se aplica a alínea "c" do inciso I do caput do art. 159 desta Constituição, devendo a transferência a que se refere aquele dispositivo ser efetuada nos mesmos montantes transferidos no exercício anterior à decretação da calamidade. (*Incluído pela Emenda Constitucional n. 109, de 2021*)

§ 3º É facultada aos Estados, ao Distrito Federal e aos Municípios a aplicação das vedações referidas no caput, nos termos deste artigo, e, até que as tenham adotado na integralidade, estarão submetidos às restrições do § 6º do art. 167-A desta Constituição, enquanto perdurarem seus efeitos para a União. (*Incluído pela Emenda Constitucional n. 109, de 2021*)

Art. 168. Os recursos correspondentes às dotações orçamentárias, compreendidos os créditos suplementares e especiais, destinados aos órgãos dos Poderes Legislativo e Judiciário, do Ministério Público e da Defensoria Pública, ser-lhes-ão entregues até o dia 20 de cada mês, em duodécimos, na forma da lei complementar a que se refere o art. 165, § 9º. (*Redação dada pela Emenda Constitucional n. 45, de 2004*)

§ 1º É vedada a transferência a fundos de recursos financeiros oriundos de repasses duodecimais. (*Incluído pela Emenda Constitucional n. 109, de 2021*)

§ 2º O saldo financeiro decorrente dos recursos entregues na forma do caput deste artigo deve ser restituído ao caixa único do Tesouro do ente federativo, ou terá seu valor deduzido das primeiras parcelas duodecimais do exercício seguinte. (*Incluído pela Emenda Constitucional n. 109, de 2021*)

Art. 169. A despesa com pessoal ativo e inativo e pensionistas da União, dos Estados, do Distrito Federal e dos Municípios não pode exceder os limites estabelecidos em lei complementar. (*Redação dada pela Emenda Constitucional n. 109, de 2021*)

§ 1º A concessão de qualquer vantagem ou aumento de remuneração, a criação de cargos, empregos e funções ou alteração de estrutura de carreiras, bem como a admissão ou contratação de pessoal, a qualquer título, pelos órgãos e entidades da administração direta ou indireta, inclusive fundações instituídas e mantidas pelo poder público, só poderão ser feitas: (*Renumerado do parágrafo único, pela Emenda Constitucional n. 19, de 1998*)[56]

I se houver prévia dotação orçamentária suficiente para atender às projeções de despesa de pessoal e aos acréscimos dela decorrentes; (*Incluído pela Emenda Constitucional n. 19, de 1998*)

---

56 Vide Emenda Constitucional n. 106, de 2020.

II se houver autorização específica na lei de diretrizes orçamentárias, ressalvadas as empresas públicas e as sociedades de economia mista. (*Incluído pela Emenda Constitucional n. 19, de 1998*)

§ 2º Decorrido o prazo estabelecido na lei complementar referida neste artigo para a adaptação aos parâmetros ali previstos, serão imediatamente suspensos todos os repasses de verbas federais ou estaduais aos Estados, ao Distrito Federal e aos Municípios que não observarem os referidos limites. (*Incluído pela Emenda Constitucional n. 19, de 1998*)

§ 3º Para o cumprimento dos limites estabelecidos com base neste artigo, durante o prazo fixado na lei complementar referida no caput, a União, os Estados, o Distrito Federal e os Municípios adotarão as seguintes providências: (*Incluído pela Emenda Constitucional n. 19, de 1998*)

I redução em pelo menos vinte por cento das despesas com cargos em comissão e funções de confiança; (*Incluído pela Emenda Constitucional n. 19, de 1998*)

II exoneração dos servidores não estáveis. (*Incluído pela Emenda Constitucional n. 19, de 1998*)[57]

§ 4º Se as medidas adotadas com base no parágrafo anterior não forem suficientes para assegurar o cumprimento da determinação da lei complementar referida neste artigo, o servidor estável poderá perder o cargo, desde que ato normativo motivado de cada um dos Poderes especifique a atividade funcional, o órgão ou unidade administrativa objeto da redução de pessoal. (*Incluído pela Emenda Constitucional n. 19, de 1998*)

§ 5º O servidor que perder o cargo na forma do parágrafo anterior fará jus a indenização correspondente a um mês de remuneração por ano de serviço. (*Incluído pela Emenda Constitucional n. 19, de 1998*)

§ 6º O cargo objeto da redução prevista nos parágrafos anteriores será considerado extinto, vedada a criação de cargo, emprego ou função com atribuições iguais ou assemelhadas pelo prazo de quatro anos. (*Incluído pela Emenda Constitucional n. 19, de 1998*)

---

57 Vide Emenda Constitucional n. 19, de 1998.

§ 7º Lei federal disporá sobre as normas gerais a serem obedecidas na efetivação do disposto no § 4º. (*Incluído pela Emenda Constitucional n. 19, de 1998*)

TÍTULO VII

DA ORDEM ECONÔMICA E FINANCEIRA

DOS PRINCÍPIOS GERAIS DA ATIVIDADE ECONÔMICA

Art. 170. A ordem econômica, fundada na valorização do trabalho humano e na livre iniciativa, tem por fim assegurar a todos existência digna, conforme os ditames da justiça social, observados os seguintes princípios:

I soberania nacional;

II propriedade privada;

III função social da propriedade;

IV livre concorrência;

V defesa do consumidor;

VI defesa do meio ambiente, inclusive mediante tratamento diferenciado conforme o impacto ambiental dos produtos e serviços e de seus processos de elaboração e prestação; (*Redação dada pela Emenda Constitucional n. 42, de 2003*)

VII redução das desigualdades regionais e sociais;

VIII busca do pleno emprego;

IX tratamento favorecido para as empresas de pequeno porte constituídas sob as leis brasileiras e que tenham sua sede e administração no País. (*Redação dada pela Emenda Constitucional n. 6, de 1995*)

Parágrafo único. É assegurado a todos o livre exercício de qualquer atividade econômica, independentemente de autorização de órgãos públicos, salvo nos casos previstos em lei.[58]

Art. 171. (*Revogado pela Emenda Constitucional n. 6, de 1995*)

Art. 172. A lei disciplinará, com base no interesse nacional, os

---

58 Vide Lei n. 13.874, de 2019.

investimentos de capital estrangeiro, incentivará os reinvestimentos e regulará a remessa de lucros.

Art. 173. Ressalvados os casos previstos nesta Constituição, a exploração direta de atividade econômica pelo Estado só será permitida quando necessária aos imperativos da segurança nacional ou a relevante interesse coletivo, conforme definidos em lei.

§ 1º A lei estabelecerá o estatuto jurídico da empresa pública, da sociedade de economia mista e de suas subsidiárias que explorem atividade econômica de produção ou comercialização de bens ou de prestação de serviços, dispondo sobre: (*Redação dada pela Emenda Constitucional n. 19, de 1998*)

I sua função social e formas de fiscalização pelo Estado e pela sociedade; (*Incluído pela Emenda Constitucional n. 19, de 1998*)

II a sujeição ao regime jurídico próprio das empresas privadas, inclusive quanto aos direitos e obrigações civis, comerciais, trabalhistas e tributários; (*Incluído pela Emenda Constitucional n. 19, de 1998*)

III licitação e contratação de obras, serviços, compras e alienações, observados os princípios da administração pública; (*Incluído pela Emenda Constitucional n. 19, de 1998*)

IV a constituição e o funcionamento dos conselhos de administração e fiscal, com a participação de acionistas minoritários; (*Incluído pela Emenda Constitucional n. 19, de 1998*)

V os mandatos, a avaliação de desempenho e a responsabilidade dos administradores. (*Incluído pela Emenda Constitucional n. 19, de 1998*)

§ 2º As empresas públicas e as sociedades de economia mista não poderão gozar de privilégios fiscais não extensivos às do setor privado.

§ 3º A lei regulamentará as relações da empresa pública com o Estado e a sociedade.

§ 4º A lei reprimirá o abuso do poder econômico que vise à dominação dos mercados, à eliminação da concorrência e ao aumento arbitrário dos lucros.

§ 5º A lei, sem prejuízo da responsabilidade individual dos dirigentes da pessoa jurídica, estabelecerá a responsabilidade desta, sujeitando-a às punições compatíveis com sua natureza, nos atos praticados contra a ordem econômica e financeira e contra a economia popular.

Art. 174. Como agente normativo e regulador da atividade econômica, o Estado exercerá, na forma da lei, as funções de fiscalização, incentivo e planejamento, sendo este determinante para o setor público e indicativo para o setor privado.[59]

§ 1º A lei estabelecerá as diretrizes e bases do planejamento do desenvolvimento nacional equilibrado, o qual incorporará e compatibilizará os planos nacionais e regionais de desenvolvimento.

§ 2º A lei apoiará e estimulará o cooperativismo e outras formas de associativismo.

§ 3º O Estado favorecerá a organização da atividade garimpeira em cooperativas, levando em conta a proteção do meio ambiente e a promoção econômico-social dos garimpeiros.

§ 4º As cooperativas a que se refere o parágrafo anterior terão prioridade na autorização ou concessão para pesquisa e lavra dos recursos e jazidas de minerais garimpáveis, nas áreas onde estejam atuando, e naquelas fixadas de acordo com o art. 21, XXV, na forma da lei.

Art. 175. Incumbe ao Poder Público, na forma da lei, diretamente ou sob regime de concessão ou permissão, sempre através de licitação, a prestação de serviços públicos.

Parágrafo único. A lei disporá sobre:

I o regime das empresas concessionárias e permissionárias de serviços públicos, o caráter especial de seu contrato e de sua prorrogação, bem como as condições de caducidade, fiscalização e rescisão da concessão ou permissão;

II os direitos dos usuários;

III política tarifária;

---

59 Vide Lei n. 13.874, de 2019.

IV a obrigação de manter serviço adequado.

Art. 176. As jazidas, em lavra ou não, e demais recursos minerais e os potenciais de energia hidráulica constituem propriedade distinta da do solo, para efeito de exploração ou aproveitamento, e pertencem à União, garantida ao concessionário a propriedade do produto da lavra.

§ 1º A pesquisa e a lavra de recursos minerais e o aproveitamento dos potenciais a que se refere o "caput" deste artigo somente poderão ser efetuados mediante autorização ou concessão da União, no interesse nacional, por brasileiros ou empresa constituída sob as leis brasileiras e que tenha sua sede e administração no País, na forma da lei, que estabelecerá as condições específicas quando essas atividades se desenvolverem em faixa de fronteira ou terras indígenas. (*Redação dada pela Emenda Constitucional n. 6, de 1995*)

§ 2º É assegurada participação ao proprietário do solo nos resultados da lavra, na forma e no valor que dispuser a lei.

§ 3º A autorização de pesquisa será sempre por prazo determinado, e as autorizações e concessões previstas neste artigo não poderão ser cedidas ou transferidas, total ou parcialmente, sem prévia anuência do poder concedente.

§ 4º Não dependerá de autorização ou concessão o aproveitamento do potencial de energia renovável de capacidade reduzida.

Art. 177. Constituem monopólio da União:

I a pesquisa e a lavra das jazidas de petróleo e gás natural e outros hidrocarbonetos fluidos;[60]

II a refinação do petróleo nacional ou estrangeiro;

III a importação e exportação dos produtos e derivados básicos resultantes das atividades previstas nos incisos anteriores;

IV o transporte marítimo do petróleo bruto de origem nacional ou de derivados básicos de petróleo produzidos no País, bem assim o transporte, por meio de conduto, de petróleo bruto, seus derivados e gás natural de qualquer origem;

---

60 Vide Emenda Constitucional n. 9, de 1995.

V a pesquisa, a lavra, o enriquecimento, o reprocessamento, a industrialização e o comércio de minérios e minerais nucleares e seus derivados, com exceção dos radioisótopos cuja produção, comercialização e utilização poderão ser autorizadas sob regime de permissão, conforme as alíneas *b* e *c* do inciso XXIII do caput do art. 21 desta Constituição Federal. (*Redação dada pela Emenda Constitucional n. 49, de 2006*)

§ 1º A União poderá contratar com empresas estatais ou privadas a realização das atividades previstas nos incisos I a IV deste artigo observadas as condições estabelecidas em lei.[61] (*Redação dada pela Emenda Constitucional n. 9, de 1995*)

§ 2º A lei a que se refere o § 1º disporá sobre:[62] (*Incluído pela Emenda Constitucional n. 9, de 1995*)

I a garantia do fornecimento dos derivados de petróleo em todo o território nacional; (*Incluído pela Emenda Constitucional n. 9, de 1995*)

II as condições de contratação; (*Incluído pela Emenda Constitucional n. 9, de 1995*)

III a estrutura e atribuições do órgão regulador do monopólio da União; (*Incluído pela Emenda Constitucional n. 9, de 1995*)

§ 3º A lei disporá sobre o transporte e a utilização de materiais radioativos no território nacional. (*Renumerado de § 2º para 3º pela Emenda Constitucional n. 9, de 1995*)

§ 4º A lei que instituir contribuição de intervenção no domínio econômico relativa às atividades de importação ou comercialização de petróleo e seus derivados, gás natural e seus derivados e álcool combustível deverá atender aos seguintes requisitos: (*Incluído pela Emenda Constitucional n. 33, de 2001*)

I a alíquota da contribuição poderá ser: (*Incluído pela Emenda Constitucional n. 33, de 2001*)

---

61 Vide Emenda Constitucional n. 9, de 1995.

62 Vide Emenda Constitucional n. 9, de 1995.

a) diferenciada por produto ou uso; (*Incluído pela Emenda Constitucional n. 33, de 2001*)
b) reduzida e restabelecida por ato do Poder Executivo, não se lhe aplicando o disposto no art. 150, III, b; (*Incluído pela Emenda Constitucional n. 33, de 2001*)

II os recursos arrecadados serão destinados: (*Incluído pela Emenda Constitucional n. 33, de 2001*)

a) ao pagamento de subsídios a preços ou transporte de álcool combustível, gás natural e seus derivados e derivados de petróleo; (*Incluído pela Emenda Constitucional n. 33, de 2001*)
b) ao financiamento de projetos ambientais relacionados com a indústria do petróleo e do gás; (*Incluído pela Emenda Constitucional n. 33, de 2001*)
c) ao financiamento de programas de infra-estrutura de transportes. (*Incluído pela Emenda Constitucional n. 33, de 2001*)

Art. 178. A lei disporá sobre a ordenação dos transportes aéreo, aquático e terrestre, devendo, quanto à ordenação do transporte internacional, observar os acordos firmados pela União, atendido o princípio da reciprocidade. (*Redação dada pela Emenda Constitucional n. 7, de 1995*)

Parágrafo único. Na ordenação do transporte aquático, a lei estabelecerá as condições em que o transporte de mercadorias na cabotagem e a navegação interior poderão ser feitos por embarcações estrangeiras. (*Incluído pela Emenda Constitucional n. 7, de 1995*)

Art. 179. A União, os Estados, o Distrito Federal e os Municípios dispensarão às microempresas e às empresas de pequeno porte, assim definidas em lei, tratamento jurídico diferenciado, visando a incentivá-las pela simplificação de suas obrigações administrativas, tributárias, previdenciárias e creditícias, ou pela eliminação ou redução destas por meio de lei.

Art. 180. A União, os Estados, o Distrito Federal e os Municípios promoverão e incentivarão o turismo como fator de desenvolvimento social e econômico.

Art. 181. O atendimento de requisição de documento ou informação de natureza comercial, feita por autoridade administrativa ou judiciária estrangeira, a pessoa física ou jurídica residente ou domiciliada no País dependerá de autorização do Poder competente.

DA POLÍTICA URBANA

Art. 182. A política de desenvolvimento urbano, executada pelo Poder Público municipal, conforme diretrizes gerais fixadas em lei, tem por objetivo ordenar o pleno desenvolvimento das funções sociais da cidade e garantir o bem-estar de seus habitantes.[63]

§ 1º O plano diretor, aprovado pela Câmara Municipal, obrigatório para cidades com mais de vinte mil habitantes, é o instrumento básico da política de desenvolvimento e de expansão urbana.

§ 2º A propriedade urbana cumpre sua função social quando atende às exigências fundamentais de ordenação da cidade expressas no plano diretor.

§ 3º As desapropriações de imóveis urbanos serão feitas com prévia e justa indenização em dinheiro.

§ 4º É facultado ao Poder Público municipal, mediante lei específica para área incluída no plano diretor, exigir, nos termos da lei federal, do proprietário do solo urbano não edificado, subutilizado ou não utilizado, que promova seu adequado aproveitamento, sob pena, sucessivamente, de:

I parcelamento ou edificação compulsórios;

II imposto sobre a propriedade predial e territorial urbana progressivo no tempo;

III desapropriação com pagamento mediante títulos da dívida pública de emissão previamente aprovada pelo Senado Federal, com prazo de resgate de até dez anos, em parcelas anuais, iguais e sucessivas, assegurados o valor real da indenização e os juros legais.

Art. 183. Aquele que possuir como sua área urbana de até duzentos e cinquenta metros quadrados, por cinco anos, ininterruptamente e sem oposição, utilizando-a para sua moradia ou de sua família, adquirir-lhe-á o domínio, desde que não seja proprietário de outro imóvel urbano ou rural.

---

63 Vide Lei n. 13.311, de 2016.

§ 1º O título de domínio e a concessão de uso serão conferidos ao homem ou à mulher, ou a ambos, independentemente do estado civil.

§ 2º Esse direito não será reconhecido ao mesmo possuidor mais de uma vez.

§ 3º Os imóveis públicos não serão adquiridos por usucapião.

DA POLÍTICA AGRÍCOLA E FUNDIÁRIA E DA REFORMA AGRÁRIA

Art. 184. Compete à União desapropriar por interesse social, para fins de reforma agrária, o imóvel rural que não esteja cumprindo sua função social, mediante prévia e justa indenização em títulos da dívida agrária, com cláusula de preservação do valor real, resgatáveis no prazo de até vinte anos, a partir do segundo ano de sua emissão, e cuja utilização será definida em lei.

§ 1º As benfeitorias úteis e necessárias serão indenizadas em dinheiro.

§ 2º O decreto que declarar o imóvel como de interesse social, para fins de reforma agrária, autoriza a União a propor a ação de desapropriação.

§ 3º Cabe à lei complementar estabelecer procedimento contraditório especial, de rito sumário, para o processo judicial de desapropriação.

§ 4º O orçamento fixará anualmente o volume total de títulos da dívida agrária, assim como o montante de recursos para atender ao programa de reforma agrária no exercício.

§ 5º São isentas de impostos federais, estaduais e municipais as operações de transferência de imóveis desapropriados para fins de reforma agrária.

Art. 185. São insuscetíveis de desapropriação para fins de reforma agrária:

I a pequena e média propriedade rural, assim definida em lei, desde que seu proprietário não possua outra;

II a propriedade produtiva.

Parágrafo único. A lei garantirá tratamento especial à propriedade produtiva e fixará normas para o cumprimento dos requisitos relativos a sua função social.

Art. 186. A função social é cumprida quando a propriedade rural atende, simultaneamente, segundo critérios e graus de exigência estabelecidos em lei, aos seguintes requisitos:

I aproveitamento racional e adequado;

II utilização adequada dos recursos naturais disponíveis e preservação do meio ambiente;

III observância das disposições que regulam as relações de trabalho;

IV exploração que favoreça o bem-estar dos proprietários e dos trabalhadores.

Art. 187. A política agrícola será planejada e executada na forma da lei, com a participação efetiva do setor de produção, envolvendo produtores e trabalhadores rurais, bem como dos setores de comercialização, de armazenamento e de transportes, levando em conta, especialmente:

I os instrumentos creditícios e fiscais;

II os preços compatíveis com os custos de produção e a garantia de comercialização;

III o incentivo à pesquisa e à tecnologia;

IV a assistência técnica e extensão rural;

V o seguro agrícola;

VI o cooperativismo;

VII a eletrificação rural e irrigação;

VIII a habitação para o trabalhador rural.

§ 1º Incluem-se no planejamento agrícola as atividades agro-industriais, agropecuárias, pesqueiras e florestais.

§ 2º Serão compatibilizadas as ações de política agrícola e de reforma agrária.

Art. 188. A destinação de terras públicas e devolutas será compatibilizada com a política agrícola e com o plano nacional de reforma agrária.

§ 1º A alienação ou a concessão, a qualquer título, de terras públicas com área superior a dois mil e quinhentos hectares a pessoa física ou jurídica, ainda que por interposta pessoa, dependerá de prévia aprovação do Congresso Nacional.

§ 2º Excetuam-se do disposto no parágrafo anterior as alienações ou as concessões de terras públicas para fins de reforma agrária.

Art. 189. Os beneficiários da distribuição de imóveis rurais pela reforma agrária receberão títulos de domínio ou de concessão de uso, inegociáveis pelo prazo de dez anos.

Parágrafo único. O título de domínio e a concessão de uso serão conferidos ao homem ou à mulher, ou a ambos, independentemente do estado civil, nos termos e condições previstos em lei.

Art. 190. A lei regulará e limitará a aquisição ou o arrendamento de propriedade rural por pessoa física ou jurídica estrangeira e estabelecerá os casos que dependerão de autorização do Congresso Nacional.

Art. 191. Aquele que, não sendo proprietário de imóvel rural ou urbano, possua como seu, por cinco anos ininterruptos, sem oposição, área de terra, em zona rural, não superior a cinqüenta hectares, tornando-a produtiva por seu trabalho ou de sua família, tendo nela sua moradia, adquirir-lhe-á a propriedade.

Parágrafo único. Os imóveis públicos não serão adquiridos por usucapião.

CAPÍTULO IV

DO SISTEMA FINANCEIRO NACIONAL

Art. 192. O sistema financeiro nacional, estruturado de forma a promover o desenvolvimento equilibrado do País e a servir aos interesses da coletividade, em todas as partes que o compõem, abrangendo as cooperativas de crédito, será regulado por leis complementares que disporão, inclusive, sobre a participação do capital estrangeiro nas instituições que o integram.[64] (*Redação dada pela Emenda Constitucional n. 40, de 2003*)

I (*Revogado pela Emenda Constitucional n. 40, de 2003*)

II (*Revogado pela Emenda Constitucional n. 40, de 2003*)

III (*Revogado pela Emenda Constitucional n. 40, de 2003*)

a) (*Revogado pela Emenda Constitucional n. 40, de 2003*)
b) (*Revogado pela Emenda Constitucional n. 40, de 2003*)

IV (*Revogado pela Emenda Constitucional n. 40, de 2003*)

V (*Revogado pela Emenda Constitucional n. 40, de 2003*)

VI (*Revogado pela Emenda Constitucional n. 40, de 2003*)

VII (*Revogado pela Emenda Constitucional n. 40, de 2003*)

VIII (*Revogado pela Emenda Constitucional n. 40, de 2003*)

§ 1° (*Revogado pela Emenda Constitucional n. 40, de 2003*)

§ 2° (*Revogado pela Emenda Constitucional n. 40, de 2003*)

§ 3° (*Revogado pela Emenda Constitucional n. 40, de 2003*)

---

64 Vide Lei n. 8.392, de 1991.

TÍTULO VIII

DA ORDEM SOCIAL

CAPÍTULO I

DISPOSIÇÃO GERAL

Art. 193. A ordem social tem como base o primado do trabalho, e como objetivo o bem-estar e a justiça sociais.

Parágrafo único. O Estado exercerá a função de planejamento das políticas sociais, assegurada, na forma da lei, a participação da sociedade nos processos de formulação, de monitoramento, de controle e de avaliação dessas políticas. (*Incluído pela Emenda Constitucional n. 108, de 2020*)

CAPÍTULO II

DA SEGURIDADE SOCIAL

Seção I – Disposições Gerais

Art. 194. A seguridade social compreende um conjunto integrado de ações de iniciativa dos Poderes Públicos e da sociedade, destinadas a assegurar os direitos relativos à saúde, à previdência e à assistência social.

Parágrafo único. Compete ao Poder Público, nos termos da lei, organizar a seguridade social, com base nos seguintes objetivos:

I universalidade da cobertura e do atendimento;

II uniformidade e equivalência dos benefícios e serviços às populações urbanas e rurais;

III seletividade e distributividade na prestação dos benefícios e serviços;

IV irredutibilidade do valor dos benefícios;

V equidade na forma de participação no custeio;

VI diversidade da base de financiamento, identificando-se, em rubricas contábeis específicas para cada área, as receitas e as despesas vinculadas a ações de saúde, previdência e assistência social, preservado o caráter contributivo da previdência social; (*Redação dada pela Emenda Constitucional n. 103, de 2019*)

VII caráter democrático e descentralizado da administração, mediante gestão quadripartite, com participação dos trabalhadores, dos empregadores, dos aposentados e do Governo nos órgãos colegiados. (*Redação dada pela Emenda Constitucional n. 20, de 1998*)

Art. 195. A seguridade social será financiada por toda a sociedade, de forma direta e indireta, nos termos da lei, mediante recursos provenientes dos orçamentos da União, dos Estados, do Distrito Federal e dos Municípios, e das seguintes contribuições sociais:[65]

I do empregador, da empresa e da entidade a ela equiparada na forma da lei, incidentes sobre: (*Redação dada pela Emenda Constitucional n. 20, de 1998*)

a) a folha de salários e demais rendimentos do trabalho pagos ou creditados, a qualquer título, à pessoa física que lhe preste serviço, mesmo sem vínculo empregatício; (*Incluído pela Emenda Constitucional n. 20, de 1998*)
b) a receita ou o faturamento; (*Incluído pela Emenda Constitucional n. 20, de 1998*)
c) o lucro; (*Incluído pela Emenda Constitucional n. 20, de 1998*)

II do trabalhador e dos demais segurados da previdência social, podendo ser adotadas alíquotas progressivas de acordo com o valor do salário de contribuição, não incidindo contribuição sobre aposentadoria e pensão concedidas pelo Regime Geral de Previdência Social; (*Redação dada pela Emenda Constitucional n. 103, de 2019*)

III sobre a receita de concursos de prognósticos.

IV do importador de bens ou serviços do exterior, ou de quem a lei a ele equiparar. (*Incluído pela Emenda Constitucional n. 42, de 2003*)

§ 1º As receitas dos Estados, do Distrito Federal e dos Municípios destinadas à seguridade social constarão dos respectivos orçamentos, não integrando o orçamento da União.

§ 2º A proposta de orçamento da seguridade social será elaborada de forma integrada pelos órgãos responsáveis pela saúde, previdência social e assistência social, tendo em vista as metas e prioridades estabelecidas na lei de diretrizes orçamentárias, assegurada a cada área a gestão de seus recursos.

---

65 Vide Emenda Constitucional n. 20, de 1998.

§ 3º A pessoa jurídica em débito com o sistema da seguridade social, como estabelecido em lei, não poderá contratar com o Poder Público nem dele receber benefícios ou incentivos fiscais ou creditícios.[66]

§ 4º A lei poderá instituir outras fontes destinadas a garantir a manutenção ou expansão da seguridade social, obedecido o disposto no art. 154, I.

§ 5º Nenhum benefício ou serviço da seguridade social poderá ser criado, majorado ou estendido sem a correspondente fonte de custeio total.

§ 6º As contribuições sociais de que trata este artigo só poderão ser exigidas após decorridos noventa dias da data da publicação da lei que as houver instituído ou modificado, não se lhes aplicando o disposto no art. 150, III, "b".

§ 7º São isentas de contribuição para a seguridade social as entidades beneficentes de assistência social que atendam às exigências estabelecidas em lei.

§ 8º O produtor, o parceiro, o meeiro e o arrendatário rurais e o pescador artesanal, bem como os respectivos cônjuges, que exerçam suas atividades em regime de economia familiar, sem empregados permanentes, contribuirão para a seguridade social mediante a aplicação de uma alíquota sobre o resultado da comercialização da produção e farão jus aos benefícios nos termos da lei. (*Redação dada pela Emenda Constitucional n. 20, de 1998*)

§ 9º As contribuições sociais previstas no inciso I do caput deste artigo poderão ter alíquotas diferenciadas em razão da atividade econômica, da utilização intensiva de mão de obra, do porte da empresa ou da condição estrutural do mercado de trabalho, sendo também autorizada a adoção de bases de cálculo diferenciadas apenas no caso das alíneas "b" e "c" do inciso I do caput. (*Redação dada pela Emenda Constitucional n. 103, de 2019*)

§ 10. A lei definirá os critérios de transferência de recursos para o sistema único de saúde e ações de assistência social da União para os Estados, o Distrito Federal e os Municípios, e dos Estados para os Municípios, observada a respectiva contrapartida de recursos. (*Incluído pela Emenda Constitucional n. 20, de 1998*)

§ 11. São vedados a moratória e o parcelamento em prazo superior a

---

66 Vide Medida Provisória n. 526, de 2011, Lei n. 12.453, de 2011 e Emenda Constitucional n. 106, de 2020.

60 (sessenta) meses e, na forma de lei complementar, a remissão e a anistia das contribuições sociais de que tratam a alínea "a" do inciso I e o inciso II do caput. (*Redação dada pela Emenda Constitucional n. 103, de 2019*)

§ 12. A lei definirá os setores de atividade econômica para os quais as contribuições incidentes na forma dos incisos I, b; e IV do *caput*, serão não-cumulativas. (*Incluído pela Emenda Constitucional n. 42, de 19.12.2003*)

§ 13. (*Revogado pela Emenda Constitucional n. 103, de 2019*)

§ 14. O segurado somente terá reconhecida como tempo de contribuição ao Regime Geral de Previdência Social a competência cuja contribuição seja igual ou superior à contribuição mínima mensal exigida para sua categoria, assegurado o agrupamento de contribuições. (*Incluído pela Emenda Constitucional n. 103, de 2019*)

Seção II – Da Saúde

Art. 196. A saúde é direito de todos e dever do Estado, garantido mediante políticas sociais e econômicas que visem à redução do risco de doença e de outros agravos e ao acesso universal e igualitário às ações e serviços para sua promoção, proteção e recuperação.

Art. 197. São de relevância pública as ações e serviços de saúde, cabendo ao Poder Público dispor, nos termos da lei, sobre sua regulamentação, fiscalização e controle, devendo sua execução ser feita diretamente ou através de terceiros e, também, por pessoa física ou jurídica de direito privado.

Art. 198. As ações e serviços públicos de saúde integram uma rede regionalizada e hierarquizada e constituem um sistema único, organizado de acordo com as seguintes diretrizes:[67]

I descentralização, com direção única em cada esfera de governo;

II atendimento integral, com prioridade para as atividades preventivas, sem prejuízo dos serviços assistenciais;

III participação da comunidade.

§ 1º O sistema único de saúde será financiado, nos termos do art. 195,

---

67 Vide ADPF 672.

com recursos do orçamento da seguridade social, da União, dos Estados, do Distrito Federal e dos Municípios, além de outras fontes. (*Parágrafo único renumerado para § 1º pela Emenda Constitucional n. 29, de 2000*)

§ 2º A União, os Estados, o Distrito Federal e os Municípios aplicarão, anualmente, em ações e serviços públicos de saúde recursos mínimos derivados da aplicação de percentuais calculados sobre: (*Incluído pela Emenda Constitucional n. 29, de 2000*)

I no caso da União, a receita corrente líquida do respectivo exercício financeiro, não podendo ser inferior a 15% (quinze por cento); (*Redação dada pela Emenda Constitucional n. 86, de 2015*)

II no caso dos Estados e do Distrito Federal, o produto da arrecadação dos impostos a que se refere o art. 155 e dos recursos de que tratam os arts. 157 e 159, inciso I, alínea a, e inciso II, deduzidas as parcelas que forem transferidas aos respectivos Municípios; (*Incluído pela Emenda Constitucional n. 29, de 2000*)

III no caso dos Municípios e do Distrito Federal, o produto da arrecadação dos impostos a que se refere o art. 156 e dos recursos de que tratam os arts. 158 e 159, inciso I, alínea b e § 3º. (*Incluído pela Emenda Constitucional n. 29, de 2000*)

§ 3º Lei complementar, que será reavaliada pelo menos a cada cinco anos, estabelecerá: (*Incluído pela Emenda Constitucional n. 29, de 2000*)

I os percentuais de que tratam os incisos II e III do § 2º; (*Redação dada pela Emenda Constitucional n. 86, de 2015*)

II os critérios de rateio dos recursos da União vinculados à saúde destinados aos Estados, ao Distrito Federal e aos Municípios, e dos Estados destinados a seus respectivos Municípios, objetivando a progressiva redução das disparidades regionais; (*Incluído pela Emenda Constitucional n. 29, de 2000*)

III as normas de fiscalização, avaliação e controle das despesas com saúde nas esferas federal, estadual, distrital e municipal; (*Incluído pela Emenda Constitucional n. 29, de 2000*)

IV (*Revogado pela Emenda Constitucional n. 86, de 2015*)

§ 4º Os gestores locais do sistema único de saúde poderão admitir agentes comunitários de saúde e agentes de combate às endemias por meio de processo seletivo público, de acordo com a natureza e complexidade de suas atribuições e requisitos específicos para sua atuação. (*Incluído pela Emenda Constitucional n. 51, de 2006*)

§ 5º Lei federal disporá sobre o regime jurídico, o piso salarial profissional nacional, as diretrizes para os Planos de Carreira e a regulamentação das atividades de agente comunitário de saúde e agente de combate às endemias, competindo à União, nos termos da lei, prestar assistência financeira complementar aos Estados, ao Distrito Federal e aos Municípios, para o cumprimento do referido piso salarial. (*Redação dada pela Emenda Constitucional n. 63, de 2010*)

§ 6º Além das hipóteses previstas no § 1º do art. 41 e no § 4º do art. 169 da Constituição Federal, o servidor que exerça funções equivalentes às de agente comunitário de saúde ou de agente de combate às endemias poderá perder o cargo em caso de descumprimento dos requisitos específicos, fixados em lei, para o seu exercício. (*Incluído pela Emenda Constitucional n. 51, de 2006*)

§ 7º O vencimento dos agentes comunitários de saúde e dos agentes de combate às endemias fica sob responsabilidade da União, e cabe aos Estados, ao Distrito Federal e aos Municípios estabelecer, além de outros consectários e vantagens, incentivos, auxílios, gratificações e indenizações, a fim de valorizar o trabalho desses profissionais. (*Incluído pela Emenda Constitucional n. 120, de 2022*)

§ 8º Os recursos destinados ao pagamento do vencimento dos agentes comunitários de saúde e dos agentes de combate às endemias serão consignados no orçamento geral da União com dotação própria e exclusiva. (*Incluído pela Emenda Constitucional n. 120, de 2022*)

§ 9º O vencimento dos agentes comunitários de saúde e dos agentes de combate às endemias não será inferior a 2 (dois) salários mínimos, repassados pela União aos Municípios, aos Estados e ao Distrito Federal. (*Incluído pela Emenda Constitucional n. 120, de 2022*)

§ 10. Os agentes comunitários de saúde e os agentes de combate às endemias terão também, em razão dos riscos inerentes às funções desempenhadas, aposentadoria especial e, somado aos seus vencimentos, adicional de insalubridade. (*Incluído pela Emenda Constitucional n. 120, de 2022*)

§ 11. Os recursos financeiros repassados pela União aos Estados, ao Distrito Federal e aos Municípios para pagamento do vencimento ou de qualquer outra vantagem dos agentes comunitários de saúde e dos agentes de combate às endemias não serão objeto de inclusão no cálculo para fins do limite de despesa com pessoal. (*Incluído pela Emenda Constitucional n. 120, de 2022*)

§ 12. Lei federal instituirá pisos salariais profissionais nacionais para o enfermeiro, o técnico de enfermagem, o auxiliar de enfermagem e a parteira, a serem observados por pessoas jurídicas de direito público e de direito privado. (*Incluído pela Emenda Constitucional n. 124, de 2022*)

§ 13. A União, os Estados, o Distrito Federal e os Municípios, até o final do exercício financeiro em que for publicada a lei de que trata o § 12 deste artigo, adequarão a remuneração dos cargos ou dos respectivos planos de carreiras, quando houver, de modo a atender aos pisos estabelecidos para cada categoria profissional. (*Incluído pela Emenda Constitucional n. 124, de 2022*)

Art. 199. A assistência à saúde é livre à iniciativa privada.

§ 1º As instituições privadas poderão participar de forma complementar do sistema único de saúde, segundo diretrizes deste, mediante contrato de direito público ou convênio, tendo preferência as entidades filantrópicas e as sem fins lucrativos.

§ 2º É vedada a destinação de recursos públicos para auxílios ou subvenções às instituições privadas com fins lucrativos.

§ 3º É vedada a participação direta ou indireta de empresas ou capitais estrangeiros na assistência à saúde no País, salvo nos casos previstos em lei.

§ 4º A lei disporá sobre as condições e os requisitos que facilitem a remoção de órgãos, tecidos e substâncias humanas para fins de transplante, pesquisa e tratamento, bem como a coleta, processamento e transfusão de sangue e seus derivados, sendo vedado todo tipo de comercialização.

Art. 200. Ao sistema único de saúde compete, além de outras atribuições, nos termos da lei:

I controlar e fiscalizar procedimentos, produtos e substâncias de interesse para a saúde e participar da produção de medi camentos, equipamentos, imunobiológicos, hemoderivados e outros insumos;

II executar as ações de vigilância sanitária e epidemiológica, bem como as de saúde do trabalhador;

III ordenar a formação de recursos humanos na área de saúde;

IV participar da formulação da política e da execução das ações de saneamento básico;

V incrementar, em sua área de atuação, o desenvolvimento científico e tecnológico e a inovação; (*Redação dada pela Emenda Constitucional n. 85, de 2015*)

VI fiscalizar e inspecionar alimentos, compreendido o controle de seu teor nutricional, bem como bebidas e águas para consumo humano;

VII participar do controle e fiscalização da produção, transporte, guarda e utilização de substâncias e produtos psicoativos, tóxicos e radioativos;

VIII colaborar na proteção do meio ambiente, nele compreendido o do trabalho.

Seção III – Da Previdência Social

Art. 201. A previdência social será organizada sob a forma do Regime Geral de Previdência Social, de caráter contributivo e de filiação obrigatória, observados critérios que preservem o equilíbrio financeiro e atuarial, e atenderá, na forma da lei, a: (*Redação dada pela Emenda Constitucional n. 103, de 2019*)

I cobertura dos eventos de incapacidade temporária ou permanente para o trabalho e idade avançada; (*Redação dada pela Emenda Constitucional n. 103, de 2019*)

II proteção à maternidade, especialmente à gestante; (*Redação dada pela Emenda Constitucional n. 20, de 1998*)

III proteção ao trabalhador em situação de desemprego involuntário; (*Redação dada pela Emenda Constitucional n. 20, de 1998*)

IV salário-família e auxílio-reclusão para os dependentes dos segurados de baixa renda; (*Redação dada pela Emenda Constitucional n. 20, de 1998*)

V pensão por morte do segurado, homem ou mulher, ao cônjuge ou companheiro e dependentes, observado o disposto no § 2º. (*Redação dada pela Emenda Constitucional n. 20, de 1998*)

§ 1º É vedada a adoção de requisitos ou critérios diferenciados para concessão de benefícios, ressalvada, nos termos de lei complementar, a possibilidade de previsão de idade e tempo de contribuição distintos da regra geral para concessão de aposentadoria exclusivamente em favor dos segurados: (*Redação dada pela Emenda Constitucional n. 103, de 2019*)

I com deficiência, previamente submetidos a avaliação biopsi cossocial realizada por equipe multiprofissional e interdisciplinar; (*Incluído pela Emenda Constitucional n. 103, de 2019*)

II cujas atividades sejam exercidas com efetiva exposição a agentes químicos, físicos e biológicos prejudiciais à saúde, ou associação desses agentes, vedada a caracterização por categoria profissional ou ocupação. (*Incluído pela Emenda Constitucional n. 103, de 2019*)

§ 2º Nenhum benefício que substitua o salário de contribuição ou o rendimento do trabalho do segurado terá valor mensal inferior ao salário mínimo. (*Redação dada pela Emenda Constitucional n. 20, de 1998*)

§ 3º Todos os salários de contribuição considerados para o cálculo de benefício serão devidamente atualizados, na forma da lei. (*Redação dada pela Emenda Constitucional n. 20, de 1998*)

§ 4º É assegurado o reajustamento dos benefícios para preservar-lhes, em caráter permanente, o valor real, conforme critérios definidos em lei. (*Redação dada pela Emenda Constitucional n. 20, de 1998*)

§ 5º É vedada a filiação ao regime geral de previdência social, na qualidade de segurado facultativo, de pessoa participante de regime próprio de previdência. (*Redação dada pela Emenda Constitucional n. 20, de 1998*)

§ 6º A gratificação natalina dos aposentados e pensionistas terá por base o valor dos proventos do mês de dezembro de cada ano. (*Redação dada pela Emenda Constitucional n. 20, de 1998*)

§ 7º É assegurada aposentadoria no regime geral de previdência social, nos termos da lei, obedecidas as seguintes condições: (*Redação dada pela Emenda Constitucional n. 20, de 1998*)

I 65 (sessenta e cinco) anos de idade, se homem, e 62 (sessenta e dois) anos de idade, se mulher, observado tempo mínimo de contribuição; (*Redação dada pela Emenda Constitucional n. 103, de 2019*)

II 60 (sessenta) anos de idade, se homem, e 55 (cinquenta e cinco) anos de idade, se mulher, para os trabalhadores rurais e para os que exerçam suas atividades em regime de economia familiar, nestes incluídos o produtor rural, o garimpeiro e o pescador artesanal. (*Redação dada pela Emenda Constitucional n. 103, de 2019*)

§ 8º O requisito de idade a que se refere o inciso I do § 7º será reduzido em 5 (cinco) anos, para o professor que comprove tempo de efetivo exercício das funções de magistério na educação infantil e no ensino fundamental e médio fixado em lei complementar. (*Redação dada pela Emenda Constitucional n. 103, de 2019*)

§ 9º Para fins de aposentadoria, será assegurada a contagem recíproca do tempo de contribuição entre o Regime Geral de Previdência Social e os regimes próprios de previdência social, e destes entre si, observada a compensação financeira, de acordo com os critérios estabelecidos em lei. (*Redação dada pela Emenda Constitucional n. 103, de 2019*)

§ 9º-A. O tempo de serviço militar exercido nas atividades de que tratam os arts. 42, 142 e 143 e o tempo de contribuição ao Regime Geral de Previdência Social ou a regime próprio de previdência social terão contagem recíproca para fins de inativação militar ou aposentadoria, e a compensação financeira será devida entre as receitas de contribuição referentes aos militares e as receitas de contribuição aos demais regimes. (*Incluído pela Emenda Constitucional n. 103, de 2019*)

§ 10. Lei complementar poderá disciplinar a cobertura de benefícios não programados, inclusive os decorrentes de acidente do trabalho, a ser atendida concorrentemente pelo Regime Geral de Previdência Social e pelo setor privado. (*Redação dada pela Emenda Constitucional n. 103, de 2019*)

§ 11. Os ganhos habituais do empregado, a qualquer título, serão incorporados ao salário para efeito de contribuição previdenciária e conseqüente repercussão em benefícios, nos casos e na forma da lei. (*Incluído dada pela Emenda Constitucional n. 20, de 1998*)

§ 12. Lei instituirá sistema especial de inclusão previdenciária, com alíquotas diferenciadas, para atender aos trabalhadores de baixa renda, inclusive os que se encontram em situação de informalidade, e àqueles sem renda própria que se dediquem exclusivamente ao trabalho doméstico no âmbito de sua residência, desde que pertencentes a famílias de baixa renda. (*Redação dada pela Emenda Constitucional n. 103, de 2019*)

§ 13. A aposentadoria concedida ao segurado de que trata o § 12 terá valor de 1 (um) salário-mínimo. (*Redação dada pela Emenda Constitucional n. 103, de 2019*)

§ 14. É vedada a contagem de tempo de contribuição fictício para efeito de concessão dos benefícios previdenciários e de contagem recíproca. (*Incluído pela Emenda Constitucional n. 103, de 2019*)

§ 15. Lei complementar estabelecerá vedações, regras e condições para a acumulação de benefícios previdenciários. (*Incluído pela Emenda Constitucional n. 103, de 2019*)

§ 16. Os empregados dos consórcios públicos, das empresas públicas, das sociedades de economia mista e das suas subsidiárias serão aposentados compulsoriamente, observado o cumprimento do tempo mínimo de contribuição, ao atingir a idade máxima de que trata o inciso II do § 1º do art. 40, na forma estabelecida em lei. (*Incluído pela Emenda Constitucional n. 103, de 2019*)

Art. 202. O regime de previdência privada, de caráter complementar e organizado de forma autônoma em relação ao regime geral de previdência social, será facultativo, baseado na constituição de reservas que garantam o benefício contratado, e regulado por lei complementar. (*Redação dada pela Emenda Constitucional n. 20, de 1998*)

§ 1º A lei complementar de que trata este artigo assegurará ao participante de planos de benefícios de entidades de previdência privada o pleno acesso às informações relativas à gestão de seus respectivos planos. (*Redação dada pela Emenda Constitucional n. 20, de 1998*)

§ 2° As contribuições do empregador, os benefícios e as condições contratuais previstas nos estatutos, regulamentos e planos de benefícios das entidades de previdência privada não integram o contrato de trabalho dos participantes, assim como, à exceção dos benefícios concedidos, não integram a remuneração dos participantes, nos termos da lei. (*Redação dada pela Emenda Constitucional n. 20, de 1998*)

§ 3º É vedado o aporte de recursos a entidade de previdência privada pela União, Estados, Distrito Federal e Municípios, suas autarquias, fundações, empresas públicas, sociedades de economia mista e outras entidades públicas, salvo na qualidade de patrocinador, situação na qual, em hipótese alguma, sua contribuição normal poderá exceder a do segurado. (*Incluído pela Emenda Constitucional n. 20, de 1998*)

§ 4º Lei complementar disciplinará a relação entre a União, Estados, Distrito Federal ou Municípios, inclusive suas autarquias, fundações, sociedades de economia mista e empresas controladas direta ou indiretamente, enquanto patrocinadores de planos de benefícios previdenciários, e as entidades de previdência complementar. (*Redação dada pela Emenda Constitucional n. 103, de 2019*)

§ 5º A lei complementar de que trata o § 4º aplicar-se-á, no que couber, às empresas privadas permissionárias ou concessionárias de prestação de serviços públicos, quando patrocinadoras de planos de benefícios em entidades de previdência complementar. (*Redação dada pela Emenda Constitucional n. 103, de 2019*)

§ 6º Lei complementar estabelecerá os requisitos para a designação dos membros das diretorias das entidades fechadas de previdência complementar instituídas pelos patrocinadores de que trata o § 4º e disciplinará a inserção dos participantes nos colegiados e instâncias de decisão em que seus interesses sejam objeto de discussão e deliberação. (*Redação dada pela Emenda Constitucional n. 103, de 2019*)

Seção IV – Da Assistência Social

Art. 203. A assistência social será prestada a quem dela necessitar, independentemente de contribuição à seguridade social, e tem por objetivos:

I a proteção à família, à maternidade, à infância, à adolescência e à velhice;

II o amparo às crianças e adolescentes carentes;

III a promoção da integração ao mercado de trabalho;

IV a habilitação e reabilitação das pessoas portadoras de deficiência e a promoção de sua integração à vida comunitária;

V a garantia de um salário mínimo de benefício mensal à pessoa portadora de deficiência e ao idoso que comprovem não possuir meios de prover à própria manutenção ou de tê-la provida por sua família, conforme dispuser a lei.

VI a redução da vulnerabilidade socioeconômica de famílias em situação de pobreza ou de extrema pobreza. (*Incluído pela Emenda Constitucional n. 114, de 2021*)

Art. 204. As ações governamentais na área da assistência social serão realizadas com recursos do orçamento da seguridade social, previstos no art. 195, além de outras fontes, e organizadas com base nas seguintes diretrizes:

I descentralização político-administrativa, cabendo a coordenação e as normas gerais à esfera federal e a coordenação e a execução dos respectivos programas às esferas estadual e municipal, bem como a entidades beneficentes e de assistência social;

II participação da população, por meio de organizações repre sentativas, na formulação das políticas e no controle das ações em todos os níveis.

Parágrafo único. É facultado aos Estados e ao Distrito Federal vincular a programa de apoio à inclusão e promoção social até cinco décimos por cento de sua receita tributária líquida, vedada a aplicação desses recursos no pagamento de: (*Incluído pela Emenda Constitucional n. 42, de 19.12.2003*)

I despesas com pessoal e encargos sociais; (*Incluído pela Emenda Constitucional n. 42, de 19.12.2003*)

II serviço da dívida; (*Incluído pela Emenda Constitucional n. 42, de 19.12.2003*)

III – qualquer outra despesa corrente não vinculada diretamente aos investimentos ou ações apoiados. (*Incluído pela Emenda Constitucional n. 42, de 19.12.2003*)

CAPÍTULO III

DA EDUCAÇÃO, DA CULTURA E DO DESPORTO

Seção I – Da Educação

Art. 205. A educação, direito de todos e dever do Estado e da família, será promovida e incentivada com a colaboração da sociedade, visando ao pleno desenvolvimento da pessoa, seu preparo para o exercício da cidadania e sua qualificação para o trabalho.

Art. 206. O ensino será ministrado com base nos seguintes princípios:

I igualdade de condições para o acesso e permanência na escola;

II liberdade de aprender, ensinar, pesquisar e divulgar o pensamento, a arte e o saber;

III pluralismo de idéias e de concepções pedagógicas, e coexistência de instituições públicas e privadas de ensino;

IV gratuidade do ensino público em estabelecimentos oficiais;

V valorização dos profissionais da educação escolar, garantidos, na forma da lei, planos de carreira, com ingresso exclusivamente por concurso público de provas e títulos, aos das redes públicas; (*Redação dada pela Emenda Constitucional n. 53, de 2006*)

VI gestão democrática do ensino público, na forma da lei;

VII garantia de padrão de qualidade.

VIII piso salarial profissional nacional para os profissionais da educação escolar pública, nos termos de lei federal. (*Incluído pela Emenda Constitucional n. 53, de 2006*)

IX garantia do direito à educação e à aprendizagem ao longo da vida. (*Incluído pela Emenda Constitucional n. 108, de 2020*)

Parágrafo único. A lei disporá sobre as categorias de trabalhadores considerados profissionais da educação básica e sobre a fixação de prazo para a elaboração ou adequação de seus planos de carreira, no âmbito da União, dos Estados, do Distrito Federal e dos Municípios. (*Incluído pela Emenda Constitucional n. 53, de 2006*)

Art. 207. As universidades gozam de autonomia didático-científica, administrativa e de gestão financeira e patrimonial, e obedecerão ao princípio de indissociabilidade entre ensino, pesquisa e extensão.

§ 1º É facultado às universidades admitir professores, técnicos e cientistas estrangeiros, na forma da lei. (*Incluído pela Emenda Constitucional n. 11, de 1996*)

§ 2º O disposto neste artigo aplica-se às instituições de pesquisa científica e tecnológica. (*Incluído pela Emenda Constitucional n. 11, de 1996*)

Art. 208. O dever do Estado com a educação será efetivado mediante a garantia de:

I educação básica obrigatória e gratuita dos 4 (quatro) aos 17 (dezessete) anos de idade, assegurada inclusive sua oferta gratuita para todos os que a ela não tiveram acesso na idade própria;[68] (*Redação dada pela Emenda Constitucional n. 59, de 2009*)

II progressiva universalização do ensino médio gratuito; (*Redação dada pela Emenda Constitucional n. 14, de 1996*)

III atendimento educacional especializado aos portadores de deficiência, preferencialmente na rede regular de ensino;

IV educação infantil, em creche e pré-escola, às crianças até 5 (cinco) anos de idade; (*Redação dada pela Emenda Constitucional n. 53, de 2006*)

V acesso aos níveis mais elevados do ensino, da pesquisa e da criação artística, segundo a capacidade de cada um;

VI oferta de ensino noturno regular, adequado às condições do educando;

---

68 Vide Emenda Constitucional n. 59, de 2009.

VII atendimento ao educando, em todas as etapas da educação básica, por meio de programas suplementares de material didático escolar, transporte, alimentação e assistência à saúde. (*Redação dada pela Emenda Constitucional n. 59, de 2009*)

§ 1º O acesso ao ensino obrigatório e gratuito é direito público subjetivo.

§ 2º O não-oferecimento do ensino obrigatório pelo Poder Público, ou sua oferta irregular, importa responsabilidade da autoridade competente.

§ 3º Compete ao Poder Público recensear os educandos no ensino fundamental, fazer-lhes a chamada e zelar, junto aos pais ou responsáveis, pela frequência à escola.

Art. 209. O ensino é livre à iniciativa privada, atendidas as seguintes condições:

I cumprimento das normas gerais da educação nacional;

II autorização e avaliação de qualidade pelo Poder Público.

Art. 210. Serão fixados conteúdos mínimos para o ensino fundamental, de maneira a assegurar formação básica comum e respeito aos valores culturais e artísticos, nacionais e regionais.

§ 1º O ensino religioso, de matrícula facultativa, constituirá disciplina dos horários normais das escolas públicas de ensino fundamental.

§ 2º O ensino fundamental regular será ministrado em língua portuguesa, assegurada às comunidades indígenas também a utilização de suas línguas maternas e processos próprios de aprendizagem.

Art. 211. A União, os Estados, o Distrito Federal e os Municípios organizarão em regime de colaboração seus sistemas de ensino.

§ 1º A União organizará o sistema federal de ensino e o dos Territórios, financiará as instituições de ensino públicas federais e exercerá, em matéria educacional, função redistributiva e supletiva, de forma a garantir equalização de oportunidades educacionais e padrão mínimo de qualidade do ensino mediante assistência técnica e financeira aos Estados, ao Distrito Federal e aos Municípios; (*Redação dada pela Emenda Constitucional n. 14, de 1996*)

§ 2º Os Municípios atuarão prioritariamente no ensino fundamental e na educação infantil. (*Redação dada pela Emenda Constitucional n. 14, de 1996*)

§ 3º Os Estados e o Distrito Federal atuarão prioritariamente no ensino fundamental e médio. (*Incluído pela Emenda Constitucional n. 14, de 1996*)

§ 4º Na organização de seus sistemas de ensino, a União, os Estados, o Distrito Federal e os Municípios definirão formas de colaboração, de forma a assegurar a universalização, a qualidade e a equidade do ensino obrigatório. (*Redação dada pela Emenda Constitucional n. 108, de 2020*)

§ 5º A educação básica pública atenderá prioritariamente ao ensino regular. (*Incluído pela Emenda Constitucional n. 53, de 2006*)

§ 6º A União, os Estados, o Distrito Federal e os Municípios exercerão ação redistributiva em relação a suas escolas. (*Incluído pela Emenda Constitucional n. 108, de 2020*)

§ 7º O padrão mínimo de qualidade de que trata o § 1º deste artigo considerará as condições adequadas de oferta e terá como referência o Custo Aluno Qualidade (CAQ), pactuados em regime de colaboração na forma disposta em lei complementar, conforme o parágrafo único do art. 23 desta Constituição. (*Incluído pela Emenda Constitucional n. 108, de 2020*)

Art. 212. A União aplicará, anualmente, nunca menos de dezoito, e os Estados, o Distrito Federal e os Municípios vinte e cinco por cento, no mínimo, da receita resultante de impostos, compreendida a proveniente de transferências, na manutenção e desenvolvimento do ensino.

§ 1º A parcela da arrecadação de impostos transferida pela União aos Estados, ao Distrito Federal e aos Municípios, ou pelos Estados aos respectivos Municípios, não é considerada, para efeito do cálculo previsto neste artigo, receita do governo que a transferir.

§ 2º Para efeito do cumprimento do disposto no "caput" deste artigo, serão considerados os sistemas de ensino federal, estadual e municipal e os recursos aplicados na forma do art. 213.

§ 3º A distribuição dos recursos públicos assegurará prioridade ao atendimento das necessidades do ensino obrigatório, no que se refere a universalização, garantia de padrão de qualidade e equidade, nos termos do plano nacional de educação. (*Redação dada pela Emenda Constitucional n. 59, de 2009*)

§ 4º Os programas suplementares de alimentação e assistência à saúde previstos no art. 208, VII, serão financiados com recursos provenientes de contribuições sociais e outros recursos orçamentários.

§ 5º A educação básica pública terá como fonte adicional de financiamento a contribuição social do salário-educação, recolhida pelas empresas na forma da lei.[69] (*Redação dada pela Emenda Constitucional n. 53, de 2006*)

§ 6º As cotas estaduais e municipais da arrecadação da contribuição social do salário-educação serão distribuídas proporcionalmente ao número de alunos matriculados na educação básica nas respectivas redes públicas de ensino. (*Incluído pela Emenda Constitucional n. 53, de 2006*)

§ 7º É vedado o uso dos recursos referidos no caput e nos §§ 5º e 6º deste artigo para pagamento de aposentadorias e de pensões. (*Incluído pela Emenda Constitucional n. 108, de 2020*)

§ 8º Na hipótese de extinção ou de substituição de impostos, serão redefinidos os percentuais referidos no caput deste artigo e no inciso II do caput do art. 212-A, de modo que resultem recursos vinculados à manutenção e ao desenvolvimento do ensino, bem como os recursos subvinculados aos fundos de que trata o art. 212-A desta Constituição, em aplicações equivalentes às anteriormente praticadas. (*Incluído pela Emenda Constitucional n. 108, de 2020*)

§ 9º A lei disporá sobre normas de fiscalização, de avaliação e de controle das despesas com educação nas esferas estadual, distrital e municipal. (*Incluído pela Emenda Constitucional n. 108, de 2020*)

Art. 212-A. Os Estados, o Distrito Federal e os Municípios destinarão parte dos recursos a que se refere o caput do art. 212 desta Constituição à manutenção e ao desenvolvimento do ensino na educação básica e à remuneração condigna de seus profissionais, respeitadas as seguintes disposições: (*Incluído pela Emenda Constitucional n. 108, de 2020*)

I a distribuição dos recursos e de responsabilidades entre o Distrito Federal, os Estados e seus Municípios é assegurada mediante a instituição, no âmbito de cada Estado e do Distrito Federal, de um Fundo de Manutenção e Desenvolvimento da Educação Básica e de Valorização dos

---

69 Vide Decreto n. 6.003, de 2006.

Profissionais da Educação (Fundeb), de natureza contábil; (*Incluído pela Emenda Constitucional n. 108, de 2020*)

II os fundos referidos no inciso I do caput deste artigo serão constituídos por 20% (vinte por cento) dos recursos a que se referem os incisos I, II e III do caput do art. 155, o inciso II do caput do art. 157, os incisos II, III e IV do caput do art. 158 e as alíneas "a" e "b" do inciso I e o inciso II do caput do art. 159 desta Constituição; (*Incluído pela Emenda Constitucional n. 108, de 2020*)

III os recursos referidos no inciso II do caput deste artigo serão distribuídos entre cada Estado e seus Municípios, proporcionalmente ao número de alunos das diversas etapas e modalidades da educação básica presencial matriculados nas respectivas redes, nos âmbitos de atuação prioritária, conforme estabelecido nos §§ 2º e 3º do art. 211 desta Constituição, observadas as ponderações referidas na alínea "a" do inciso X do caput e no § 2º deste artigo; (*Incluído pela Emenda Constitucional n. 108, de 2020*)

IV a União complementará os recursos dos fundos a que se refere o inciso II do caput deste artigo; (*Incluído pela Emenda Constitucional n. 108, de 2020*)

V a complementação da União será equivalente a, no mínimo, 23% (vinte e três por cento) do total de recursos a que se refere o inciso II do caput deste artigo, distribuída da seguinte forma: (*Incluído pela Emenda Constitucional n. 108, de 2020*)

a) 10 (dez) pontos percentuais no âmbito de cada Estado e do Distrito Federal, sempre que o valor anual por aluno (VAAF), nos termos do inciso III do caput deste artigo, não alcançar o mínimo definido nacionalmente; (*Incluído pela Emenda Constitucional n. 108, de 2020*)
b) no mínimo, 10,5 (dez inteiros e cinco décimos) pontos percentuais em cada rede pública de ensino municipal, estadual ou distrital, sempre que o valor anual total por aluno (VAAT), referido no inciso VI do caput deste artigo, não alcançar o mínimo definido nacionalmente; (*Incluído pela Emenda Constitucional n. 108, de 2020*)

c) 2,5 (dois inteiros e cinco décimos) pontos percentuais nas redes públicas que, cumpridas condicionalidades de melhoria de gestão previstas em lei, alcançarem evolução de indicadores a serem definidos, de atendimento e melhoria da aprendizagem com redução das desigualdades, nos termos do sistema nacional de avaliação da educação básica; (*Incluído pela Emenda Constitucional n. 108, de 2020*)

VI o VAAT será calculado, na forma da lei de que trata o inciso X do caput deste artigo, com base nos recursos a que se refere o inciso II do caput deste artigo, acrescidos de outras receitas e de transferências vinculadas à educação, observado o disposto no § 1º e consideradas as matrículas nos termos do inciso III do caput deste artigo; (*Incluído pela Emenda Constitucional n. 108, de 2020*)

VII os recursos de que tratam os incisos II e IV do caput deste artigo serão aplicados pelos Estados e pelos Municípios exclusivamente nos respectivos âmbitos de atuação prioritária, conforme estabelecido nos §§ 2º e 3º do art. 211 desta Constituição; (*Incluído pela Emenda Constitucional n. 108, de 2020*)

VIII a vinculação de recursos à manutenção e ao desenvolvimento do ensino estabelecida no art. 212 desta Constituição suportará, no máximo, 30% (trinta por cento) da complementação da União, considerados para os fins deste inciso os valores previstos no inciso V do caput deste artigo; (*Incluído pela Emenda Constitucional n. 108, de 2020*)

IX o disposto no caput do art. 160 desta Constituição aplica-se aos recursos referidos nos incisos II e IV do caput deste artigo, e seu descumprimento pela autoridade competente importará em crime de responsabilidade; (*Incluído pela Emenda Constitucional n. 108, de 2020*)

X a lei disporá, observadas as garantias estabelecidas nos incisos I, II, III e IV do caput e no § 1º do art. 208 e as metas pertinentes do plano nacional de educação, nos termos previstos no art. 214 desta Constituição, sobre: (*Incluído pela Emenda Constitucional n. 108, de 2020*)

a) a organização dos fundos referidos no inciso I do caput deste artigo e a distribuição proporcional de seus recursos, as diferenças e as ponderações quanto ao valor anual por aluno entre etapas, modalidades, duração da jornada e tipos de estabelecimento de ensino, observados as respectivas especificidades e os insumos necessários para a garantia de sua qualidade; (*Incluído pela Emenda Constitucional n. 108, de 2020*)
b) a forma de cálculo do VAAF decorrente do inciso III do caput deste artigo e do VAAT referido no inciso VI do caput deste artigo; (*Incluído pela Emenda Constitucional n. 108, de 2020*)
c) a forma de cálculo para distribuição prevista na alínea "c" do inciso V do caput deste artigo; (*Incluído pela Emenda Constitucional n. 108, de 2020*)
d) a transparência, o monitoramento, a fiscalização e o controle interno, externo e social dos fundos referidos no inciso I do caput deste artigo, assegurada a criação, a autonomia, a manutenção e a consolidação de conselhos de acompanhamento e controle social, admitida sua integração aos conselhos de educação; (*Incluído pela Emenda Constitucional n. 108, de 2020*)
e) o conteúdo e a periodicidade da avaliação, por parte do órgão responsável, dos efeitos redistributivos, da melhoria dos indicadores educacionais e da ampliação do atendimento; (*Incluído pela Emenda Constitucional n. 108, de 2020*)

XI proporção não inferior a 70% (setenta por cento) de cada fundo referido no inciso I do caput deste artigo, excluídos os recursos de que trata a alínea "c" do inciso V do caput deste artigo, será destinada ao pagamento dos profissionais da educação básica em efetivo exercício, observado, em relação aos recursos previstos na alínea "b" do inciso V do caput deste artigo, o percentual mínimo de 15% (quinze por cento) para despesas de capital; (*Incluído pela Emenda Constitucional n. 108, de 2020*)

XII lei específica disporá sobre o piso salarial profissional nacional para os profissionais do magistério da educação básica pública; (*Incluído pela Emenda Constitucional n. 108, de 2020*)

XIII a utilização dos recursos a que se refere o § 5º do art. 212 desta Constituição para a complementação da União ao Fundeb, referida no inciso V do caput deste artigo, é vedada. (*Incluído pela Emenda Constitucional n. 108, de 2020*)

§ 1º O cálculo do VAAT, referido no inciso VI do caput deste artigo, deverá considerar, além dos recursos previstos no inciso II do caput deste artigo, pelo menos, as seguintes disponibilidades: (*Incluído pela Emenda Constitucional n. 108, de 2020*)

I receitas de Estados, do Distrito Federal e de Municípios vinculadas à manutenção e ao desenvolvimento do ensino não integrantes dos fundos referidos no inciso I do caput deste artigo; (*Incluído pela Emenda Constitucional n. 108, de 2020*)

II cotas estaduais e municipais da arrecadação do salário-educação de que trata o § 6º do art. 212 desta Constituição; (*Incluído pela Emenda Constitucional n. 108, de 2020*)

III complementação da União transferida a Estados, ao Distrito Federal e a Municípios nos termos da alínea "a" do inciso V do caput deste artigo. (*Incluído pela Emenda Constitucional n. 108, de 2020*)

§ 2º Além das ponderações previstas na alínea "a" do inciso X do caput deste artigo, a lei definirá outras relativas ao nível socioeconômico dos educandos e aos indicadores de disponibilidade de recursos vinculados à educação e de potencial de arrecadação tributária de cada ente federado, bem como seus prazos de implementação. (*Incluído pela Emenda Constitucional n. 108, de 2020*)

§ 3º Será destinada à educação infantil a proporção de 50% (cinquenta por cento) dos recursos globais a que se refere a alínea "b" do inciso V do caput deste artigo, nos termos da lei. (*Incluído pela Emenda Constitucional n. 108, de 2020*)

Art. 213. Os recursos públicos serão destinados às escolas públicas, podendo ser dirigidos a escolas comunitárias, confessionais ou filantrópicas, definidas em lei, que:

I comprovem finalidade não-lucrativa e apliquem seus excedentes financeiros em educação;

II assegurem a destinação de seu patrimônio a outra escola comunitária, filantrópica ou confessional, ou ao Poder Público, no caso de encerramento de suas atividades.

§ 1º Os recursos de que trata este artigo poderão ser destinados a bolsas de estudo para o ensino fundamental e médio, na forma da lei, para os que demonstrarem insuficiência de recursos, quando houver falta de vagas e cursos regulares da rede pública na localidade da residência do educando, ficando o Poder Público obrigado a investir prioritariamente na expansão de sua rede na localidade.

§ 2º As atividades de pesquisa, de extensão e de estímulo e fomento à inovação realizadas por universidades e/ou por instituições de educação profissional e tecnológica poderão receber apoio financeiro do Poder Público. (*Redação dada pela Emenda Constitucional n. 85, de 2015*)

Art. 214. A lei estabelecerá o plano nacional de educação, de duração decenal, com o objetivo de articular o sistema nacional de educação em regime de colaboração e definir diretrizes, objetivos, metas e estratégias de implementação para assegurar a manutenção e desenvolvimento do ensino em seus diversos níveis, etapas e modalidades por meio de ações integradas dos poderes públicos das diferentes esferas federativas que conduzam a: (*Redação dada pela Emenda Constitucional n. 59, de 2009*)

I erradicação do analfabetismo;

II universalização do atendimento escolar;

III melhoria da qualidade do ensino;

IV formação para o trabalho;

V promoção humanística, científica e tecnológica do País.

VI estabelecimento de meta de aplicação de recursos públicos em educação como proporção do produto interno bruto. (*Incluído pela Emenda Constitucional n. 59, de 2009*)

Seção II – Da Cultura

Art. 215. O Estado garantirá a todos o pleno exercício dos direitos culturais e acesso às fontes da cultura nacional, e apoiará e incentivará a valorização e a difusão das manifestações culturais.

§ 1º O Estado protegerá as manifestações das culturas populares, indígenas e afro-brasileiras, e das de outros grupos participantes do processo civilizatório nacional.

2º A lei disporá sobre a fixação de datas comemorativas de alta significação para os diferentes segmentos étnicos nacionais.

3º A lei estabelecerá o Plano Nacional de Cultura, de duração plurianual, visando ao desenvolvimento cultural do País e à integração das ações do poder público que conduzem à: (*Incluído pela Emenda Constitucional n. 48, de 2005*)

I defesa e valorização do patrimônio cultural brasileiro; (*Incluído pela Emenda Constitucional n. 48, de 2005*)

II produção, promoção e difusão de bens culturais; (*Incluído pela Emenda Constitucional n. 48, de 2005*)

III formação de pessoal qualificado para a gestão da cultura em suas múltiplas dimensões; (*Incluído pela Emenda Constitucional n. 48, de 2005*)

IV democratização do acesso aos bens de cultura; (*Incluído pela Emenda Constitucional n. 48, de 2005*)

V valorização da diversidade étnica e regional. (*Incluído pela Emenda Constitucional n. 48, de 2005*)

Art. 216. Constituem patrimônio cultural brasileiro os bens de natureza material e imaterial, tomados individualmente ou em conjunto, portadores de referência à identidade, à ação, à memória dos diferentes grupos formadores da sociedade brasileira, nos quais se incluem:

I as formas de expressão;

II os modos de criar, fazer e viver;

III as criações científicas, artísticas e tecnológicas;

IV as obras, objetos, documentos, edificações e demais espaços destinados às manifestações artístico-culturais;

v os conjuntos urbanos e sítios de valor histórico, paisagístico, artístico, arqueológico, paleontológico, ecológico e científico.

§ 1º O Poder Público, com a colaboração da comunidade, promoverá e protegerá o patrimônio cultural brasileiro, por meio de inventários, registros, vigilância, tombamento e desapropriação, e de outras formas de acautelamento e preservação.

§ 2º Cabem à administração pública, na forma da lei, a gestão da documentação governamental e as providências para franquear sua consulta a quantos dela necessitem.[70]

§ 3º A lei estabelecerá incentivos para a produção e o conhecimento de bens e valores culturais.

§ 4º Os danos e ameaças ao patrimônio cultural serão punidos, na forma da lei.

§ 5º Ficam tombados todos os documentos e os sítios detentores de reminiscências históricas dos antigos quilombos.

§ 6º É facultado aos Estados e ao Distrito Federal vincular a fundo estadual de fomento à cultura até cinco décimos por cento de sua receita tributária líquida, para o financiamento de programas e projetos culturais, vedada a aplicação desses recursos no pagamento de: (*Incluído pela Emenda Constitucional n. 42, de 19.12.2003*)

I despesas com pessoal e encargos sociais; (*Incluído pela Emenda Constitucional n. 42, de 19.12.2003*)

II serviço da dívida; (*Incluído pela Emenda Constitucional n. 42, de 19.12.2003*)

III qualquer outra despesa corrente não vinculada diretamente aos investimentos ou ações apoiados. (*Incluído pela Emenda Constitucional n. 42, de 19.12.2003*)

Art. 216-A. O Sistema Nacional de Cultura, organizado em regime de colaboração, de forma descentralizada e participativa, institui um processo de gestão e promoção conjunta de políticas públicas de cultura, democráticas

---

70 Vide Lei n. 12.527, de 2011.

e permanentes, pactuadas entre os entes da Federação e a sociedade, tendo por objetivo promover o desenvolvimento humano, social e econômico com pleno exercício dos direitos culturais. (*Incluído pela Emenda Constitucional n. 71, de 2012*)

§ 1º O Sistema Nacional de Cultura fundamenta-se na política nacional de cultura e nas suas diretrizes, estabelecidas no Plano Nacional de Cultura, e rege-se pelos seguintes princípios: (*Incluído pela Emenda Constitucional n. 71, de 2012*)

I diversidade das expressões culturais; (*Incluído pela Emenda Constitucional n. 71, de 2012*)

II universalização do acesso aos bens e serviços culturais; (*Incluído pela Emenda Constitucional n. 71, de 2012*)

III fomento à produção, difusão e circulação de conhecimento e bens culturais; (*Incluído pela Emenda Constitucional n. 71, de 2012*)

IV cooperação entre os entes federados, os agentes públicos e privados atuantes na área cultural; (*Incluído pela Emenda Constitucional n. 71, de 2012*)

V integração e interação na execução das políticas, programas, projetos e ações desenvolvidas; (*Incluído pela Emenda Constitucional n. 71, de 2012*)

VI complementaridade nos papéis dos agentes culturais; (*Incluído pela Emenda Constitucional n. 71, de 2012*)

VII transversalidade das políticas culturais; (*Incluído pela Emenda Constitucional n. 71, de 2012*)

VIII autonomia dos entes federados e das instituições da sociedade civil; (*Incluído pela Emenda Constitucional n. 71, de 2012*)

IX transparência e compartilhamento das informações; (*Incluído pela Emenda Constitucional n. 71, de 2012*)

X democratização dos processos decisórios com participação e controle social; (*Incluído pela Emenda Constitucional n. 71, de 2012*)

XI descentralização articulada e pactuada da gestão, dos recursos e das ações; (*Incluído pela Emenda Constitucional n. 71, de 2012*)

XII ampliação progressiva dos recursos contidos nos orçamentos públicos para a cultura. (*Incluído pela Emenda Constitucional n. 71, de 2012*)

§ 2º Constitui a estrutura do Sistema Nacional de Cultura, nas respectivas esferas da Federação: (*Incluído pela Emenda Constitucional n. 71, de 2012)*

I órgãos gestores da cultura; (*Incluído pela Emenda Constitucional n. 71, de 2012*)

II conselhos de política cultural; (*Incluído pela Emenda Constitucional n. 71, de 2012*)

III conferências de cultura; (*Incluído pela Emenda Constitucional n. 71, de 2012*)

IV comissões intergestores; (*Incluído pela Emenda Constitucional n. 71, de 2012*)

V planos de cultura; (*Incluído pela Emenda Constitucional n. 71, de 2012*)

VI sistemas de financiamento à cultura; (*Incluído pela Emenda Constitucional n. 71, de 2012*)

VII sistemas de informações e indicadores culturais; (*Incluído pela Emenda Constitucional n. 71, de 2012*)

VIII programas de formação na área da cultura; e (*Incluído pela Emenda Constitucional n. 71, de 2012*)

IX sistemas setoriais de cultura. (*Incluído pela Emenda Constitucional n. 71, de 2012*)

§ 3º Lei federal disporá sobre a regulamentação do Sistema Nacional de Cultura, bem como de sua articulação com os demais sistemas nacionais ou políticas setoriais de governo. (*Incluído pela Emenda Constitucional n. 71, de 2012*)

§ 4º Os Estados, o Distrito Federal e os Municípios organizarão seus respectivos sistemas de cultura em leis próprias. (*Incluído pela Emenda Constitucional n. 71, de 2012*)

Seção III – Do Desporto

Art. 217. É dever do Estado fomentar práticas desportivas formais e não-formais, como direito de cada um, observados:

I a autonomia das entidades desportivas dirigentes e associações, quanto a sua organização e funcionamento;

II a destinação de recursos públicos para a promoção prioritária do desporto educacional e, em casos específicos, para a do desporto de alto rendimento;

III o tratamento diferenciado para o desporto profissional e o não-profissional;

IV a proteção e o incentivo às manifestações desportivas de criação nacional.

§ 1º O Poder Judiciário só admitirá ações relativas à disciplina e às competições desportivas após esgotarem-se as instâncias da justiça desportiva, regulada em lei.

§ 2º A justiça desportiva terá o prazo máximo de sessenta dias, contados da instauração do processo, para proferir decisão final.

§ 3º O Poder Público incentivará o lazer, como forma de promoção social.

DA CIÊNCIA, TECNOLOGIA E INOVAÇÃO
(*Redação dada pela Emenda Constitucional n. 85, de 2015*)

Art. 218. O Estado promoverá e incentivará o desenvolvimento científico, a pesquisa, a capacitação científica e tecnológica e a inovação. (*Redação dada pela Emenda Constitucional n. 85, de 2015*)

§ 1º A pesquisa científica básica e tecnológica receberá tratamento prioritário do Estado, tendo em vista o bem público e o progresso da ciência, tecnologia e inovação. (*Redação dada pela Emenda Constitucional n. 85, de 2015*)

§ 2º A pesquisa tecnológica voltar-se-á preponderantemente para a solução dos problemas brasileiros e para o desenvolvimento do sistema produtivo nacional e regional.

§ 3º O Estado apoiará a formação de recursos humanos nas áreas de ciência, pesquisa, tecnologia e inovação, inclusive por meio do apoio às atividades de extensão tecnológica, e concederá aos que delas se ocupem meios e condições especiais de trabalho. (*Redação dada pela Emenda Constitucional n. 85, de 2015*)

§ 4º A lei apoiará e estimulará as empresas que invistam em pesquisa, criação de tecnologia adequada ao País, formação e aperfeiçoamento de seus recursos humanos e que pratiquem sistemas de remuneração que assegurem ao empregado, desvinculada do salário, participação nos ganhos econômicos resultantes da produtividade de seu trabalho.

§ 5º É facultado aos Estados e ao Distrito Federal vincular parcela de sua receita orçamentária a entidades públicas de fomento ao ensino e à pesquisa científica e tecnológica.

§ 6º O Estado, na execução das atividades previstas no caput, estimulará a articulação entre entes, tanto públicos quanto privados, nas diversas esferas de governo. (*Incluído pela Emenda Constitucional n. 85, de 2015*)

§ 7º O Estado promoverá e incentivará a atuação no exterior das instituições públicas de ciência, tecnologia e inovação, com vistas à execução das atividades previstas no caput. (*Incluído pela Emenda Constitucional n. 85, de 2015*)

Art. 219. O mercado interno integra o patrimônio nacional e será incentivado de modo a viabilizar o desenvolvimento cultural e sócio-econômico, o bem-estar da população e a autonomia tecnológica do País, nos termos de lei federal.

Parágrafo único. O Estado estimulará a formação e o fortalecimento da inovação nas empresas, bem como nos demais entes, públicos ou privados, a constituição e a manutenção de parques e polos tecnológicos e de demais ambientes promotores da inovação, a atuação dos inventores independentes e a criação, absorção, difusão e transferência de tecnologia. (*Incluído pela Emenda Constitucional n. 85, de 2015*)

Art. 219-A. A União, os Estados, o Distrito Federal e os Municípios poderão firmar instrumentos de cooperação com órgãos e entidades públicos e com entidades privadas, inclusive para o compartilhamento de recursos humanos especializados e capacidade instalada, para a execução de projetos de pesquisa, de desenvolvimento científico e tecnológico e de inovação, mediante contrapartida financeira ou não financeira assumida pelo ente beneficiário, na forma da lei. (*Incluído pela Emenda Constitucional n. 85, de 2015*)

Art. 219-B. O Sistema Nacional de Ciência, Tecnologia e Inovação (SNCTI) será organizado em regime de colaboração entre entes, tanto públicos quanto privados, com vistas a promover o desenvolvimento científico e tecnológico e a inovação. (*Incluído pela Emenda Constitucional n. 85, de 2015*)

§ 1º Lei federal disporá sobre as normas gerais do SNCTI. (*Incluído pela Emenda Constitucional n. 85, de 2015*)

§ 2º Os Estados, o Distrito Federal e os Municípios legislarão concorrentemente sobre suas peculiaridades. (*Incluído pela Emenda Constitucional n. 85, de 2015*)

DA COMUNICAÇÃO SOCIAL

Art. 220. A manifestação do pensamento, a criação, a expressão e a informação, sob qualquer forma, processo ou veículo não sofrerão qualquer restrição, observado o disposto nesta Constituição.

§ 1º Nenhuma lei conterá dispositivo que possa constituir embaraço à plena liberdade de informação jornalística em qualquer veículo de comunicação social, observado o disposto no art. 5º, IV, V, X, XIII e XIV.

§ 2º É vedada toda e qualquer censura de natureza política, ideológica e artística.

§ 3º Compete à lei federal:

I regular as diversões e espetáculos públicos, cabendo ao Poder Público informar sobre a natureza deles, as faixas etárias a que não se recomendem, locais e horários em que sua apresentação se mostre inadequada;

II estabelecer os meios legais que garantam à pessoa e à família a possibilidade de se defenderem de programas ou programações de rádio e televisão que contrariem o disposto no art. 221, bem como da propaganda de produtos, práticas e serviços que possam ser nocivos à saúde e ao meio ambiente.

§ 4º A propaganda comercial de tabaco, bebidas alcoólicas, agrotóxicos, medicamentos e terapias estará sujeita a restrições legais, nos termos do inciso II do parágrafo anterior, e conterá, sempre que necessário, advertência sobre os malefícios decorrentes de seu uso.

§ 5º Os meios de comunicação social não podem, direta ou indiretamente, ser objeto de monopólio ou oligopólio.

§ 6º A publicação de veículo impresso de comunicação independe de licença de autoridade.

Art. 221. A produção e a programação das emissoras de rádio e televisão atenderão aos seguintes princípios:

I preferência a finalidades educativas, artísticas, culturais e informativas;

II promoção da cultura nacional e regional e estímulo à produção independente que objetive sua divulgação;

III regionalização da produção cultural, artística e jornalística, conforme percentuais estabelecidos em lei;

IV respeito aos valores éticos e sociais da pessoa e da família.

Art. 222. A propriedade de empresa jornalística e de radiodifusão sonora e de sons e imagens é privativa de brasileiros natos ou naturalizados há mais de dez anos, ou de pessoas jurídicas constituídas sob as leis brasileiras e que tenham sede no País. (*Redação dada pela Emenda Constitucional n. 36, de 2002*)

§ 1º Em qualquer caso, pelo menos setenta por cento do capital total e do capital votante das empresas jornalísticas e de radiodifusão sonora e de sons e imagens deverá pertencer, direta ou indiretamente, a brasileiros natos ou naturalizados há mais de dez anos, que exercerão obrigatoriamente a gestão das atividades e estabelecerão o conteúdo da programação. (*Redação dada pela Emenda Constitucional n. 36, de 2002*)

§ 2º A responsabilidade editorial e as atividades de seleção e direção da programação veiculada são privativas de brasileiros natos ou naturalizados há mais de dez anos, em qualquer meio de comunicação social. (*Redação dada pela Emenda Constitucional n. 36, de 2002*)

§ 3º Os meios de comunicação social eletrônica, independentemente da tecnologia utilizada para a prestação do serviço, deverão observar os princípios enunciados no art. 221, na forma de lei específica, que também garantirá a prioridade de profissionais brasileiros na execução de produções nacionais. (*Incluído pela Emenda Constitucional n. 36, de 2002*)

§ 4º Lei disciplinará a participação de capital estrangeiro nas empresas de que trata o § 1º. (*Incluído pela Emenda Constitucional n. 36, de 2002*)

§ 5º As alterações de controle societário das empresas de que trata o § 1º serão comunicadas ao Congresso Nacional. (*Incluído pela Emenda Constitucional n. 36, de 2002*)

Art. 223. Compete ao Poder Executivo outorgar e renovar concessão, permissão e autorização para o serviço de radiodifusão sonora e de sons e imagens, observado o princípio da complementaridade dos sistemas privado, público e estatal.

§ 1º O Congresso Nacional apreciará o ato no prazo do art. 64, § 2º e § 4º, a contar do recebimento da mensagem.

§ 2º A não renovação da concessão ou permissão dependerá de aprovação de, no mínimo, dois quintos do Congresso Nacional, em votação nominal.

§ 3º O ato de outorga ou renovação somente produzirá efeitos legais após deliberação do Congresso Nacional, na forma dos parágrafos anteriores.

§ 4º O cancelamento da concessão ou permissão, antes de vencido o prazo, depende de decisão judicial.

§ 5º O prazo da concessão ou permissão será de dez anos para as emissoras de rádio e de quinze para as de televisão.

Art. 224. Para os efeitos do disposto neste capítulo, o Congresso Nacional instituirá, como seu órgão auxiliar, o Conselho de Comunicação Social, na forma da lei.

CAPÍTULO VI

DO MEIO AMBIENTE

Art. 225. Todos têm direito ao meio ambiente ecologicamente equilibrado, bem de uso comum do povo e essencial à sadia qualidade de vida, impondo-se ao Poder Público e à coletividade o dever de defendê-lo e preservá-lo para as presentes e futuras gerações.

§ 1º Para assegurar a efetividade desse direito, incumbe ao Poder Público:

I preservar e restaurar os processos ecológicos essenciais e prover o manejo ecológico das espécies e ecossistemas;

II preservar a diversidade e a integridade do patrimônio genético do País e fiscalizar as entidades dedicadas à pesquisa e manipulação de material genético;

III definir, em todas as unidades da Federação, espaços territoriais e seus componentes a serem especialmente protegidos, sendo a alteração e a supressão permitidas somente através de lei, vedada qualquer utilização que comprometa a integridade dos atributos que justifiquem sua proteção;

IV exigir, na forma da lei, para instalação de obra ou atividade potencialmente causadora de significativa degradação do meio ambiente, estudo prévio de impacto ambiental, a que se dará publicidade;

V controlar a produção, a comercialização e o emprego de técnicas, métodos e substâncias que comportem risco para a vida, a qualidade de vida e o meio ambiente;

VI promover a educação ambiental em todos os níveis de ensino e a conscientização pública para a preservação do meio ambiente;

VII proteger a fauna e a flora, vedadas, na forma da lei, as práticas que coloquem em risco sua função ecológica, provoquem a extinção de espécies ou submetam os animais a crueldade.

VIII manter regime fiscal favorecido para os biocombustíveis destinados ao consumo final, na forma de lei complementar, a fim de assegurar-lhes tributação inferior à incidente sobre os combustíveis fósseis, capaz de garantir diferencial competitivo em relação a estes, especialmente em relação às contribuições de que tratam a alínea "b" do inciso I e o inciso IV do caput do art. 195 e o art. 239 e ao imposto a que se refere o inciso II do caput do art. 155 desta Constituição. (*Incluído pela Emenda Constitucional n. 123, de 2022*)

§ 2º Aquele que explorar recursos minerais fica obrigado a recuperar o meio ambiente degradado, de acordo com solução técnica exigida pelo órgão público competente, na forma da lei.

§ 3º As condutas e atividades consideradas lesivas ao meio ambiente sujeitarão os infratores, pessoas físicas ou jurídicas, a sanções penais e administrativas, independentemente da obrigação de reparar os danos causados.

§ 4º A Floresta Amazônica brasileira, a Mata Atlântica, a Serra do Mar, o Pantanal Mato-Grossense e a Zona Costeira são patrimônio nacional, e sua utilização far-se-á, na forma da lei, dentro de condições que assegurem a preservação do meio ambiente, inclusive quanto ao uso dos recursos naturais.

§ 5º São indisponíveis as terras devolutas ou arrecadadas pelos Estados, por ações discriminatórias, necessárias à proteção dos ecossistemas naturais.

§ 6º As usinas que operem com reator nuclear deverão ter sua localização definida em lei federal, sem o que não poderão ser instaladas.

§ 7º Para fins do disposto na parte final do inciso VII do § 1º deste artigo, não se consideram cruéis as práticas desportivas que utilizem animais, desde que sejam manifestações culturais, conforme o § 1º do art. 215 desta Constituição Federal, registradas como bem de natureza imaterial integrante do patrimônio cultural brasileiro, devendo ser regulamentadas por lei específica que assegure o bem-estar dos animais envolvidos. (*Incluído pela Emenda Constitucional n. 96, de 2017*)

CAPÍTULO VII

DA FAMÍLIA, DA CRIANÇA, DO ADOLESCENTE, DO JOVEM E DO IDOSO

(*Redação dada Pela Emenda Constitucional n. 65, de 2010*)

Art. 226. A família, base da sociedade, tem especial proteção do Estado.

§ 1º O casamento é civil e gratuita a celebração.

§ 2º O casamento religioso tem efeito civil, nos termos da lei.

§ 3º Para efeito da proteção do Estado, é reconhecida a união estável entre o homem e a mulher como entidade familiar, devendo a lei facilitar sua conversão em casamento.

§ 4º Entende-se, também, como entidade familiar a comunidade formada por qualquer dos pais e seus descendentes.

§ 5º Os direitos e deveres referentes à sociedade conjugal são exercidos igualmente pelo homem e pela mulher.

§ 6º O casamento civil pode ser dissolvido pelo divórcio. (*Redação dada Pela Emenda Constitucional n. 66, de 2010*)

§ 7º Fundado nos princípios da dignidade da pessoa humana e da paternidade responsável, o planejamento familiar é livre decisão do casal, competindo ao Estado propiciar recursos educacionais e científicos para o exercício desse direito, vedada qualquer forma coercitiva por parte de instituições oficiais ou privadas.

§ 8º O Estado assegurará a assistência à família na pessoa de cada um dos que a integram, criando mecanismos para coibir a violência no âmbito de suas relações.

Art. 227. É dever da família, da sociedade e do Estado assegurar à criança, ao adolescente e ao jovem, com absoluta prioridade, o direito à vida, à saúde, à alimentação, à educação, ao lazer, à profissionalização, à cultura, à dignidade, ao respeito, à liberdade e à convivência familiar e comunitária, além de colocá-los a salvo de toda forma de negligência, discriminação, exploração, violência, crueldade e opressão. (*Redação dada Pela Emenda Constitucional n. 65, de 2010*)

§ 1º O Estado promoverá programas de assistência integral à saúde da criança, do adolescente e do jovem, admitida a participação de entidades não governamentais, mediante políticas específicas e obedecendo aos seguintes preceitos: (*Redação dada Pela Emenda Constitucional n. 65, de 2010*)

I aplicação de percentual dos recursos públicos destinados à saúde na assistência materno-infantil;

II criação de programas de prevenção e atendimento especializado para as pessoas portadoras de deficiência física, sensorial ou mental, bem como de integração social do adolescente e do jovem portador de deficiência, mediante o treinamento para o trabalho e a convivência, e a facilitação do acesso aos bens e serviços coletivos, com a eliminação de obstáculos arquitetônicos e de todas as formas de discriminação. (*Redação dada Pela Emenda Constitucional n. 65, de 2010*)

§ 2º A lei disporá sobre normas de construção dos logradouros e dos edifícios de uso público e de fabricação de veículos de transporte coletivo, a fim de garantir acesso adequado às pessoas portadoras de deficiência.

§ 3º O direito a proteção especial abrangerá os seguintes aspectos:

I idade mínima de quatorze anos para admissão ao trabalho, observado o disposto no art. 7º, XXXIII;

II garantia de direitos previdenciários e trabalhistas;

III garantia de acesso do trabalhador adolescente e jovem à escola; (*Redação dada Pela Emenda Constitucional n. 65, de 2010*)

IV garantia de pleno e formal conhecimento da atribuição de ato infracional, igualdade na relação processual e defesa técnica por profissional habilitado, segundo dispuser a legislação tutelar específica;

V obediência aos princípios de brevidade, excepcionalidade e respeito à condição peculiar de pessoa em desenvolvimento, quando da aplicação de qualquer medida privativa da liberdade;

VI estímulo do Poder Público, através de assistência jurídica, incentivos fiscais e subsídios, nos termos da lei, ao acolhimento, sob a forma de guarda, de criança ou adolescente órfão ou abandonado;

VII programas de prevenção e atendimento especializado à criança, ao adolescente e ao jovem dependente de entorpecentes e drogas afins. (*Redação dada Pela Emenda Constitucional n. 65, de 2010*)

§ 4º A lei punirá severamente o abuso, a violência e a exploração sexual da criança e do adolescente.

§ 5º A adoção será assistida pelo Poder Público, na forma da lei, que estabelecerá casos e condições de sua efetivação por parte de estrangeiros.

§ 6º Os filhos, havidos ou não da relação do casamento, ou por adoção, terão os mesmos direitos e qualificações, proibidas quaisquer designações discriminatórias relativas à filiação.

§ 7º No atendimento dos direitos da criança e do adolescente levar-se- á em consideração o disposto no art. 204.

§ 8º A lei estabelecerá: (*Incluído Pela Emenda Constitucional n. 65, de 2010*)

I o estatuto da juventude, destinado a regular os direitos dos jovens; (*Incluído Pela Emenda Constitucional n. 65, de 2010*)

II o plano nacional de juventude, de duração decenal, visando à articulação das várias esferas do poder público para a execução de políticas públicas. (*Incluído Pela Emenda Constitucional n. 65, de 2010*)

Art. 228. São penalmente inimputáveis os menores de dezoito anos, sujeitos às normas da legislação especial.

Art. 229. Os pais têm o dever de assistir, criar e educar os filhos menores, e os filhos maiores têm o dever de ajudar e amparar os pais na velhice, carência ou enfermidade.

Art. 230. A família, a sociedade e o Estado têm o dever de amparar as pessoas idosas, assegurando sua participação na comunidade, defendendo sua dignidade e bem-estar e garantindo-lhes o direito à vida.

§ 1º Os programas de amparo aos idosos serão executados preferencialmente em seus lares.

§ 2º Aos maiores de sessenta e cinco anos é garantida a gratuidade dos transportes coletivos urbanos.

CAPÍTULO VIII

DOS ÍNDIOS

Art. 231. São reconhecidos aos índios sua organização social, costumes, línguas, crenças e tradições, e os direitos originários sobre as terras que tradicionalmente ocupam, competindo à União demarcá-las, proteger e fazer respeitar todos os seus bens.

§ 1º São terras tradicionalmente ocupadas pelos índios as por eles habitadas em caráter permanente, as utilizadas para suas atividades produtivas, as imprescindíveis à preservação dos recursos ambientais necessários a seu bem-estar e as necessárias a sua reprodução física e cultural, segundo seus usos, costumes e tradições.

§ 2º As terras tradicionalmente ocupadas pelos índios destinam-se a sua posse permanente, cabendo-lhes o usufruto exclusivo das riquezas do solo, dos rios e dos lagos nelas existentes.

§ 3º O aproveitamento dos recursos hídricos, incluídos os potenciais energéticos, a pesquisa e a lavra das riquezas minerais em terras indígenas só podem ser efetivados com autorização do Congresso Nacional, ouvidas as comunidades afetadas, ficando-lhes assegurada participação nos resultados da lavra, na forma da lei.

§ 4º As terras de que trata este artigo são inalienáveis e indisponíveis, e os direitos sobre elas, imprescritíveis.

§ 5º É vedada a remoção dos grupos indígenas de suas terras, salvo, "ad referendum" do Congresso Nacional, em caso de catástrofe ou epidemia que ponha em risco sua população, ou no interesse da soberania do País, após deliberação do Congresso Nacional, garantido, em qualquer hipótese, o retorno imediato logo que cesse o risco.

§ 6º São nulos e extintos, não produzindo efeitos jurídicos, os atos que tenham por objeto a ocupação, o domínio e a posse das terras a que se refere este artigo, ou a exploração das riquezas naturais do solo, dos rios e dos lagos nelas existentes, ressalvado relevante interesse público da União, segundo o que dispuser lei complementar, não gerando a nulidade e a extinção direito a indenização ou a ações contra a União, salvo, na forma da lei, quanto às benfeitorias derivadas da ocupação de boa fé.

§ 7º Não se aplica às terras indígenas o disposto no art. 174, § 3º e § 4º.

Art. 232. Os índios, suas comunidades e organizações são partes legítimas para ingressar em juízo em defesa de seus direitos e interesses, intervindo o Ministério Público em todos os atos do processo.

TÍTULO IX

DAS DISPOSIÇÕES CONSTITUCIONAIS GERAIS

Art. 233. (*Revogado pela Emenda Constitucional n. 28, de 2000*)

Art. 234. É vedado à União, direta ou indiretamente, assumir, em decorrência da criação de Estado, encargos referentes a despesas com pessoal inativo e com encargos e amortizações da dívida interna ou externa da administração pública, inclusive da indireta.

Art. 235. Nos dez primeiros anos da criação de Estado, serão observadas as seguintes normas básicas:

I a Assembléia Legislativa será composta de dezessete Deputados se a população do Estado for inferior a seiscentos mil habitantes, e de vinte e quatro, se igual ou superior a esse número, até um milhão e quinhentos mil;

II o Governo terá no máximo dez Secretarias;

III o Tribunal de Contas terá três membros, nomeados, pelo Governador eleito, dentre brasileiros de comprovada idoneidade e notório saber;

IV o Tribunal de Justiça terá sete Desembargadores;

V os primeiros Desembargadores serão nomeados pelo Governador eleito, escolhidos da seguinte forma:

a) cinco dentre os magistrados com mais de trinta e cinco anos de idade, em exercício na área do novo Estado ou do Estado originário;
b) dois dentre promotores, nas mesmas condições, e advogados de comprovada idoneidade e saber jurídico, com dez anos, no mínimo, de exercício profissional, obedecido o procedimento fixado na Constituição;

VI no caso de Estado proveniente de Território Federal, os cinco primeiros Desembargadores poderão ser escolhidos dentre juízes de direito de qualquer parte do País;

VII em cada Comarca, o primeiro Juiz de Direito, o primeiro Promotor de Justiça e o primeiro Defensor Público serão nomeados pelo Governador eleito após concurso público de provas e títulos;

VIII até a promulgação da Constituição Estadual, responderão pela Procuradoria-Geral, pela Advocacia-Geral e pela Defensoria-Geral do Estado advogados de notório saber, com trinta e cinco anos de idade, no mínimo, nomeados pelo Governador eleito e demissíveis "ad nutum";

IX se o novo Estado for resultado de transformação de Território Federal, a transferência de encargos financeiros da União para pagamento dos servidores optantes que pertenciam à Administração Federal ocorrerá da seguinte forma:

a) no sexto ano de instalação, o Estado assumirá vinte por cento dos encargos financeiros para fazer face ao pagamento dos servidores públicos, ficando ainda o restante sob a responsabilidade da União;
b) no sétimo ano, os encargos do Estado serão acrescidos de trinta por cento e, no oitavo, dos restantes cinqüenta por cento;

X as nomeações que se seguirem às primeiras, para os cargos mencionados neste artigo, serão disciplinadas na Constituição Estadual;

XI as despesas orçamentárias com pessoal não poderão ultrapassar cinquenta por cento da receita do Estado.

Art. 236. Os serviços notariais e de registro são exercidos em caráter privado, por delegação do Poder Público.

§ 1º Lei regulará as atividades, disciplinará a responsabilidade civil e criminal dos notários, dos oficiais de registro e de seus prepostos, e definirá a fiscalização de seus atos pelo Poder Judiciário.

§ 2º Lei federal estabelecerá normas gerais para fixação de emolumentos relativos aos atos praticados pelos serviços notariais e de registro.

§ 3º O ingresso na atividade notarial e de registro depende de concurso público de provas e títulos, não se permitindo que qualquer serventia fique vaga, sem abertura de concurso de provimento ou de remoção, por mais de seis meses.

Art. 237. A fiscalização e o controle sobre o comércio exterior, essenciais à defesa dos interesses fazendários nacionais, serão exercidos pelo Ministério da Fazenda.

Art. 238. A lei ordenará a venda e revenda de combustíveis de petróleo, álcool carburante e outros combustíveis derivados de matérias-primas renováveis, respeitados os princípios desta Constituição.

Art. 239. A arrecadação decorrente das contribuições para o Programa de Integração Social, criado pela Lei Complementar n. 7, de 7 de setembro de 1970, e para o Programa de Formação do Patrimônio do Servidor Público, criado pela Lei Complementar n. 8, de 3 de dezembro de 1970, passa, a partir da promulgação desta Constituição, a financiar, nos termos que a lei dispuser, o programa do seguro-desemprego, outras ações da previdência social e o abono de que trata o § 3º deste artigo. (*Redação dada pela Emenda Constitucional n. 103, de 2019*)

§ 1º Dos recursos mencionados no caput, no mínimo 28% (vinte e oito por cento) serão destinados para o financiamento de programas de desenvolvimento econômico, por meio do Banco Nacional de Desenvolvimento Econômico e Social, com critérios de remuneração que preservem o seu valor. (*Redação dada pela Emenda Constitucional n. 103, de 2019*)

§ 2º Os patrimônios acumulados do Programa de Integração Social e do Programa de Formação do Patrimônio do Servidor Público são preservados, mantendo-se os critérios de saque nas situações previstas nas leis específicas, com exceção da retirada por motivo de casamento, ficando vedada a distribuição da arrecadação de que trata o "caput" deste artigo, para depósito nas contas individuais dos participantes.

§ 3º Aos empregados que percebam de empregadores que contribuem para o Programa de Integração Social ou para o Programa de Formação do Patrimônio do Servidor Público, até dois salários mínimos de remuneração mensal, é assegurado o pagamento de um salário mínimo anual, computado neste valor o rendimento das contas individuais, no caso daqueles que já participavam dos referidos programas, até a data da promulgação desta Constituição.

§ 4º O financiamento do seguro-desemprego receberá uma contribuição adicional da empresa cujo índice de rotatividade da força de trabalho superar o índice médio da rotatividade do setor, na forma estabelecida por lei.

§ 5º Os programas de desenvolvimento econômico financiados na forma do § 1º e seus resultados serão anualmente avaliados e divulgados em meio de comunicação social eletrônico e apresentados em reunião da comissão mista permanente de que trata o § 1º do art. 166. (*Incluído pela Emenda Constitucional n. 103, de 2019*)

Art. 240. Ficam ressalvadas do disposto no art. 195 as atuais contribuições compulsórias dos empregadores sobre a folha de salários, destinadas às entidades privadas de serviço social e de formação profissional vinculadas ao sistema sindical.

Art. 241. A União, os Estados, o Distrito Federal e os Municípios disciplinarão por meio de lei os consórcios públicos e os convênios de cooperação entre os entes federados, autorizando a gestão associada de serviços públicos, bem como a transferência total ou parcial de encargos, serviços, pessoal e bens essenciais à continuidade dos serviços transferidos. (*Redação dada pela Emenda Constitucional n. 19, de 1998*)

Art. 242. O princípio do art. 206, IV, não se aplica às instituições educacionais oficiais criadas por lei estadual ou municipal e existentes na data da promulgação desta Constituição, que não sejam total ou preponderantemente mantidas com recursos públicos.

§ 1º O ensino da História do Brasil levará em conta as contribuições das diferentes culturas e etnias para a formação do povo brasileiro.

§ 2º O Colégio Pedro II, localizado na cidade do Rio de Janeiro, será mantido na órbita federal.

Art. 243. As propriedades rurais e urbanas de qualquer região do País onde forem localizadas culturas ilegais de plantas psicotrópicas ou a exploração de trabalho escravo na forma da lei serão expropriadas e destinadas à reforma agrária e a programas de habitação popular, sem qualquer indenização ao proprietário e sem prejuízo de outras sanções previstas em lei, observado, no que couber, o disposto no art. 5º. (*Redação dada pela Emenda Constitucional n. 81, de 2014*)

Parágrafo único. Todo e qualquer bem de valor econômico apreendido em decorrência do tráfico ilícito de entorpecentes e drogas afins e da exploração de trabalho escravo será confiscado e reverterá a fundo especial com destinação específica, na forma da lei. (*Redação dada pela Emenda Constitucional n. 81, de 2014*)

Art. 244. A lei disporá sobre a adaptação dos logradouros, dos edifícios de uso público e dos veículos de transporte coletivo atualmente existentes a fim de garantir acesso adequado às pessoas portadoras de deficiência, conforme o disposto no art. 227, § 2º.

Art. 245. A lei disporá sobre as hipóteses e condições em que o Poder Público dará assistência aos herdeiros e dependentes carentes de pessoas vitimadas por crime doloso, sem prejuízo da responsabilidade civil do autor do ilícito.

Art. 246. É vedada a adoção de medida provisória na regulamentação de artigo da Constituição cuja redação tenha sido alterada por meio de emenda promulgada entre 1º de janeiro de 1995 até a promulgação desta emenda, inclusive. (Redação dada pela Emenda Constitucional n. 32, de 2001)

Art. 247. As leis previstas no inciso III do § 1º do art. 41 e no § 7º do art. 169 estabelecerão critérios e garantias especiais para a perda do cargo pelo servidor público estável que, em decorrência das atribuições de seu cargo efetivo, desenvolva atividades exclusivas de Estado. (*Incluído pela Emenda Constitucional n. 19, de 1998*)

Parágrafo único. Na hipótese de insuficiência de desempenho, a perda do cargo somente ocorrerá mediante processo administrativo em que lhe sejam assegurados o contraditório e a ampla defesa. (*Incluído pela Emenda Constitucional n. 19, de 1998*)

Art. 248. Os benefícios pagos, a qualquer título, pelo órgão responsável pelo regime geral de previdência social, ainda que à conta do Tesouro Nacional, e os não sujeitos ao limite máximo de valor fixado para os benefícios concedidos por esse regime observarão os limites fixados no art. 37, XI. (*Incluído pela Emenda Constitucional n. 20, de 1998*)

Art. 249. Com o objetivo de assegurar recursos para o pagamento de proventos de aposentadoria e pensões concedidas aos respectivos servidores e seus dependentes, em adição aos recursos dos respectivos tesouros, a União, os Estados, o Distrito Federal e os Municípios poderão constituir fundos integrados pelos recursos provenientes de contribuições e por bens, direitos e ativos de qualquer natureza, mediante lei que disporá sobre a natureza e administração desses fundos. (*Incluído pela Emenda Constitucional n. 20, de 1998*)

Art. 250. Com o objetivo de assegurar recursos para o pagamento dos benefícios concedidos pelo regime geral de previdência social, em adição aos recursos de sua arrecadação, a União poderá constituir fundo integrado por bens, direitos e ativos de qualquer natureza, mediante lei que disporá sobre a natureza e administração desse fundo. (*Incluído pela Emenda Constitucional n. 20, de 1998*)

Brasília, 5 de outubro de 1988.

Art. 1º. O Presidente da República, o Presidente do Supremo Tribunal Federal e os membros do Congresso Nacional prestarão o compromisso de manter, defender e cumprir a Constituição, no ato e na data de sua promulgação.

Art. 2º. No dia 7 de setembro de 1993 o eleitorado definirá, através de plebiscito, a forma (república ou monarquia constitucional) e o sistema de governo (parlamentarismo ou presidencialismo) que devem vigorar no País.[71]

§ 1º Será assegurada gratuidade na livre divulgação dessas formas e sistemas, através dos meios de comunicação de massa cessionários de serviço público.

§ 2º O Tribunal Superior Eleitoral, promulgada a Constituição, expedirá as normas regulamentadoras deste artigo.

Art. 3º. A revisão constitucional será realizada após cinco anos, contados da promulgação da Constituição, pelo voto da maioria absoluta dos membros do Congresso Nacional, em sessão unicameral.

Art. 4º. O mandato do atual Presidente da República terminará em 15 de março de 1990.

§ 1º A primeira eleição para Presidente da República após a promulgação da Constituição será realizada no dia 15 de novembro de 1989, não se lhe aplicando o disposto no art. 16 da Constituição.

§ 2º É assegurada a irredutibilidade da atual representação dos Estados e do Distrito Federal na Câmara dos Deputados.

§ 3º Os mandatos dos Governadores e dos Vice-Governadores eleitos em 15 de novembro de 1986 terminarão em 15 de março de 1991.

§ 4º Os mandatos dos atuais Prefeitos, Vice-Prefeitos e Vereadores terminarão no dia 1º de janeiro de 1989, com a posse dos eleitos.

---

71 Vide Emenda Constitucional n. 2, de 1992.

Art. 5º. Não se aplicam às eleições previstas para 15 de novembro de 1988 o disposto no art. 16 e as regras do art. 77 da Constituição.

§ 1º Para as eleições de 15 de novembro de 1988 será exigido domicílio eleitoral na circunscrição pelo menos durante os quatro meses anteriores ao pleito, podendo os candidatos que preencham este requisito, atendidas as demais exigências da lei, ter seu registro efetivado pela Justiça Eleitoral após a promulgação da Constituição.

§ 2º Na ausência de norma legal específica, caberá ao Tribunal Superior Eleitoral editar as normas necessárias à realização das eleições de 1988, respeitada a legislação vigente.

§ 3º Os atuais parlamentares federais e estaduais eleitos Vice-Prefeitos, se convocados a exercer a função de Prefeito, não perderão o mandato parlamentar.

§ 4º O número de vereadores por município será fixado, para a representação a ser eleita em 1988, pelo respectivo Tribunal Regional Eleitoral, respeitados os limites estipulados no art. 29, IV, da Constituição.

§ 5º Para as eleições de 15 de novembro de 1988, ressalvados os que já exercem mandato eletivo, são inelegíveis para qualquer cargo, no território de jurisdição do titular, o cônjuge e os parentes por consangüinidade ou afinidade, até o segundo grau, ou por adoção, do Presidente da República, do Governador de Estado, do Governador do Distrito Federal e do Prefeito que tenham exercido mais da metade do mandato.

Art. 6º. Nos seis meses posteriores à promulgação da Constituição, parlamentares federais, reunidos em número não inferior a trinta, poderão requerer ao Tribunal Superior Eleitoral o registro de novo partido político, juntando ao requerimento o manifesto, o estatuto e o programa devidamente assinados pelos requerentes.

§ 1º O registro provisório, que será concedido de plano pelo Tribunal Superior Eleitoral, nos termos deste artigo, defere ao novo partido todos os direitos, deveres e prerrogativas dos atuais, entre eles o de participar, sob legenda própria, das eleições que vierem a ser realizadas nos doze meses seguintes a sua formação.

§ 2º O novo partido perderá automaticamente seu registro provisório se, no prazo de vinte e quatro meses, contados de sua formação, não obtiver registro definitivo no Tribunal Superior Eleitoral, na forma que a lei dispuser.

Art. 7º. O Brasil propugnará pela formação de um tribunal internacional dos direitos humanos.

Art. 8º. É concedida anistia aos que, no período de 18 de setembro de 1946 até a data da promulgação da Constituição, foram atingidos, em decorrência de motivação exclusivamente política, por atos de exceção, institucionais ou complementares, aos que foram abrangidos pelo Decreto Legislativo n. 18, de 15 de dezembro de 1961, e aos atingidos pelo Decreto-Lei n. 864, de 12 de setembro de 1969, asseguradas as promoções, na inatividade, ao cargo, emprego, posto ou graduação a que teriam direito se estivessem em serviço ativo, obedecidos os prazos de permanência em atividade previstos nas leis e regulamentos vigentes, respeitadas as características e peculiaridades das carreiras dos servidores públicos civis e militares e observados os respectivos regimes jurídicos.

§ 1º O disposto neste artigo somente gerará efeitos financeiros a partir da promulgação da Constituição, vedada a remuneração de qualquer espécie em caráter retroativo.

§ 2º Ficam assegurados os benefícios estabelecidos neste artigo aos trabalhadores do setor privado, dirigentes e representantes sindicais que, por motivos exclusivamente políticos, tenham sido punidos, demitidos ou compelidos ao afastamento das atividades remuneradas que exerciam, bem como aos que foram impedidos de exercer atividades profissionais em virtude de pressões ostensivas ou expedientes oficiais sigilosos.

§ 3º Aos cidadãos que foram impedidos de exercer, na vida civil, atividade profissional específica, em decorrência das Portarias Reservadas do Ministério da Aeronáutica n. S-50-GM5, de 19 de junho de 1964, e n. S-285-GM5 será concedida reparação de natureza econômica, na forma que dispuser lei de iniciativa do Congresso Nacional e a entrar em vigor no prazo de doze meses a contar da promulgação da Constituição.

§ 4º Aos que, por força de atos institucionais, tenham exercido gratuitamente mandato eletivo de vereador serão computados, para efeito de aposentadoria no serviço público e previdência social, os respectivos períodos.

§ 5º A anistia concedida nos termos deste artigo aplica-se aos servidores públicos civis e aos empregados em todos os níveis de governo ou em suas fundações, empresas públicas ou empresas mistas sob controle estatal, exceto nos Ministérios militares, que tenham sido punidos ou demitidos por atividades profissionais interrompidas em virtude de decisão de seus trabalhadores, bem como em decorrência do Decreto-Lei n. 1.632, de 4 de agosto de 1978, ou por motivos exclusivamente políticos, assegurada a readmissão dos que foram atingidos a partir de 1979, observado o disposto no § 1º.

Art. 9º. Os que, por motivos exclusivamente políticos, foram cassados ou tiveram seus direitos políticos suspensos no período de 15 de julho a 31 de dezembro de 1969, por ato do então Presidente da República, poderão requerer ao Supremo Tribunal Federal o reconhecimento dos direitos e vantagens interrompidos pelos atos punitivos, desde que comprovem terem sido estes eivados de vício grave.

Parágrafo único. O Supremo Tribunal Federal proferirá a decisão no prazo de cento e vinte dias, a contar do pedido do interessado.

Art. 10. Até que seja promulgada a lei complementar a que se refere o art. 7º, I, da Constituição:

I fica limitada a proteção nele referida ao aumento, para quatro vezes, da porcentagem prevista no art. 6º, "caput" e § 1º, da Lei n. 5.107, de 13 de setembro de 1966;

II fica vedada a dispensa arbitrária ou sem justa causa:

a) do empregado eleito para cargo de direção de comissões internas de prevenção de acidentes, desde o registro de sua candidatura até um ano após o final de seu mandato;
b) da empregada gestante, desde a confirmação da gravi dez até cinco meses após o parto.[72]

§ 1º Até que a lei venha a disciplinar o disposto no art. 7º, XIX, da Constituição, o prazo da licença-paternidade a que se refere o inciso é de cinco dias.

§ 2º Até ulterior disposição legal, a cobrança das contribuições para o custeio das atividades dos sindicatos rurais será feita juntamente com a do imposto territorial rural, pelo mesmo órgão arrecadador.

§ 3º Na primeira comprovação do cumprimento das obrigações trabalhistas pelo empregador rural, na forma do art. 233, após a promulgação da

72 Vide Lei Complementar n. 146, de 2014.

Constituição, será certificada perante a Justiça do Trabalho a regularidade do contrato e das atualizações das obrigações trabalhistas de todo o período.

Art. 11. Cada Assembléia Legislativa, com poderes constituintes, elaborará a Constituição do Estado, no prazo de um ano, contado da promulgação da Constituição Federal, obedecidos os princípios desta.

Parágrafo único. Promulgada a Constituição do Estado, caberá à Câmara Municipal, no prazo de seis meses, votar a Lei Orgânica respectiva, em dois turnos de discussão e votação, respeitado o disposto na Constituição Federal e na Constituição Estadual.

Art. 12. Será criada, dentro de noventa dias da promulgação da Constituição, Comissão de Estudos Territoriais, com dez membros indicados pelo Congresso Nacional e cinco pelo Poder Executivo, com a finalidade de apresentar estudos sobre o território nacional e anteprojetos relativos a novas unidades territoriais, notadamente na Amazônia Legal e em áreas pendentes de solução.

§ 1º No prazo de um ano, a Comissão submeterá ao Congresso Nacional os resultados de seus estudos para, nos termos da Constituição, serem apreciados nos doze meses subsequentes, extinguindo-se logo após.

§ 2º Os Estados e os Municípios deverão, no prazo de três anos, a contar da promulgação da Constituição, promover, mediante acordo ou arbitramento, a demarcação de suas linhas divisórias atualmente litigiosas, podendo para isso fazer alterações e compensações de área que atendam aos acidentes naturais, critérios históricos, conveniências administrativas e comodidade das populações limítrofes.

§ 3º Havendo solicitação dos Estados e Municípios interessados, a União poderá encarregar-se dos trabalhos demarcatórios.

§ 4º Se, decorrido o prazo de três anos, a contar da promulgação da Constituição, os trabalhos demarcatórios não tiverem sido concluídos, caberá à União determinar os limites das áreas litigiosas.

§ 5º Ficam reconhecidos e homologados os atuais limites do Estado do Acre com os Estados do Amazonas e de Rondônia, conforme levantamentos cartográficos e geodésicos realizados pela Comissão Tripartite integrada por representantes dos Estados e dos serviços técnico-especializados do Instituto Brasileiro de Geografia e Estatística.

Art. 13. É criado o Estado do Tocantins, pelo desmembramento da área descrita neste artigo, dando-se sua instalação no quadragésimo sexto dia após a eleição prevista no § 3º, mas não antes de 1º de janeiro de 1989.

§ 1º O Estado do Tocantins integra a Região Norte e limita-se com o Estado de Goiás pelas divisas norte dos Municípios de São Miguel do Araguaia, Porangatu, Formoso, Minaçu, Cavalcante, Monte Alegre de Goiás e Campos Belos, conservando a leste, norte e oeste as divisas atuais de Goiás com os Estados da Bahia, Piauí, Maranhão, Pará e Mato Grosso.

§ 2º O Poder Executivo designará uma das cidades do Estado para sua Capital provisória até a aprovação da sede definitiva do governo pela Assembléia Constituinte.

§ 3º O Governador, o Vice-Governador, os Senadores, os Deputados Federais e os Deputados Estaduais serão eleitos, em um único turno, até setenta e cinco dias após a promulgação da Constituição, mas não antes de 15 de novembro de 1988, a critério do Tribunal Superior Eleitoral, obedecidas, entre outras, as seguintes normas:

I o prazo de filiação partidária dos candidatos será encerrado setenta e cinco dias antes da data das eleições;

II as datas das convenções regionais partidárias destinadas a deliberar sobre coligações e escolha de candidatos, de apresentação de requerimento de registro dos candidatos escolhidos e dos demais procedimentos legais serão fixadas, em calendário especial, pela Justiça Eleitoral;

III são inelegíveis os ocupantes de cargos estaduais ou munici pais que não se tenham deles afastado, em caráter definitivo, setenta e cinco dias antes da data das eleições previstas neste parágrafo;

IV ficam mantidos os atuais diretórios regionais dos partidos políticos do Estado de Goiás, cabendo às comissões executivas nacionais designar comissões provisórias no Estado do Tocantins, nos termos e para os fins previstos na lei.

§ 4º Os mandatos do Governador, do Vice-Governador, dos Deputados Federais e Estaduais eleitos na forma do parágrafo anterior extinguir-se-ão concomitantemente aos das demais unidades da Federação; o mandato do Senador eleito menos votado extinguir-se-á nessa mesma oportunidade, e os dos outros dois, juntamente com os dos Senadores eleitos em 1986 nos demais Estados.

§ 5º A Assembléia Estadual Constituinte será instalada no quadragésimo sexto dia da eleição de seus integrantes, mas não antes de 1º de janeiro de 1989, sob a presidência do Presidente do Tribunal Regional Eleitoral do Estado de Goiás, e dará posse, na mesma data, ao Governador e ao Vice-Governador eleitos.

§ 6º Aplicam-se à criação e instalação do Estado do Tocantins, no que couber, as normas legais disciplinadoras da divisão do Estado de Mato Grosso, observado o disposto no art. 234 da Constituição.

§ 7º Fica o Estado de Goiás liberado dos débitos e encargos decorrentes de empreendimentos no território do novo Estado, e autorizada a União, a seu critério, a assumir os referidos débitos.

Art. 14. Os Territórios Federais de Roraima e do Amapá são transformados em Estados Federados, mantidos seus atuais limites geográficos.

§ 1º A instalação dos Estados dar-se-á com a posse dos governadores eleitos em 1990.

§ 2º Aplicam-se à transformação e instalação dos Estados de Roraima e Amapá as normas e critérios seguidos na criação do Estado de Rondônia, respeitado o disposto na Constituição e neste Ato.

§ 3º O Presidente da República, até quarenta e cinco dias após a promulgação da Constituição, encaminhará à apreciação do Senado Federal os nomes dos governadores dos Estados de Roraima e do Amapá que exercerão o Poder Executivo até a instalação dos novos Estados com a posse dos governadores eleitos.

§ 4º Enquanto não concretizada a transformação em Estados, nos termos deste artigo, os Territórios Federais de Roraima e do Amapá serão beneficiados pela transferência de recursos prevista nos arts. 159, I, "a", da Constituição, e 34, § 2º, II, deste Ato.

Art. 15. Fica extinto o Território Federal de Fernando de Noronha, sendo sua área reincorporada ao Estado de Pernambuco.

Art. 16. Até que se efetive o disposto no art. 32, § 2º, da Constituição, caberá ao Presidente da República, com a aprovação do Senado Federal, indicar o Governador e o Vice-Governador do Distrito Federal.

§ 1º A competência da Câmara Legislativa do Distrito Federal, até que se instale, será exercida pelo Senado Federal.

§ 2º A fiscalização contábil, financeira, orçamentária, operacional e patrimonial do Distrito Federal, enquanto não for instalada a Câmara Legislativa, será exercida pelo Senado Federal, mediante controle externo, com o auxílio do Tribunal de Contas do Distrito Federal, observado o disposto no art. 72 da Constituição.

§ 3º Incluem-se entre os bens do Distrito Federal aqueles que lhe vierem a ser atribuídos pela União na forma da lei.

Art. 17. Os vencimentos, a remuneração, as vantagens e os adicionais, bem como os proventos de aposentadoria que estejam sendo percebidos em desacordo com a Constituição serão imediatamente reduzidos aos limites dela decorrentes, não se admitindo, neste caso, invocação de direito adquirido ou percepção de excesso a qualquer título.[73]

§ 1º É assegurado o exercício cumulativo de dois cargos ou empregos privativos de médico que estejam sendo exercidos por médico militar na administração pública direta ou indireta.

§ 2º É assegurado o exercício cumulativo de dois cargos ou empregos privativos de profissionais de saúde que estejam sendo exercidos na administração pública direta ou indireta.

Art. 18. Ficam extintos os efeitos jurídicos de qualquer ato legislativo ou administrativo, lavrado a partir da instalação da Assembléia Nacional Constituinte, que tenha por objeto a concessão de estabilidade a servidor admitido sem concurso público, da administração direta ou indireta, inclusive das fundações instituídas e mantidas pelo Poder Público.

Art. 18-A. Os atos administrativos praticados no Estado do Tocantins, decorrentes de sua instalação, entre 1º de janeiro de 1989 e 31 de dezembro de 1994, eivados de qualquer vício jurídico e dos quais decorram efeitos favoráveis para os destinatários ficam convalidados após 5 (cinco) anos, contados

---

73 Vide Emenda Constitucional n. 41, de 2003.

da data em que foram praticados, salvo comprovada má-fé. (*Redação dada pela Emenda constitucional n. 110, de 2021*)

Art. 19. Os servidores públicos civis da União, dos Estados, do Distrito Federal e dos Municípios, da administração direta, autárquica e das fundações públicas, em exercício na data da promulgação da Constituição, há pelo menos cinco anos continuados, e que não tenham sido admitidos na forma regulada no art. 37, da Constituição, são considerados estáveis no serviço público.

§ 1º O tempo de serviço dos servidores referidos neste artigo será contado como título quando se submeterem a concurso para fins de efetivação, na forma da lei.

§ 2º O disposto neste artigo não se aplica aos ocupantes de cargos, funções e empregos de confiança ou em comissão, nem aos que a lei declare de livre exoneração, cujo tempo de serviço não será computado para os fins do "caput" deste artigo, exceto se se tratar de servidor.

§ 3º O disposto neste artigo não se aplica aos professores de nível superior, nos termos da lei.

Art. 20. Dentro de cento e oitenta dias, proceder-se-á à revisão dos direitos dos servidores públicos inativos e pensionistas e à atualização dos proventos e pensões a eles devidos, a fim de ajustá-los ao disposto na Constituição.

Art. 21. Os juízes togados de investidura limitada no tempo, admitidos mediante concurso público de provas e títulos e que estejam em exercício na data da promulgação da Constituição, adquirem estabilidade, observado o estágio probatório, e passam a compor quadro em extinção, mantidas as competências, prerrogativas e restrições da legislação a que se achavam submetidos, salvo as inerentes à transitoriedade da investidura.

Parágrafo único. A aposentadoria dos juízes de que trata este artigo regular-se-á pelas normas fixadas para os demais juízes estaduais.

Art. 22. É assegurado aos defensores públicos investidos na função até a data de instalação da Assembléia Nacional Constituinte o direito de opção pela carreira, com a observância das garantias e vedações previstas no art. 134, parágrafo único, da Constituição.

Art. 23. Até que se edite a regulamentação do art. 21, XVI, da Constituição, os atuais ocupantes do cargo de censor federal continuarão exercendo funções com este compatíveis, no Departamento de Polícia Federal, observadas as disposições constitucionais.

Parágrafo único. A lei referida disporá sobre o aproveitamento dos Censores Federais, nos termos deste artigo.

Art. 24. A União, os Estados, o Distrito Federal e os Municípios editarão leis que estabeleçam critérios para a compatibilização de seus quadros de pessoal ao disposto no art. 39 da Constituição e à reforma administrativa dela decorrente, no prazo de dezoito meses, contados da sua promulgação.

Art. 25. Ficam revogados, a partir de cento e oitenta dias da promulgação da Constituição, sujeito este prazo a prorrogação por lei, todos os dispositivos legais que atribuam ou deleguem a órgão do Poder Executivo competência assinalada pela Constituição ao Congresso Nacional, especialmente no que tange a:

I ação normativa;

II alocação ou transferência de recursos de qualquer espécie.

§ 1º Os decretos-lei em tramitação no Congresso Nacional e por este não apreciados até a promulgação da Constituição terão seus efeitos regulados da seguinte forma:

I se editados até 2 de setembro de 1988, serão apreciados pelo Congresso Nacional no prazo de até cento e oitenta dias a contar da promulgação da Constituição, não computado o recesso parlamentar;

II decorrido o prazo definido no inciso anterior, e não havendo apreciação, os decretos-lei alí mencionados serão considera dos rejeitados;

III nas hipóteses definidas nos incisos I e II, terão plena validade os atos praticados na vigência dos respectivos decretos-lei, podendo o Congresso Nacional, se necessário, legislar sobre os efeitos deles remanescentes.

§ 2º Os decretos-lei editados entre 3 de setembro de 1988 e a promulgação da Constituição serão convertidos, nesta data, em medidas provisórias, aplicando-se-lhes as regras estabelecidas no art. 62, parágrafo único.

Art. 26. No prazo de um ano a contar da promulgação da Constituição, o Congresso Nacional promoverá, através de Comissão mista, exame analítico e pericial dos atos e fatos geradores do endividamento externo brasileiro.

§ 1º A Comissão terá a força legal de Comissão parlamentar de inquérito para os fins de requisição e convocação, e atuará com o auxílio do Tribunal de Contas da União.

§ 2º Apurada irregularidade, o Congresso Nacional proporá ao Poder Executivo a declaração de nulidade do ato e encaminhará o processo ao Ministério Público Federal, que formalizará, no prazo de sessenta dias, a ação cabível.

Art. 27. O Superior Tribunal de Justiça será instalado sob a Presidência do Supremo Tribunal Federal.

§ 1º Até que se instale o Superior Tribunal de Justiça, o Supremo Tribunal Federal exercerá as atribuições e competências definidas na ordem constitucional precedente.

§ 2º A composição inicial do Superior Tribunal de Justiça far-se-á:

I pelo aproveitamento dos Ministros do Tribunal Federal de Recursos;

II pela nomeação dos Ministros que sejam necessários para completar o número estabelecido na Constituição.

§ 3º Para os efeitos do disposto na Constituição, os atuais Ministros do Tribunal Federal de Recursos serão considerados pertencentes à classe de que provieram, quando de sua nomeação.

§ 4º Instalado o Tribunal, os Ministros aposentados do Tribunal Federal de Recursos tornar-se-ão, automaticamente, Ministros aposentados do Superior Tribunal de Justiça.

§ 5º Os Ministros a que se refere o § 2º, II, serão indicados em lista tríplice pelo Tribunal Federal de Recursos, observado o disposto no art. 104, parágrafo único, da Constituição.

§ 6º Ficam criados cinco Tribunais Regionais Federais, a serem instalados no prazo de seis meses a contar da promulgação da Constituição, com a jurisdição e sede que lhes fixar o Tribunal Federal de Recursos, tendo em conta o número de processos e sua localização geográfica.

§ 7º Até que se instalem os Tribunais Regionais Federais, o Tribunal Federal de Recursos exercerá a competência a eles atribuída em todo o território nacional, cabendo-lhe promover sua instalação e indicar os candidatos a todos os cargos da composição inicial, mediante lista tríplice, podendo desta constar juízes federais de qualquer região, observado o disposto no § 9º.

§ 8º É vedado, a partir da promulgação da Constituição, o provimento de vagas de Ministros do Tribunal Federal de Recursos.

§ 9º Quando não houver juiz federal que conte o tempo mínimo previsto no art. 107, II, da Constituição, a promoção poderá contemplar juiz com menos de cinco anos no exercício do cargo.

§ 10. Compete à Justiça Federal julgar as ações nela propostas até a data da promulgação da Constituição, e aos Tribunais Regionais Federais bem como ao Superior Tribunal de Justiça julgar as ações rescisórias das decisões até então proferidas pela Justiça Federal, inclusive daquelas cuja matéria tenha passado à competência de outro ramo do Judiciário.

§ 11. São criados, ainda, os seguintes Tribunais Regionais Federais: o da 6ª Região, com sede em Curitiba, Estado do Paraná, e jurisdição nos Estados do Paraná, Santa Catarina e Mato Grosso do Sul; o da 7ª Região, com sede em Belo Horizonte, Estado de Minas Gerais, e jurisdição no Estado de Minas Gerais; o da 8ª Região, com sede em Salvador, Estado da Bahia, e jurisdição nos Estados da Bahia e Sergipe; e o da 9ª Região, com sede em Manaus, Estado do Amazonas, e jurisdição nos Estados do Amazonas, Acre, Rondônia e Roraima.[74] (*Incluído pela Emenda Constitucional n. 73, de 2013*)

Art. 28. Os juízes federais de que trata o art. 123, § 2º, da Constituição de 1967, com a redação dada pela Emenda Constitucional n. 7, de 1977, ficam investidos na titularidade de varas na Seção Judiciária para a qual tenham sido nomeados ou designados; na inexistência de vagas, proceder-se-á ao desdobramento das varas existentes.

Parágrafo único. Para efeito de promoção por antiguidade, o tempo de serviço desses juízes será computado a partir do dia de sua posse.

---

74 Vide ADIN n. 5017.

Art. 29. Enquanto não aprovadas as leis complementares relativas ao Ministério Público e à Advocacia-Geral da União, o Ministério Público Federal, a Procuradoria-Geral da Fazenda Nacional, as Consultorias Jurídicas dos Ministérios, as Procuradorias e Departamentos Jurídicos de autarquias federais com representação própria e os membros das Procuradorias das Universidades fundacionais públicas continuarão a exercer suas atividades na área das respectivas atribuições.

§ 1º O Presidente da República, no prazo de cento e vinte dias, encaminhará ao Congresso Nacional projeto de lei complementar dispondo sobre a organização e o funcionamento da Advocacia-Geral da União.

§ 2º Aos atuais Procuradores da República, nos termos da lei complementar, será facultada a opção, de forma irretratável, entre as carreiras do Ministério Público Federal e da Advocacia-Geral da União.

§ 3º Poderá optar pelo regime anterior, no que respeita às garantias e vantagens, o membro do Ministério Público admitido antes da promulgação da Constituição, observando-se, quanto às vedações, a situação jurídica na data desta.

§ 4º Os atuais integrantes do quadro suplementar dos Ministérios Públicos do Trabalho e Militar que tenham adquirido estabilidade nessas funções passam a integrar o quadro da respectiva carreira.

§ 5º Cabe à atual Procuradoria-Geral da Fazenda Nacional, diretamente ou por delegação, que pode ser ao Ministério Público Estadual, representar judicialmente a União nas causas de natureza fiscal, na área da respectiva competência, até a promulgação das leis complementares previstas neste artigo.

Art. 30. A legislação que criar a justiça de paz manterá os atuais juízes de paz até a posse dos novos titulares, assegurando-lhes os direitos e atribuições conferidos a estes, e designará o dia para a eleição prevista no art. 98, II, da Constituição.

Art. 31. Serão estatizadas as serventias do foro judicial, assim definidas em lei, respeitados os direitos dos atuais titulares.

Art. 32. O disposto no art. 236 não se aplica aos serviços notariais e de registro que já tenham sido oficializados pelo Poder Público, respeitando-se o direito de seus servidores.

Art. 33. Ressalvados os créditos de natureza alimentar, o valor dos precatórios judiciais pendentes de pagamento na data da promulgação da Constituição, incluído o remanescente de juros e correção monetária, poderá ser pago em moeda corrente, com atualização, em prestações anuais, iguais e sucessivas, no prazo máximo de oito anos, a partir de 1º de julho de 1989, por decisão editada pelo Poder Executivo até cento e oitenta dias da promulgação da Constituição.[75]

Parágrafo único. Poderão as entidades devedoras, para o cumprimento do disposto neste artigo, emitir, em cada ano, no exato montante do dispêndio, títulos de dívida pública não computáveis para efeito do limite global de endividamento.

Art. 34. O sistema tributário nacional entrará em vigor a partir do primeiro dia do quinto mês seguinte ao da promulgação da Constituição, mantido, até então, o da Constituição de 1967, com a redação dada pela Emenda n. 1, de 1969, e pelas posteriores.

§ 1º Entrarão em vigor com a promulgação da Constituição os arts. 148, 149, 150, 154, I, 156, III, e 159, I, "c", revogadas as disposições em contrário da Constituição de 1967 e das Emendas que a modificaram, especialmente de seu art. 25, III.

§ 2º O Fundo de Participação dos Estados e do Distrito Federal e o Fundo de Participação dos Municípios obedecerão às seguintes determinações:

I a partir da promulgação da Constituição, os percentuais serão, respectivamente, de dezoito por cento e de vinte por cento, calculados sobre o produto da arrecadação dos impostos referidos no art. 153, III e IV, mantidos os atuais critérios de rateio até a entrada em vigor da lei complementar a que se refere o art. 161, II;

II o percentual relativo ao Fundo de Participação dos Estados e do Distrito Federal será acrescido de um ponto percentual no exercício financeiro de 1989 e, a partir de 1990, inclusive, à razão de meio ponto por exercício, até 1992, inclusive, atingindo em 1993 o percentual estabelecido no art. 159, I, "a";

---

75 Vide Emenda Constitucional n. 3, de 1993.

III o percentual relativo ao Fundo de Participação dos Municípios, a partir de 1989, inclusive, será elevado à razão de meio ponto percentual por exercício financeiro, até atingir o estabelecido no art. 159, I, "b".

§ 3º Promulgada a Constituição, a União, os Estados, o Distrito Federal e os Municípios poderão editar as leis necessárias à aplicação do sistema tributário nacional nela previsto.

§ 4º As leis editadas nos termos do parágrafo anterior produzirão efeitos a partir da entrada em vigor do sistema tributário nacional previsto na Constituição.

§ 5º Vigente o novo sistema tributário nacional, fica assegurada a aplicação da legislação anterior, no que não seja incompatível com ele e com a legislação referida nos §3º e § 4º.

§ 6º Até 31 de dezembro de 1989, o disposto no art. 150, III, "b", não se aplica aos impostos de que tratam os arts. 155, I, "a" e "b", e 156, II e III, que podem ser cobrados trinta dias após a publicação da lei que os tenha instituído ou aumentado.

§ 7º Até que sejam fixadas em lei complementar, as alíquotas máximas do imposto municipal sobre vendas a varejo de combustíveis líquidos e gasosos não excederão a três por cento.

§ 8º Se, no prazo de sessenta dias contados da promulgação da Constituição, não for editada a lei complementar necessária à instituição do imposto de que trata o art. 155, I, "b", os Estados e o Distrito Federal, mediante convênio celebrado nos termos da Lei Complementar n. 24, de 7 de janeiro de 1975, fixarão normas para regular provisoriamente a matéria.

§ 9º Até que lei complementar disponha sobre a matéria, as empresas distribuidoras de energia elétrica, na condição de contribuintes ou de substitutos tributários, serão as responsáveis, por ocasião da saída do produto de seus estabelecimentos, ainda que destinado a outra unidade da Federação, pelo pagamento do imposto sobre operações relativas à circulação de mercadorias incidente sobre energia elétrica, desde a produção ou importação até a última operação, calculado o imposto sobre o preço então praticado na operação final e assegurado seu recolhimento ao Estado ou ao Distrito Federal, conforme o local onde deva ocorrer essa operação.

§ 10. Enquanto não entrar em vigor a lei prevista no art. 159, I, "c", cuja promulgação se fará até 31 de dezembro de 1989, é assegurada a aplicação dos recursos previstos naquele dispositivo da seguinte maneira:

I seis décimos por cento na Região Norte, através do Banco da Amazônia S.A.;

II um inteiro e oito décimos por cento na Região Nordeste, através do Banco do Nordeste do Brasil S.A.;

III seis décimos por cento na Região Centro-Oeste, através do Banco do Brasil S.A.

§ 11. Fica criado, nos termos da lei, o Banco de Desenvolvimento do Centro-Oeste, para dar cumprimento, na referida região, ao que determinam os arts. 159, I, "c", e 192, § 2º, da Constituição.

§ 12. A urgência prevista no art. 148, II, não prejudica a cobrança do empréstimo compulsório instituído, em benefício das Centrais Elétricas Brasileiras S.A. (Eletrobrás), pela Lei n. 4.156, de 28 de novembro de 1962, com as alterações posteriores.

Art. 35. O disposto no art. 165, § 7º, será cumprido de forma progressiva, no prazo de até dez anos, distribuindo-se os recursos entre as regiões macroeconômicas em razão proporcional à população, a partir da situação verificada no biênio 1986-87.

§ 1º Para aplicação dos critérios de que trata este artigo, excluem-se das despesas totais as relativas:

I aos projetos considerados prioritários no plano plurianual;

II à segurança e defesa nacional;

III à manutenção dos órgãos federais no Distrito Federal;

IV ao Congresso Nacional, ao Tribunal de Contas da União e ao Poder Judiciário;

V ao serviço da dívida da administração direta e indireta da União, inclusive fundações instituídas e mantidas pelo Poder Público federal.

§ 2º Até a entrada em vigor da lei complementar a que se refere o art. 165, § 9º, I e II, serão obedecidas as seguintes normas:

I o projeto do plano plurianual, para vigência até o final do primeiro exercício financeiro do mandato presidencial subsequente, será encaminhado até quatro meses antes do encerramento do primeiro exercício financeiro e devolvido para sanção até o encerramento da sessão legislativa;

II o projeto de lei de diretrizes orçamentárias será encaminhado até oito meses e meio antes do encerramento do exercício financeiro e devolvido para sanção até o encerramento do primeiro período da sessão legislativa;

III o projeto de lei orçamentária da União será encaminhado até quatro meses antes do encerramento do exercício financeiro e devolvido para sanção até o encerramento da sessão legislativa.

Art. 36. Os fundos existentes na data da promulgação da Constituição, excetuados os resultantes de isenções fiscais que passem a integrar patrimônio privado e os que interessem à defesa nacional, extinguir-se-ão, se não forem ratificados pelo Congresso Nacional no prazo de dois anos.[76]

Art. 37. A adaptação ao que estabelece o art. 167, III, deverá processar-se no prazo de cinco anos, reduzindo-se o excesso à base de, pelo menos, um quinto por ano.

Art. 38. Até a promulgação da lei complementar referida no art. 169, a União, os Estados, o Distrito Federal e os Municípios não poderão despender com pessoal mais do que sessenta e cinco por cento do valor das respectivas receitas correntes.

Parágrafo único. A União, os Estados, o Distrito Federal e os Municípios, quando a respectiva despesa de pessoal exceder o limite previsto neste artigo, deverão retornar àquele limite, reduzindo o percentual excedente à razão de um quinto por ano.

Art. 39. Para efeito do cumprimento das disposições constitucionais que impliquem variações de despesas e receitas da União, após a promulgação da Constituição, o Poder Executivo deverá elaborar e o Poder Legislativo

---

76 Vide Decreto Legislativo n. 66, de 1990.

apreciar projeto de revisão da lei orçamentária referente ao exercício financeiro de 1989.

Parágrafo único. O Congresso Nacional deverá votar no prazo de doze meses a lei complementar prevista no art. 161, II.

Art. 40. É mantida a Zona Franca de Manaus, com suas características de área livre de comércio, de exportação e importação, e de incentivos fiscais, pelo prazo de vinte e cinco anos, a partir da promulgação da Constituição.[77]

Parágrafo único. Somente por lei federal podem ser modificados os critérios que disciplinaram ou venham a disciplinar a aprovação dos projetos na Zona Franca de Manaus.

Art. 41. Os Poderes Executivos da União, dos Estados, do Distrito Federal e dos Municípios reavaliarão todos os incentivos fiscais de natureza setorial ora em vigor, propondo aos Poderes Legislativos respectivos as medidas cabíveis.

§ 1º Considerar-se-ão revogados após dois anos, a partir da data da promulgação da Constituição, os incentivos que não forem confirmados por lei.

§ 2º A revogação não prejudicará os direitos que já tiverem sido adquiridos, àquela data, em relação a incentivos concedidos sob condição e com prazo certo.

§ 3º Os incentivos concedidos por convênio entre Estados, celebrados nos termos do art. 23, § 6º, da Constituição de 1967, com a redação da Emenda Constitucional n. 1, de 17 de outubro de 1969, também deverão ser reavaliados e reconfirmados nos prazos deste artigo.

Art. 42. Durante 40 (quarenta) anos, a União aplicará dos recursos destinados à irrigação: (*Redação dada pela Emenda Constitucional n. 89, de 2015*)

I 20% (vinte por cento) na Região Centro-Oeste; (*Redação dada pela Emenda Constitucional n. 89, de 2015*)

---

77 Vide Decreto n. 7.212, de 2010.

II 50% (cinquenta por cento) na Região Nordeste, preferencialmente no Semiárido. (*Redação dada pela Emenda Constitucional n. 89, de 2015*)

Parágrafo único. Dos percentuais previstos nos incisos I e II do caput, no mínimo 50% (cinquenta por cento) serão destinados a projetos de irrigação que beneficiem agricultores familiares que atendam aos requisitos previstos em legislação específica. (*Incluído pela Emenda Constitucional n. 89, de 2015*)

Art. 43. Na data da promulgação da lei que disciplinar a pesquisa e a lavra de recursos e jazidas minerais, ou no prazo de um ano, a contar da promulgação da Constituição, tornar-se-ão sem efeito as autorizações, concessões e demais títulos atributivos de direitos minerários, caso os trabalhos de pesquisa ou de lavra não hajam sido comprovadamente iniciados nos prazos legais ou estejam inativos.

Art. 44. As atuais empresas brasileiras titulares de autorização de pesquisa, concessão de lavra de recursos minerais e de aproveitamento dos potenciais de energia hidráulica em vigor terão quatro anos, a partir da promulgação da Constituição, para cumprir os requisitos do art. 176, § 1º.

§ 1º Ressalvadas as disposições de interesse nacional previstas no texto constitucional, as empresas brasileiras ficarão dispensadas do cumprimento do disposto no art. 176, § 1º, desde que, no prazo de até quatro anos da data da promulgação da Constituição, tenham o produto de sua lavra e beneficiamento destinado a industrialização no território nacional, em seus próprios estabelecimentos ou em empresa industrial controladora ou controlada.

§ 2º Ficarão também dispensadas do cumprimento do disposto no art. 176, § 1º, as empresas brasileiras titulares de concessão de energia hidráulica para uso em seu processo de industrialização.

§ 3º As empresas brasileiras referidas no § 1º somente poderão ter autorizações de pesquisa e concessões de lavra ou potenciais de energia hidráulica, desde que a energia e o produto da lavra sejam utilizados nos respectivos processos industriais.

Art. 45. Ficam excluídas do monopólio estabelecido pelo art. 177, II, da Constituição as refinarias em funcionamento no País amparadas pelo art. 43 e nas condições do art. 45 da Lei n. 2.004, de 3 de outubro de 1953.

Parágrafo único. Ficam ressalvados da vedação do art. 177, § 1º, os contratos de risco feitos com a Petróleo Brasileiro S.A. (Petrobrás), para pesquisa de petróleo, que estejam em vigor na data da promulgação da Constituição.

Art. 46. São sujeitos à correção monetária desde o vencimento, até seu efetivo pagamento, sem interrupção ou suspensão, os créditos junto a entidades submetidas aos regimes de intervenção ou liquidação extrajudicial, mesmo quando esses regimes sejam convertidos em falência.

Parágrafo único. O disposto neste artigo aplica-se também:

I às operações realizadas posteriormente à decretação dos regimes referidos no "caput" deste artigo;

II às operações de empréstimo, financiamento, refinanciamento, assistência financeira de liquidez, cessão ou sub-rogação de créditos ou cédulas hipotecárias, efetivação de garantia de depósitos do público ou de compra de obrigações passivas, inclusive as realizadas com recursos de fundos que tenham essas destinações;

III aos créditos anteriores à promulgação da Constituição;

IV aos créditos das entidades da administração pública anteriores à promulgação da Constituição, não liquidados até 1 de janeiro de 1988.

Art. 47. Na liquidação dos débitos, inclusive suas renegociações e composições posteriores, ainda que ajuizados, decorrentes de quaisquer empréstimos concedidos por bancos e por instituições financeiras, não existirá correção monetária desde que o empréstimo tenha sido concedido:

I aos micro e pequenos empresários ou seus estabelecimentos no período de 28 de fevereiro de 1986 a 28 de fevereiro de 1987;

II ao mini, pequenos e médios produtores rurais no período de 28 de fevereiro de 1986 a 31 de dezembro de 1987, desde que relativos a crédito rural.

§ 1º Consideram-se, para efeito deste artigo, microempresas as pessoas jurídicas e as firmas individuais com receitas anuais de até dez mil Obrigações do Tesouro Nacional, e pequenas empresas as pessoas jurídicas e as firmas individuais com receita anual de até vinte e cinco mil Obrigações do Tesouro Nacional.

§ 2º A classificação de mini, pequeno e médio produtor rural será feita obedecendo-se às normas de crédito rural vigentes à época do contrato.

§ 3º A isenção da correção monetária a que se refere este artigo só será concedida nos seguintes casos:

I se a liquidação do débito inicial, acrescido de juros legais e taxas judiciais, vier a ser efetivada no prazo de noventa dias, a contar da data da promulgação da Constituição;

II se a aplicação dos recursos não contrariar a finalidade do financiamento, cabendo o ônus da prova à instituição credora;

III se não for demonstrado pela instituição credora que o mutuário dispõe de meios para o pagamento de seu débito, excluído desta demonstração seu estabelecimento, a casa de moradia e os instrumentos de trabalho e produção;

IV se o financiamento inicial não ultrapassar o limite de cinco mil Obrigações do Tesouro Nacional;

V se o beneficiário não for proprietário de mais de cinco módulos rurais.

§ 4º Os benefícios de que trata este artigo não se estendem aos débitos já quitados e aos devedores que sejam constituintes.

§ 5º No caso de operações com prazos de vencimento posteriores à data-limite de liquidação da dívida, havendo interesse do mutuário, os bancos e as instituições financeiras promoverão, por instrumento próprio, alteração nas condições contratuais originais de forma a ajustá-las ao presente benefício.

§ 6º A concessão do presente benefício por bancos comerciais privados em nenhuma hipótese acarretará ônus para o Poder Público, ainda que através de refinanciamento e repasse de recursos pelo banco central.

§ 7º No caso de repasse a agentes financeiros oficiais ou cooperativas de crédito, o ônus recairá sobre a fonte de recursos originária.

Art. 48. O Congresso Nacional, dentro de cento e vinte dias da promulgação da Constituição, elaborará código de defesa do consumidor.

Art. 49. A lei disporá sobre o instituto da enfiteuse em imóveis urbanos, sendo facultada aos foreiros, no caso de sua extinção, a remição dos aforamentos mediante aquisição do domínio direto, na conformidade do que dispuserem os respectivos contratos.

§ 1º Quando não existir cláusula contratual, serão adotados os critérios e bases hoje vigentes na legislação especial dos imóveis da União.

§ 2º Os direitos dos atuais ocupantes inscritos ficam assegurados pela aplicação de outra modalidade de contrato.

§ 3º A enfiteuse continuará sendo aplicada aos terrenos de marinha e seus acrescidos, situados na faixa de segurança, a partir da orla marítima.

§ 4º Remido o foro, o antigo titular do domínio direto deverá, no prazo de noventa dias, sob pena de responsabilidade, confiar à guarda do registro de imóveis competente toda a documentação a ele relativa.

Art. 50. Lei agrícola a ser promulgada no prazo de um ano disporá, nos termos da Constituição, sobre os objetivos e instrumentos de política agrícola, prioridades, planejamento de safras, comercialização, abastecimento interno, mercado externo e instituição de crédito fundiário.

Art. 51. Serão revistos pelo Congresso Nacional, através de Comissão mista, nos três anos a contar da data da promulgação da Constituição, todas as doações, vendas e concessões de terras públicas com área superior a três mil hectares, realizadas no período de 1º de janeiro de 1962 a 31 de dezembro de 1987.

§ 1º No tocante às vendas, a revisão será feita com base exclusivamente no critério de legalidade da operação.

§ 2º No caso de concessões e doações, a revisão obedecerá aos critérios de legalidade e de conveniência do interesse público.

§ 3º Nas hipóteses previstas nos parágrafos anteriores, comprovada a ilegalidade, ou havendo interesse público, as terras reverterão ao patrimônio da União, dos Estados, do Distrito Federal ou dos Municípios.

Art. 52. Até que sejam fixadas as condições do art. 192, são vedados: (*Redação dada pela Emenda Constitucional n. 40, de 2003*)

I a instalação, no País, de novas agências de instituições financeiras domiciliadas no exterior;

II o aumento do percentual de participação, no capital de instituições financeiras com sede no País, de pessoas físicas ou jurídicas residentes ou domiciliadas no exterior.

Parágrafo único. A vedação a que se refere este artigo não se aplica às autorizações resultantes de acordos internacionais, de reciprocidade, ou de interesse do Governo brasileiro.

Art. 53. Ao ex-combatente que tenha efetivamente participado de operações bélicas durante a Segunda Guerra Mundial, nos termos da Lei n. 5.315, de 12 de setembro de 1967, serão assegurados os seguintes direitos:

I aproveitamento no serviço público, sem a exigência de concurso, com estabilidade;

II pensão especial correspondente à deixada por segundo-tenente das Forças Armadas, que poderá ser requerida a qualquer tempo, sendo inacumulável com quaisquer rendimentos recebidos dos cofres públicos, exceto os benefícios previdenciários, ressalvado o direito de opção;

III em caso de morte, pensão à viúva ou companheira ou dependente, de forma proporcional, de valor igual à do inciso anterior;

IV assistência médica, hospitalar e educacional gratuita, extensiva aos dependentes;

V aposentadoria com proventos integrais aos vinte e cinco anos de serviço efetivo, em qualquer regime jurídico;

VI prioridade na aquisição da casa própria, para os que não a possuam ou para suas viúvas ou companheiras.

Parágrafo único. A concessão da pensão especial do inciso II substitui, para todos os efeitos legais, qualquer outra pensão já concedida ao ex-combatente.

Art. 54. Os seringueiros recrutados nos termos do Decreto-Lei n. 5.813, de 14 de setembro de 1943, e amparados pelo Decreto-Lei n. 9.882, de 16 de setembro de 1946, receberão, quando carentes, pensão mensal vitalícia no valor de dois salários mínimos.

§ 1º O benefício é estendido aos seringueiros que, atendendo a apelo do Governo brasileiro, contribuíram para o esforço de guerra, trabalhando na produção de borracha, na Região Amazônica, durante a Segunda Guerra Mundial.

§ 2º Os benefícios estabelecidos neste artigo são transferíveis aos dependentes reconhecidamente carentes.

§ 3º A concessão do benefício far-se-á conforme lei a ser proposta pelo Poder Executivo dentro de cento e cinquenta dias da promulgação da Constituição.

Art. 54-A. Os seringueiros de que trata o art. 54 deste Ato das Disposições Constitucionais Transitórias receberão indenização, em parcela única, no valor de R$ 25.000,00 (vinte e cinco mil reais).[78] (*Incluído pela Emenda Constitucional n. 78, de 2014*)

Art. 55. Até que seja aprovada a lei de diretrizes orçamentárias, trinta por cento, no mínimo, do orçamento da seguridade social, excluído o seguro-desemprego, serão destinados ao setor de saúde.

Art. 56. Até que a lei disponha sobre o art. 195, I, a arrecadação decorrente de, no mínimo, cinco dos seis décimos percentuais correspondentes à alíquota da contribuição de que trata o Decreto-Lei n. 1.940, de 25 de maio de 1982, alterada pelo Decreto-Lei n. 2.049, de 1º de agosto de 1983, pelo Decreto n. 91.236, de 8 de maio de 1985, e pela Lei n. 7.611, de 8 de julho de 1987, passa a integrar a receita da seguridade social, ressalvados, exclusivamente no exercício de 1988, os compromissos assumidos com programas e projetos em andamento.

Art. 57. Os débitos dos Estados e dos Municípios relativos às contribuições previdenciárias até 30 de junho de 1988 serão liquidados, com correção monetária, em cento e vinte parcelas mensais, dispensados os juros e multas sobre eles incidentes, desde que os devedores requeiram o parcelamento e

---

78 Vide Emenda Constitucional n. 78, de 2014.

iniciem seu pagamento no prazo de cento e oitenta dias a contar da promulgação da Constituição.

§ 1º O montante a ser pago em cada um dos dois primeiros anos não será inferior a cinco por cento do total do débito consolidado e atualizado, sendo o restante dividido em parcelas mensais de igual valor.

§ 2º A liquidação poderá incluir pagamentos na forma de cessão de bens e prestação de serviços, nos termos da Lei n. 7.578, de 23 de dezembro de 1986.

§ 3º Em garantia do cumprimento do parcelamento, os Estados e os Municípios consignarão, anualmente, nos respectivos orçamentos as dotações necessárias ao pagamento de seus débitos.

§ 4º Descumprida qualquer das condições estabelecidas para concessão do parcelamento, o débito será considerado vencido em sua totalidade, sobre ele incidindo juros de mora; nesta hipótese, parcela dos recursos correspondentes aos Fundos de Participação, destinada aos Estados e Municípios devedores, será bloqueada e repassada à previdência social para pagamento de seus débitos.

Art. 58. Os benefícios de prestação continuada, mantidos pela previdência social na data da promulgação da Constituição, terão seus valores revistos, a fim de que seja restabelecido o poder aquisitivo, expresso em número de salários mínimos, que tinham na data de sua concessão, obedecendo-se a esse critério de atualização até a implantação do plano de custeio e benefícios referidos no artigo seguinte.

Parágrafo único. As prestações mensais dos benefícios atualizadas de acordo com este artigo serão devidas e pagas a partir do sétimo mês a contar da promulgação da Constituição.

Art. 59. Os projetos de lei relativos à organização da seguridade social e aos planos de custeio e de benefício serão apresentados no prazo máximo de seis meses da promulgação da Constituição ao Congresso Nacional, que terá seis meses para apreciá-los.

Parágrafo único. Aprovados pelo Congresso Nacional, os planos serão implantados progressivamente nos dezoito meses seguintes.

Art. 60. A complementação da União referida no inciso IV do caput do art. 212-A da Constituição Federal será implementada progressivamente até alcançar a proporção estabelecida no inciso V do caput do mesmo artigo, a partir de 1º de janeiro de 2021, nos seguintes valores mínimos: (*Redação dada pela Emenda Constitucional n. 108, de 2020*)

I 12% (doze por cento), no primeiro ano; (*Redação dada pela Emenda Constitucional n. 108, de 2020*)

II 15% (quinze por cento), no segundo ano; (*Redação dada pela Emenda Constitucional n. 108, de 2020*)

III 17% (dezessete por cento), no terceiro ano; (*Redação dada pela Emenda Constitucional n. 108, de 2020*)

IV 19% (dezenove por cento), no quarto ano; (*Redação dada pela Emenda Constitucional n. 108, de 2020*)

V 21% (vinte e um por cento), no quinto ano; (*Redação dada pela Emenda Constitucional n. 108, de 2020*)

VI 23% (vinte e três por cento), no sexto ano. (*Redação dada pela Emenda Constitucional n. 108, de 2020*)

§ 1º A parcela da complementação de que trata a alínea "b" do inciso V do caput do art. 212-A da Constituição Federal observará, no mínimo, os seguintes valores: (*Redação dada pela Emenda Constitucional n. 108, de 2020*)

I 2 (dois) pontos percentuais, no primeiro ano; (*Redação dada pela Emenda Constitucional n. 108, de 2020*)

II 5 (cinco) pontos percentuais, no segundo ano; (*Redação dada pela Emenda Constitucional n. 108, de 2020*)

III 6,25 (seis inteiros e vinte e cinco centésimos) pontos percentuais, no terceiro ano; (*Redação dada pela Emenda Constitucional n. 108, de 2020*)

IV 7,5 (sete inteiros e cinco décimos) pontos percentuais, no quarto ano; (*Redação dada pela Emenda Constitucional n. 108, de 2020*)

V 9 (nove) pontos percentuais, no quinto ano; (*Redação dada pela Emenda Constitucional n. 108, de 2020*)

VI 10,5 (dez inteiros e cinco décimos) pontos percentuais, no sexto ano. (*Redação dada pela Emenda Constitucional n. 108, de 2020*)

§ 2º A parcela da complementação de que trata a alínea "c" do inciso V do caput do art. 212-A da Constituição Federal observará os seguintes valores: (*Redação dada pela Emenda Constitucional n. 108, de 2020*)

I 0,75 (setenta e cinco centésimos) ponto percentual, no terceiro ano; (*Redação dada pela Emenda Constitucional n. 108, de 2020*)

II 1,5 (um inteiro e cinco décimos) ponto percentual, no quarto ano; (*Redação dada pela Emenda Constitucional n. 108, de 2020*)

III 2 (dois) pontos percentuais, no quinto ano; (*Redação dada pela Emenda Constitucional n. 108, de 2020*)

IV 2,5 (dois inteiros e cinco décimos) pontos percentuais, no sexto ano. (*Redação dada pela Emenda Constitucional n. 108, de 2020*)

Art. 60-A. Os critérios de distribuição da complementação da União e dos fundos a que se refere o inciso I do caput do art. 212-A da Constituição Federal serão revistos em seu sexto ano de vigência e, a partir dessa primeira revisão, periodicamente, a cada 10 (dez) anos. (*Incluído pela Emenda Constitucional n. 108, de 2020*)

Art. 61. As entidades educacionais a que se refere o art. 213, bem como as fundações de ensino e pesquisa cuja criação tenha sido autorizada por lei, que preencham os requisitos dos incisos I e II do referido artigo e que, nos últimos três anos, tenham recebido recursos públicos, poderão continuar a recebê-los, salvo disposição legal em contrário.

Art. 62. A lei criará o Serviço Nacional de Aprendizagem Rural (SENAR) nos moldes da legislação relativa ao Serviço Nacional de Aprendizagem Industrial (SENAI) e ao Serviço Nacional de Aprendizagem do Comércio (SENAC), sem prejuízo das atribuições dos órgãos públicos que atuam na área.

Art. 63. É criada uma Comissão composta de nove membros, sendo três do Poder Legislativo, três do Poder Judiciário e três do Poder Executivo, para promover as comemorações do centenário da proclamação da República e da promulgação da primeira Constituição republicana do País, podendo, a seu critério, desdobrar-se em tantas subcomissões quantas forem necessárias.

Parágrafo único. No desenvolvimento de suas atribuições, a Comissão promoverá estudos, debates e avaliações sobre a evolução política, social, econômica e cultural do País, podendo articular-se com os governos estaduais e municipais e com instituições públicas e privadas que desejem participar dos eventos.

Art. 64. A Imprensa Nacional e demais gráficas da União, dos Estados, do Distrito Federal e dos Municípios, da administração direta ou indireta, inclusive fundações instituídas e mantidas pelo Poder Público, promoverão edição popular do texto integral da Constituição, que será posta à disposição das escolas e dos cartórios, dos sindicatos, dos quartéis, das igrejas e de outras instituições representativas da comunidade, gratuitamente, de modo que cada cidadão brasileiro possa receber do Estado um exemplar da Constituição do Brasil.

Art. 65. O Poder Legislativo regulamentará, no prazo de doze meses, o art. 220, § 4º.

Art. 66. São mantidas as concessões de serviços públicos de telecomunicações atualmente em vigor, nos termos da lei.

Art. 67. A União concluirá a demarcação das terras indígenas no prazo de cinco anos a partir da promulgação da Constituição.

Art. 68. Aos remanescentes das comunidades dos quilombos que estejam ocupando suas terras é reconhecida a propriedade definitiva, devendo o Estado emitir-lhes os títulos respectivos.

Art. 69. Será permitido aos Estados manter consultorias jurídicas separadas de suas Procuradorias-Gerais ou Advocacias-Gerais, desde que, na data da promulgação da Constituição, tenham órgãos distintos para as respectivas funções.

Art. 70. Fica mantida atual competência dos tribunais estaduais até a mesma seja definida na Constituição do Estado, nos termos do art. 125, § 1º, da Constituição.

Art. 71. É instituído, nos exercícios financeiros de 1994 e 1995, bem assim nos períodos de 01/01/1996 a 30/06/97 e 01/07/97 a 31/12/1999, o Fundo Social de Emergência, com o objetivo de saneamento financeiro da Fazenda

Pública Federal e de estabilização econômica, cujos recursos serão aplicados prioritariamente no custeio das ações dos sistemas de saúde e educação, incluindo a complementação de recursos de que trata o § 3º do art. 60 do Ato das Disposições Constitucionais Transitórias, benefícios previdenciários e auxílios assistenciais de prestação continuada, inclusive liquidação de passivo previdenciário, e despesas orçamentárias associadas a programas de relevante interesse econômico e social.[79] (*Redação dada pela Emenda Constitucional n. 17, de 1997*)

§ 1º Ao Fundo criado por este artigo não se aplica o disposto na parte final do inciso II do § 9º do art. 165 da Constituição. (*Renumerado do parágrafo único, pela Emenda Constitucional n. 10, de 1996*)

§ 2º O Fundo criado por este artigo passa a ser denominado Fundo de Estabilização Fiscal a partir do início do exercício financeiro de 1996. (*Incluído pela Emenda Constitucional n. 10, de 1996*)

§ 3º O Poder Executivo publicará demonstrativo da execução orçamentária, de periodicidade bimestral, no qual se discriminarão as fontes e usos do Fundo criado por este artigo. (*Incluído pela Emenda Constitucional n. 10, de 1996*)

Art. 72. Integram o Fundo Social de Emergência: (*Incluído pela Emenda Constitucional de Revisão n. 1, de 1994*)

I o produto da arrecadação do imposto sobre renda e proventos de qualquer natureza incidente na fonte sobre pagamentos efetuados, a qualquer título, pela União, inclusive suas autarquias e fundações;[80] (*Incluído pela Emenda Constitucional de Revisão n. 1, de 1994*)

II a parcela do produto da arrecadação do imposto sobre renda e proventos de qualquer natureza e do imposto sobre operações de crédito, câmbio e seguro, ou relativas a títulos e valores mobiliários, decorrente das alterações produzidas pela Lei n. 8.894, de 21 de junho de 1994, e pelas Leis n. 8.849 e 8.848, ambas de 28 de janeiro de 1994, e modificações posteriores; (*Redação dada pela Emenda Constitucional n. 10, de 1996*)

---

79 Vide Emenda Constitucional n. 17, de 1997.

80 Vide Emenda Constitucional n. 17, de 1997.

III a parcela do produto da arrecadação resultante da elevação da alíquota da contribuição social sobre o lucro dos contribuintes a que se refere o § 1º do Art. 22 da Lei n. 8.212, de 24 de julho de 1991 , a qual, nos exercícios financeiros de 1994 e 1995, bem assim no período de 1º de janeiro de 1996 a 30 de junho de 1997, passa a ser de trinta por cento, sujeita a alteração por lei ordinária, mantidas as demais normas da Lei n. 7.689, de 15 de dezembro de 1988; (*Redação dada pela Emenda Constitucional n. 10, de 1996*)

IV vinte por cento do produto da arrecadação de todos os impostos e contribuições da União, já instituídos ou a serem criados, excetuado o previsto nos incisos I, II e III, observado o disposto nos §§ 3º e 4º; (*Redação dada pela Emenda Constitucional n. 10, de 1996*)

V a parcela do produto da arrecadação da contribuição de que trata a Lei Complementar n. 7, de 7 de setembro de 1970, devida pelas pessoas jurídicas a que se refere o inciso III deste artigo, a qual será calculada, nos exercícios financeiros de 1994 a 1995, bem assim nos períodos de 1º de janeiro de 1996 a 30 de junho de 1997 e de 1º de julho de 1997 a 31 de dezembro de 1999, mediante a aplicação da alíquota de setenta e cinco centésimos por cento, sujeita a alteração por lei ordinária posterior, sobre a receita bruta operacional, como definida na legislação do imposto sobre renda e proventos de qualquer natureza.[81] (*Redação dada pela Emenda Constitucional n. 17, de 1997*)

VI outras receitas previstas em lei específica. (*Incluído pela Emenda Constitucional de Revisão n. 1, de 1994*)

§ 1º As alíquotas e a base de cálculo previstas nos incisos III e V aplicar-se-ão a partir do primeiro dia do mês seguinte aos noventa dias posteriores à promulgação desta Emenda. (*Incluído pela Emenda Constitucional de Revisão n. 1, de 1994*)

§ 2º As parcelas de que tratam os incisos I, II, III e V serão previamente deduzidas da base de cálculo de qualquer vinculação ou participação

81 Vide Emenda Constitucional n. 17, de 1997.

constitucional ou legal, não se lhes aplicando o disposto nos artigos, 159, 212 e 239 da Constituição. (*Redação dada pela Emenda Constitucional n. 10, de 1996*)

§ 3º A parcela de que trata o inciso IV será previamente deduzida da base de cálculo das vinculações ou participações constitucionais previstas nos artigos 153, § 5º, 157, II, 212 e 239 da Constituição. (*Redação dada pela Emenda Constitucional n. 10, de 1996*)

§ 4º O disposto no parágrafo anterior não se aplica aos recursos previstos nos Artigos 158, II e 159 da Constituição. (*Redação dada pela Emenda Constitucional n. 10, de 1996*)

§ 5º A parcela dos recursos provenientes do imposto sobre renda e proventos de qualquer natureza, destinada ao Fundo Social de Emergência, nos termos do inciso II deste artigo, não poderá exceder a cinco inteiros e seis décimos por cento do total do produto da sua arrecadação. (*Redação dada pela Emenda Constitucional n. 10, de 1996*)

Art. 73. Na regulação do Fundo Social de Emergência não poderá ser utilizado o instrumento previsto no inciso V do art. 59 da Constituição. (*Incluído pela Emenda Constitucional de Revisão n. 1, de 1994*)

Art. 74. A União poderá instituir contribuição provisória sobre movimentação ou transmissão de valores e de créditos e direitos de natureza financeira. (*Incluído pela Emenda Constitucional n. 12, de 1996*)

§ 1º A alíquota da contribuição de que trata este artigo não excederá a vinte e cinco centésimos por cento, facultado ao Poder Executivo reduzi-la ou restabelecê-la, total ou parcialmente, nas condições e limites fixados em lei. (*Incluído pela Emenda Constitucional n. 12, de 1996*)

§ 2º A contribuição de que trata este artigo não se aplica o disposto nos arts. 153, § 5º, e 154, I, da Constituição. (*Incluído pela Emenda Constitucional n. 12, de 1996*)

§ 3º O produto da arrecadação da contribuição de que trata este artigo será destinado integralmente ao Fundo Nacional de Saúde, para financiamento das ações e serviços de saúde. (*Incluído pela Emenda Constitucional n. 12, de 1996*)

§ 4º A contribuição de que trata este artigo terá sua exigibilidade subordinada ao disposto no art. 195, § 6º, da Constituição, e não poderá ser cobrada por prazo superior a dois anos. (*Incluído pela Emenda Constitucional n. 12, de 1996*)

Art. 75. É prorrogada, por trinta e seis meses, a cobrança da contribuição provisória sobre movimentação ou transmissão de valores e de créditos e direitos de natureza financeira de que trata o art. 74, instituída pela Lei n. 9.311, de 24 de outubro de 1996, modificada pela Lei n. 9.539, de 12 de dezembro de 1997, cuja vigência é também prorrogada por idêntico prazo. (*Incluído pela Emenda Constitucional n. 21, de 1999*)

§ 1º Observado o disposto no § 6º do art. 195 da Constituição Federal, a alíquota da contribuição será de trinta e oito centésimos por cento, nos primeiros doze meses, e de trinta centésimos, nos meses subsequentes, facultado ao Poder Executivo reduzi-la total ou parcialmente, nos limites aqui definidos. (*Incluído pela Emenda Constitucional n. 21, de 1999*)

§ 2º O resultado do aumento da arrecadação, decorrente da alteração da alíquota, nos exercícios financeiros de 1999, 2000 e 2001, será destinado ao custeio da previdência social. (*Incluído pela Emenda Constitucional n. 21, de 1999*)

§ 3º É a União autorizada a emitir títulos da dívida pública interna, cujos recursos serão destinados ao custeio da saúde e da previdência social, em montante equivalente ao produto da arrecadação da contribuição, prevista e não realizada em 1999. (*Incluído pela Emenda Constitucional n. 21, de 1999*)[82]

Art. 76. São desvinculados de órgão, fundo ou despesa, até 31 de dezembro de 2023, 30% (trinta por cento) da arrecadação da União relativa às contribuições sociais, sem prejuízo do pagamento das despesas do Regime Geral da Previdência Social, às contribuições de intervenção no domínio econômico e às taxas, já instituídas ou que vierem a ser criadas até a referida data. (*Redação dada pela Emenda constitucional n. 93, de 2016*)

§ 1º (*Redação dada pela Emenda Constitucional n. 93, de 2016*)

§ 2º Excetua-se da desvinculação de que trata o caput a arrecadação da contribuição social do salário-educação a que se refere o § 5º do art. 212 da Constituição Federal. (*Redação dada pela Emenda Constitucional n. 68, de 2011*)

---

82 Vide ADIN n. 2.031-5.

§ 3º (*Revogado pela Emenda Constitucional n. 93, de 2016*)

§ 4º A desvinculação de que trata o caput não se aplica às receitas das contribuições sociais destinadas ao custeio da seguridade social. (*Incluído pela Emenda Constitucional n. 103, de 2019*)

Art. 76-A. São desvinculados de órgão, fundo ou despesa, até 31 de dezembro de 2023, 30% (trinta por cento) das receitas dos Estados e do Distrito Federal relativas a impostos, taxas e multas, já instituídos ou que vierem a ser criados até a referida data, seus adicionais e respectivos acréscimos legais, e outras receitas correntes. (*Incluído dada pela Emenda constitucional n. 93, de 2016*)

Parágrafo único. Excetuam-se da desvinculação de que trata o caput: (*Incluído dada pela Emenda constitucional n. 93, de 2016*)

I recursos destinados ao financiamento das ações e serviços públicos de saúde e à manutenção e desenvolvimento do ensino de que tratam, respectivamente, os incisos II e III do § 2º do art. 198 e o art. 212 da Constituição Federal; (*Incluído dada pela Emenda constitucional n. 93, de 2016*)

II receitas que pertencem aos Municípios decorrentes de transferências previstas na Constituição Federal; (*Incluído dada pela Emenda constitucional n. 93, de 2016*)

III receitas de contribuições previdenciárias e de assistência à saúde dos servidores; (*Incluído dada pela Emenda constitucional n. 93, de 2016*)

IV demais transferências obrigatórias e voluntárias entre entes da Federação com destinação especificada em lei; (*Incluído dada pela Emenda constitucional n. 93, de 2016*)

V fundos instituídos pelo Poder Judiciário, pelos Tribunais de Contas, pelo Ministério Público, pelas Defensorias Públicas e pelas Procuradorias-Gerais dos Estados e do Distrito Federal. (*Incluído dada pela Emenda constitucional n. 93, de 2016*)

Art. 76-B. São desvinculados de órgão, fundo ou despesa, até 31 de dezembro de 2023, 30% (trinta por cento) das receitas dos Municípios relativas a impostos, taxas e multas, já instituídos ou que vierem a ser criados até a referida data, seus adicionais e respectivos acréscimos legais, e outras receitas correntes. (*Incluído dada pela Emenda constitucional n. 93, de 2016*)

Parágrafo único. Excetuam-se da desvinculação de que trata o caput: (*Incluído dada pela Emenda constitucional n. 93, de 2016*)

I recursos destinados ao financiamento das ações e serviços públicos de saúde e à manutenção e desenvolvimento do ensino de que tratam, respectivamente, os incisos II e III do § 2º do art. 198 e o art. 212 da Constituição Federal; (*Incluído dada pela Emenda constitucional n. 93, de 2016*)

II receitas de contribuições previdenciárias e de assistência à saúde dos servidores; (*Incluído dada pela Emenda constitucional n. 93, de 2016*)

III transferências obrigatórias e voluntárias entre entes da Federação com destinação especificada em lei; (*Incluído dada pela Emenda constitucional n. 93, de 2016*)

IV fundos instituídos pelo Tribunal de Contas do Município. (*Incluído dada pela Emenda constitucional n. 93, de 2016*)

Art. 77. Até o exercício financeiro de 2004, os recursos mínimos aplicados nas ações e serviços públicos de saúde serão equivalentes: (*Incluído pela Emenda Constitucional n. 29, de 2000*)

I no caso da União: (Incluído pela Emenda Constitucional n. 29, de 2000)

a) no ano 2000, o montante empenhado em ações e serviços públicos de saúde no exercício financeiro de 1999 acrescido de, no mínimo, cinco por cento; (*Incluído pela Emenda Constitucional n. 29, de 2000*)
b) do ano 2001 ao ano 2004, o valor apurado no ano anterior, corrigido pela variação nominal do Produto Interno Bruto – PIB; (*Incluído pela Emenda Constitucional n. 29, de 2000*)

II no caso dos Estados e do Distrito Federal, doze por cento do produto da arrecadação dos impostos a que se refere o art. 155 e dos recursos de que tratam os arts. 157 e 159, inciso I, alínea *a*, e inciso II, deduzidas as parcelas que forem transferidas aos respectivos Municípios; e (*Incluído pela Emenda Constitucional n. 29, de 2000*)

III no caso dos Municípios e do Distrito Federal, quinze por cento do produto da arrecadação dos impostos a que se refere o art. 156 e dos recursos de que tratam os arts. 158 e 159, inciso I, alínea *b* e § 3º. (*Incluído pela Emenda Constitucional n. 29, de 2000*)

§ 1º Os Estados, o Distrito Federal e os Municípios que apliquem percentuais inferiores aos fixados nos incisos II e III deverão elevá-los gradualmente, até o exercício financeiro de 2004, reduzida a diferença à razão de, pelo menos, um quinto por ano, sendo que, a partir de 2000, a aplicação será de pelo menos sete por cento. (*Incluído pela Emenda Constitucional n. 29, de 2000*)

§ 2º Dos recursos da União apurados nos termos deste artigo, quinze por cento, no mínimo, serão aplicados nos Municípios, segundo o critério populacional, em ações e serviços básicos de saúde, na forma da lei. (*Incluído pela Emenda Constitucional n. 29, de 2000*)

§ 3º Os recursos dos Estados, do Distrito Federal e dos Municípios destinados às ações e serviços públicos de saúde e os transferidos pela União para a mesma finalidade serão aplicados por meio de Fundo de Saúde que será acompanhado e fiscalizado por Conselho de Saúde, sem prejuízo do disposto no art. 74 da Constituição Federal. (*Incluído pela Emenda Constitucional n. 29, de 2000*)

§ 4º Na ausência da lei complementar a que se refere o art. 198, § 3º, a partir do exercício financeiro de 2005, aplicar-se-á à União, aos Estados, ao Distrito Federal e aos Municípios o disposto neste artigo. (*Incluído pela Emenda Constitucional n. 29, de 2000*)

Art. 78. Ressalvados os créditos definidos em lei como de pequeno valor, os de natureza alimentícia, os de que trata o art. 33 deste Ato das Disposições Constitucionais Transitórias e suas complementações e os que já tiverem os seus respectivos recursos liberados ou depositados em juízo, os precatórios pendentes na data de promulgação desta Emenda e os que decorram de ações iniciais ajuizadas até 31 de dezembro de 1999 serão liquidados pelo seu valor real, em moeda corrente, acrescido de juros legais, em prestações anuais, iguais e sucessivas, no prazo máximo de dez anos, permitida a cessão dos créditos. (*Incluído pela Emenda Constitucional n. 30, de 2000*)

§ 1º É permitida a decomposição de parcelas, a critério do credor. (*Incluído pela Emenda Constitucional n. 30, de 2000*)

§ 2º As prestações anuais a que se refere o *caput* deste artigo terão, se não liquidadas até o final do exercício a que se referem, poder liberatório do pagamento de tributos da entidade devedora.[83] (*Incluído pela Emenda Constitucional n. 30, de 2000*)

§ 3º O prazo referido no *caput* deste artigo fica reduzido para dois anos, nos casos de precatórios judiciais originários de desapropriação de imóvel residencial do credor, desde que comprovadamente único à época da imissão na posse. (*Incluído pela Emenda Constitucional n. 30, de 2000*)

§ 4º O Presidente do Tribunal competente deverá, vencido o prazo ou em caso de omissão no orçamento, ou preterição ao direito de precedência, a requerimento do credor, requisitar ou determinar o seqüestro de recursos financeiros da entidade executada, suficientes à satisfação da prestação. (*Incluído pela Emenda Constitucional n. 30, de 2000*)

Art. 79. É instituído, para vigorar até o ano de 2010, no âmbito do Poder Executivo Federal, o Fundo de Combate e Erradicação da Pobreza, a ser regulado por lei complementar com o objetivo de viabilizar a todos os brasileiros acesso a níveis dignos de subsistência, cujos recursos serão aplicados em ações suplementares de nutrição, habitação, educação, saúde, reforço de renda familiar e outros programas de relevante interesse social voltados para melhoria da qualidade de vida.[84] (*Incluído pela Emenda Constitucional n. 31, de 2000*)

Parágrafo único. O Fundo previsto neste artigo terá Conselho Consultivo e de Acompanhamento que conte com a participação de representantes da sociedade civil, nos termos da lei. (*Incluído pela Emenda Constitucional n. 31, de 2000*)

Art. 80. Compõem o Fundo de Combate e Erradicação da Pobreza:[85] (*Incluído pela Emenda Constitucional n. 31, de 2000*)

---

83 Vide Emenda Constitucional n. 62, de 2009.

84 Vide Emenda Constitucional n. 42, de 2003 e Emenda Constitucional n. 67, de 2010.

85 Vide Emenda Constitucional n. 67, de 2010.

I a parcela do produto da arrecadação correspondente a um adicional de oito centésimos por cento, aplicável de 18 de junho de 2000 a 17 de junho de 2002, na alíquota da contribuição social de que trata o art. 75 do Ato das Disposições Constitucionais Transitórias; (*Incluído pela Emenda Constitucional n. 31, de 2000*)

II a parcela do produto da arrecadação correspondente a um adicional de cinco pontos percentuais na alíquota do Imposto sobre Produtos Industrializados – IPI, ou do imposto que vier a substituí-lo, incidente sobre produtos supérfluos e aplicável até a extinção do Fundo; (*Incluído pela Emenda Constitucional n. 31, de 2000*)

III o produto da arrecadação do imposto de que trata o art. 153, inciso VII, da Constituição; (*Incluído pela Emenda Constitucional n. 31, de 2000*)

IV dotações orçamentárias; (*Incluído pela Emenda Constitucional n. 31, de 2000*)

V doações, de qualquer natureza, de pessoas físicas ou jurídicas do País ou do exterior; (*Incluído pela Emenda Constitucional n. 31, de 2000*)

VI outras receitas, a serem definidas na regulamentação do referido Fundo. (*Incluído pela Emenda Constitucional n. 31, de 2000*)

§ 1º Aos recursos integrantes do Fundo de que trata este artigo não se aplica o disposto nos arts. 159 e 167, inciso IV, da Constituição, assim como qualquer desvinculação de recursos orçamentários. (*Incluído pela Emenda Constitucional n. 31, de 2000*)

§ 2º A arrecadação decorrente do disposto no inciso I deste artigo, no período compreendido entre 18 de junho de 2000 e o início da vigência da lei complementar a que se refere a art. 79, será integralmente repassada ao Fundo, preservado o seu valor real, em títulos públicos federais, progressivamente resgatáveis após 18 de junho de 2002, na forma da lei. (*Incluído pela Emenda Constitucional n. 31, de 2000*)

Art. 81. É instituído Fundo constituído pelos recursos recebidos pela União em decorrência da desestatização de sociedades de economia mista ou empresas públicas por ela controladas, direta ou indiretamente, quando a operação envolver a alienação do respectivo controle acionário a pessoa ou entidade não integrante da Administração Pública, ou de participação societária remanescente após a alienação, cujos rendimentos, gerados a partir de 18 de junho de 2002, reverterão ao Fundo de Combate e Erradicação de Pobreza.[86] (*Incluído pela Emenda Constitucional n. 31, de 2000*)

§ 1º Caso o montante anual previsto nos rendimentos transferidos ao Fundo de Combate e Erradicação da Pobreza, na forma deste artigo, não alcance o valor de quatro bilhões de reais. far-se-à complementação na forma do art. 80, inciso IV, do Ato das disposições Constitucionais Transitórias. (*Incluído pela Emenda Constitucional n. 31, de 2000*)

§ 2º Sem prejuízo do disposto no § 1º, o Poder Executivo poderá destinar ao Fundo a que se refere este artigo outras receitas decorrentes da alienação de bens da União. (*Incluído pela Emenda Constitucional n. 31, de 2000*)

§ 3º A constituição do Fundo a que se refere o caput, a transferência de recursos ao Fundo de Combate e Erradicação da Pobreza e as demais disposições referentes ao § 1º deste artigo serão disciplinadas em lei, não se aplicando o disposto no art. 165, § 9º, inciso II, da Constituição. (*Incluído pela Emenda Constitucional n. 31, de 2000*)

Art. 82. Os Estados, o Distrito Federal e os Municípios devem instituir Fundos de Combate á Pobreza, com os recursos de que trata este artigo e outros que vierem a destinar, devendo os referidos Fundos ser geridos por entidades que contem com a participação da sociedade civil. (*Incluído pela Emenda Constitucional n. 31, de 2000*)

§ 1º Para o financiamento dos Fundos Estaduais e Distrital, poderá ser criado adicional de até dois pontos percentuais na alíquota do Imposto sobre Circulação de Mercadorias e Serviços – ICMS, sobre os produtos e serviços supérfluos e nas condições definidas na lei complementar de que trata o art. 155, § 2º, XII, da Constituição, não se aplicando, sobre este percentual, o disposto no art. 158, IV, da Constituição. (*Redação dada pela Emenda Constitucional n. 42, de 19.12.2003*)

§ 2º Para o financiamento dos Fundos Municipais, poderá ser criado adicional de até meio ponto percentual na alíquota do Imposto sobre serviços

---

86 Vide Emenda Constitucional n. 67, de 2010.

ou do imposto que vier a substituí-lo, sobre serviços supérfluos. (*Incluído pela Emenda Constitucional n. 31, de 2000*)

Art. 83. Lei federal definirá os produtos e serviços supérfluos a que se referem os arts. 80, II, e 82, § 2º. (*Redação dada pela Emenda Constitucional n. 42, de 19.12.2003*)

Art. 84. A contribuição provisória sobre movimentação ou transmissão de valores e de créditos e direitos de natureza financeira, prevista nos arts. 74, 75 e 80, I, deste Ato das Disposições Constitucionais Transitórias, será cobrada até 31 de dezembro de 2004. (*Incluído pela Emenda Constitucional n. 37, de 2002*)

§ 1º Fica prorrogada, até a data referida no *caput* deste artigo, a vigência da Lei n. 9.311, de 24 de outubro de 1996, e suas alterações. (*Incluído pela Emenda Constitucional n. 37, de 2002*)

§ 2º Do produto da arrecadação da contribuição social de que trata este artigo será destinada a parcela correspondente à alíquota de: (*Incluído pela Emenda Constitucional n. 37, de 2002*)

I vinte centésimos por cento ao Fundo Nacional de Saúde, para financiamento das ações e serviços de saúde; (*Incluído pela Emenda Constitucional n. 37, de 2002*)

II dez centésimos por cento ao custeio da previdência social; (*Incluído pela Emenda Constitucional n. 37, de 2002*)

III oito centésimos por cento ao Fundo de Combate e Erradicação da Pobreza, de que tratam os arts. 80 e 81 deste Ato das Disposições Constitucionais Transitórias. (*Incluído pela Emenda Constitucional n. 37, de 2002*)

§ 3º A alíquota da contribuição de que trata este artigo será de: (*Incluído pela Emenda Constitucional n. 37, de 2002*)

I trinta e oito centésimos por cento, nos exercícios financeiros de 2002 e 2003; (*Incluído pela Emenda Constitucional n. 37, de 2002*)

II (*Revogado pela Emenda Constitucional n. 42, de 2003*)

Art. 85. A contribuição a que se refere o art. 84 deste Ato das Disposições Constitucionais Transitórias não incidirá, a partir do trigésimo dia da data de publicação desta Emenda Constitucional, nos lançamentos: (*Incluído pela Emenda Constitucional n. 37, de 2002*)

I em contas correntes de depósito especialmente abertas e exclusivamente utilizadas para operações de:[87] (*Incluído pela Emenda Constitucional n. 37, de 2002*)

a) câmaras e prestadoras de serviços de compensação e de liquidação de que trata o parágrafo único do art. 2º da Lei n. 10.214, de 27 de março de 2001; (*Incluído pela Emenda Constitucional n. 37, de 2002*)
b) companhias securitizadoras de que trata a Lei n. 9.514, de 20 de novembro de 1997; (*Incluído pela Emenda Constitucional n. 37, de 2002*)
c) sociedades anônimas que tenham por objeto exclusivo a aquisição de créditos oriundos de operações praticadas no mercado financeiro; (*Incluído pela Emenda Constitucional n. 37, de 2002*)

II em contas correntes de depósito, relativos a: (*Incluído pela Emenda Constitucional n. 37, de 2002*)

a) operações de compra e venda de ações, realizadas em recintos ou sistemas de negociação de bolsas de valores e no mercado de balcão organizado; (*Incluído pela Emenda Constitucional n. 37, de 2002*)
b) contratos referenciados em ações ou índices de ações, em suas diversas modalidades, negociados em bolsas de valores, de mercadorias e de futuros; (*Incluído pela Emenda Constitucional n. 37, de 2002*)

III em contas de investidores estrangeiros, relativos a entradas no País e a remessas para o exterior de recursos financeiros empregados, exclusivamente, em operações e contratos referidos no inciso II deste artigo. (*Incluído pela Emenda Constitucional n. 37, de 2002*)

---

87 Vide Lei n. 10.982, de 2004.

§ 1º O Poder Executivo disciplinará o disposto neste artigo no prazo de trinta dias da data de publicação desta Emenda Constitucional. (*Incluído pela Emenda Constitucional n. 37, de 2002*)

§ 2º O disposto no inciso I deste artigo aplica-se somente às operações relacionadas em ato do Poder Executivo, dentre aquelas que constituam o objeto social das referidas entidades. (*Incluído pela Emenda Constitucional n. 37, de 2002*)

§ 3º O disposto no inciso II deste artigo aplica-se somente a operações e contratos efetuados por intermédio de instituições financeiras, sociedades corretoras de títulos e valores mobiliários, sociedades distribuidoras de títulos e valores mobiliários e sociedades corretoras de mercadorias. (*Incluído pela Emenda Constitucional n. 37, de 2002*)

Art. 86. Serão pagos conforme disposto no art. 100 da Constituição Federal, não se lhes aplicando a regra de parcelamento estabelecida no caput do art. 78 deste Ato das Disposições Constitucionais Transitórias, os débitos da Fazenda Federal, Estadual, Distrital ou Municipal oriundos de sentenças transitadas em julgado, que preencham, cumulativamente, as seguintes condições: (*Incluído pela Emenda Constitucional n. 37, de 2002*)

I ter sido objeto de emissão de precatórios judiciários; (*Incluído pela Emenda Constitucional n. 37, de 2002*)

II ter sido definidos como de pequeno valor pela lei de que trata o § 3º do art. 100 da Constituição Federal ou pelo art. 87 deste Ato das Disposições Constitucionais Transitórias; (*Incluído pela Emenda Constitucional n. 37, de 2002*)

III estar, total ou parcialmente, pendentes de pagamento na data da publicação desta Emenda Constitucional (*Incluído pela Emenda Constitucional n. 37, de 2002*)

§ 1º Os débitos a que se refere o caput deste artigo, ou os respectivos saldos, serão pagos na ordem cronológica de apresentação dos respectivos precatórios, com precedência sobre os de maior valor. (*Incluído pela Emenda Constitucional n. 37, de 2002*)

§ 2º Os débitos a que se refere o caput deste artigo, se ainda não tiverem sido objeto de pagamento parcial, nos termos do art. 78 deste Ato das Disposições Constitucionais Transitórias, poderão ser pagos em duas parcelas anuais, se assim dispuser a lei. (*Incluído pela Emenda Constitucional n. 37, de 2002*)

§ 3º Observada a ordem cronológica de sua apresentação, os débitos de natureza alimentícia previstos neste artigo terão precedência para pagamento sobre todos os demais. (*Incluído pela Emenda Constitucional n. 37, de 2002*)

Art. 87. Para efeito do que dispõem o § 3º do art. 100 da Constituição Federal e o art. 78 deste Ato das Disposições Constitucionais Transitórias serão considerados de pequeno valor, até que se dê a publicação oficial das respectivas leis definidoras pelos entes da Federação, observado o disposto no § 4º do art. 100 da Constituição Federal, os débitos ou obrigações consignados em precatório judiciário, que tenham valor igual ou inferior a: (*Incluído pela Emenda Constitucional n. 37, de 2002*)

I quarenta salários-mínimos, perante a Fazenda dos Estados e do Distrito Federal; (*Incluído pela Emenda Constitucional n. 37, de 2002*)

II trinta salários-mínimos, perante a Fazenda dos Municípios. (*Incluído pela Emenda Constitucional n. 37, de 2002*)

Parágrafo único. Se o valor da execução ultrapassar o estabelecido neste artigo, o pagamento far-se-á, sempre, por meio de precatório, sendo facultada à parte exequente a renúncia ao crédito do valor excedente, para que possa optar pelo pagamento do saldo sem o precatório, da forma prevista no § 3º do art. 100. (*Incluído pela Emenda Constitucional n. 37, de 2002*)

Art. 88. Enquanto lei complementar não disciplinar o disposto nos incisos I e III do § 3º do art. 156 da Constituição Federal, o imposto a que se refere o inciso III do caput do mesmo artigo: (*Incluído pela Emenda Constitucional n. 37, de 2002*)

I terá alíquota mínima de dois por cento, exceto para os serviços a que se referem os itens 32, 33 e 34 da Lista de Serviços anexa ao Decreto-Lei n. 406, de 31 de dezembro de 1968; (*Incluído pela Emenda Constitucional n. 37, de 2002*)

II não será objeto de concessão de isenções, incentivos e benefícios fiscais, que resulte, direta ou indiretamente, na redução da alíquota mínima estabelecida no inciso I. (*Incluído pela Emenda Constitucional n. 37, de 2002*)

Art. 89. Os integrantes da carreira policial militar e os servidores municipais do ex-Território Federal de Rondônia que, comprovadamente, se encontravam no exercício regular de suas funções prestando serviço àquele ex-Território na data em que foi transformado em Estado, bem como os servidores e os policiais militares alcançados pelo disposto no art. 36 da Lei Complementar n. 41, de 22 de dezembro de 1981, e aqueles admitidos regularmente nos quadros do Estado de Rondônia até a data de posse do primeiro Governador eleito, em 15 de março de 1987, constituirão, mediante opção, quadro em extinção da administração federal, assegurados os direitos e as vantagens a eles inerentes, vedado o pagamento, a qualquer título, de diferenças remuneratórias.[88] (*Redação dada pela Emenda Constitucional n. 60, de 2009*)

§ 1º Os membros da Polícia Militar continuarão prestando serviços ao Estado de Rondônia, na condição de cedidos, submetidos às corporações da Polícia Militar, observadas as atribuições de função compatíveis com o grau hierárquico. (*Incluído pela Emenda Constitucional n. 60, de 2009*)

§ 2º Os servidores a que se refere o caput continuarão prestando serviços ao Estado de Rondônia na condição de cedidos, até seu aproveitamento em órgão ou entidade da administração federal direta, autárquica ou fundacional. (*Incluído pela Emenda Constitucional n. 60, de 2009*)

Art. 90. O prazo previsto no *caput* do art. 84 deste Ato das Disposições Constitucionais Transitórias fica prorrogado até 31 de dezembro de 2007. (*Incluído pela Emenda Constitucional n. 42, de 19.12.2003*)

§ 1º Fica prorrogada, até a data referida no *caput* deste artigo, a vigência da Lei n. 9.311, de 24 de outubro de 1996, e suas alterações. (*Incluído pela Emenda Constitucional n. 42, de 19.12.2003*)

§ 2º Até a data referida no *caput* deste artigo, a alíquota da contribuição de que trata o art. 84 deste Ato das Disposições Constitucionais Transitórias será de trinta e oito centésimos por cento. (*Incluído pela Emenda Constitucional n. 42, de 19.12.2003*)

Art. 91. (*Revogado pela Emenda Constitucional n. 109, de 2021*)

---

88 Vide Lei n. 13.681, de 2018.

Art. 92. São acrescidos dez anos ao prazo fixado no art. 40 deste Ato das Disposições Constitucionais Transitórias.[89] (*Incluído pela Emenda Constitucional n. 42, de 19.12.2003*)

Art. 92-A. São acrescidos 50 (cinquenta) anos ao prazo fixado pelo art. 92 deste Ato das Disposições Constitucionais Transitórias. (*Incluído pela Emenda Constitucional n. 83, de 2014*)

Art. 93. A vigência do disposto no art. 159, III, e § 4º, iniciará somente após a edição da lei de que trata o referido inciso III. (*Incluído pela Emenda Constitucional n. 42, de 19.12.2003*)

Art. 94. Os regimes especiais de tributação para microempresas e empresas de pequeno porte próprios da União, dos Estados, do Distrito Federal e dos Municípios cessarão a partir da entrada em vigor do regime previsto no art. 146, III, d, da Constituição. (*Incluído pela Emenda Constitucional n. 42, de 19.12.2003*)

Art. 95. Os nascidos no estrangeiro entre 7 de junho de 1994 e a data da promulgação desta Emenda Constitucional, filhos de pai brasileiro ou mãe brasileira, poderão ser registrados em repartição diplomática ou consular brasileira competente ou em ofício de registro, se vierem a residir na República Federativa do Brasil. (*Incluído pela Emenda Constitucional n. 54, de 2007*)

Art. 96. Ficam convalidados os atos de criação, fusão, incorporação e desmembramento de Municípios, cuja lei tenha sido publicada até 31 de dezembro de 2006, atendidos os requisitos estabelecidos na legislação do respectivo Estado à época de sua criação. (*Incluído pela Emenda Constitucional n. 57, de 2008*)

Art. 97. Até que seja editada a lei complementar de que trata o § 15 do art. 100 da Constituição Federal, os Estados, o Distrito Federal e os Municípios que, na data de publicação desta Emenda Constitucional, estejam em mora na quitação de precatórios vencidos, relativos às suas administrações direta e indireta, inclusive os emitidos durante o período de vigência do regime especial instituído por este artigo, farão esses pagamentos de acordo com as normas a seguir estabelecidas, sendo inaplicável o disposto no art. 100 desta Constituição Federal, exceto em seus §§ 2º, 3º, 9º, 10, 11, 12, 13 e 14, e sem prejuízo dos acordos de juízos conciliatórios já formalizados na

---

89 Vide Decreto n. 7.212, de 2010.

data de promulgação desta Emenda Constitucional.[90] (*Incluído pela Emenda Constitucional n. 62, de 2009*)

§ 1º Os Estados, o Distrito Federal e os Municípios sujeitos ao regime especial de que trata este artigo optarão, por meio de ato do Poder Executivo: (*Incluído pela Emenda Constitucional n. 62, de 2009*)

I pelo depósito em conta especial do valor referido pelo § 2º deste artigo; ou (*Incluído pela Emenda Constitucional n. 62, de 2009*)

II pela adoção do regime especial pelo prazo de até 15 (quinze) anos, caso em que o percentual a ser depositado na conta especial a que se refere o § 2º deste artigo corresponderá, anualmente, ao saldo total dos precatórios devidos, acrescido do índice oficial de remuneração básica da caderneta de poupança e de juros simples no mesmo percentual de juros incidentes sobre a caderneta de poupança para fins de compensação da mora, excluída a incidência de juros compensatórios, diminuído das amortizações e dividido pelo número de anos restantes no regime especial de pagamento. (*Incluído pela Emenda Constitucional n. 62, de 2009*)

§ 2º Para saldar os precatórios, vencidos e a vencer, pelo regime especial, os Estados, o Distrito Federal e os Municípios devedores depositarão mensalmente, em conta especial criada para tal fim, 1/12 (um doze avos) do valor calculado percentualmente sobre as respectivas receitas correntes líquidas, apuradas no segundo mês anterior ao mês de pagamento, sendo que esse percentual, calculado no momento de opção pelo regime e mantido fixo até o final do prazo a que se refere o § 14 deste artigo, será: (*Incluído pela Emenda Constitucional n. 62, de 2009*)

I para os Estados e para o Distrito Federal: (*Incluído pela Emenda Constitucional n. 62, de 2009*)

a) de, no mínimo, 1,5% (um inteiro e cinco décimos por cento), para os Estados das regiões Norte, Nordeste e Centro-Oeste, além do Distrito Federal, ou cujo estoque de precatórios pendentes das suas administrações direta e indireta corresponder a até 35% (trinta e cinco por

---

90 Vide Emenda Constitucional n. 62, de 2009.

cento) do total da receita corrente líquida; (*Incluído pela Emenda Constitucional n. 62, de 2009*)
b) de, no mínimo, 2% (dois por cento), para os Estados das regiões Sul e Sudeste, cujo estoque de precatórios pendentes das suas administrações direta e indireta corresponder a mais de 35% (trinta e cinco por cento) da receita corrente líquida; (*Incluído pela Emenda Constitucional n. 62, de 2009*)

II para Municípios: (*Incluído pela Emenda Constitucional n. 62, de 2009*)

a) de, no mínimo, 1% (um por cento), para Municípios das regiões Norte, Nordeste e Centro-Oeste, ou cujo esto que de precatórios pendentes das suas administrações direta e indireta corresponder a até 35% (trinta e cinco por cento) da receita corrente líquida; (*Incluído pela Emenda Constitucional n. 62, de 2009*)
b) de, no mínimo, 1,5% (um inteiro e cinco décimos por cento), para Municípios das regiões Sul e Sudeste, cujo estoque de precatórios pendentes das suas administrações direta e indireta corresponder a mais de 35 % (trinta e cinco por cento) da receita corrente líquida. (*Incluído pela Emenda Constitucional n. 62, de 2009*)

§ 3º Entende-se como receita corrente líquida, para os fins de que trata este artigo, o somatório das receitas tributárias, patrimoniais, industriais, agropecuárias, de contribuições e de serviços, transferências correntes e outras receitas correntes, incluindo as oriundas do § 1º do art. 20 da Constituição Federal, verificado no período compreendido pelo mês de referência e os 11 (onze) meses anteriores, excluídas as duplicidades, e deduzidas: (*Incluído pela Emenda Constitucional n. 62, de 2009*)

I nos Estados, as parcelas entregues aos Municípios por deter minação constitucional; (*Incluído pela Emenda Constitucional n. 62, de 2009*)

II nos Estados, no Distrito Federal e nos Municípios, a contribuição dos servidores para custeio do seu sistema de previdência e assistência social e as receitas provenientes da compensação financeira referida no § 9º do art. 201 da Constituição Federal. (*Incluído pela Emenda Constitucional n. 62, de 2009*)

§ 4º As contas especiais de que tratam os §§ 1º e 2º serão administradas pelo Tribunal de Justiça local, para pagamento de precatórios expedidos pelos tribunais. (*Incluído pela Emenda Constitucional n. 62, de 2009*)

§ 5º Os recursos depositados nas contas especiais de que tratam os §§ 1º e 2º deste artigo não poderão retornar para Estados, Distrito Federal e Municípios devedores. (*Incluído pela Emenda Constitucional n. 62, de 2009*)

§ 6º Pelo menos 50% (cinquenta por cento) dos recursos de que tratam os §§ 1º e 2º deste artigo serão utilizados para pagamento de precatórios em ordem cronológica de apresentação, respeitadas as preferências definidas no § 1º, para os requisitórios do mesmo ano e no § 2º do art. 100, para requisitórios de todos os anos. (*Incluído pela Emenda Constitucional n. 62, de 2009*)

§ 7º Nos casos em que não se possa estabelecer a precedência cronológica entre 2 (dois) precatórios, pagar-se-á primeiramente o precatório de menor valor. (*Incluído pela Emenda Constitucional n. 62, de 2009*)

§ 8º A aplicação dos recursos restantes dependerá de opção a ser exercida por Estados, Distrito Federal e Municípios devedores, por ato do Poder Executivo, obedecendo à seguinte forma, que poderá ser aplicada isoladamente ou simultaneamente: (*Incluído pela Emenda Constitucional n. 62, de 2009*)

I destinados ao pagamento dos precatórios por meio do leilão; (*Incluído pela Emenda Constitucional n. 62, de 2009*)

II destinados a pagamento a vista de precatórios não quitados na forma do § 6º e do inciso I, em ordem única e crescente de valor por precatório; (*Incluído pela Emenda Constitucional n. 62, de 2009*)

III destinados a pagamento por acordo direto com os credores, na forma estabelecida por lei própria da entidade devedora, que poderá prever criação e forma de funcionamento de câmara de conciliação. (*Incluído pela Emenda Constitucional n. 62, de 2009*)

§ 9º Os leilões de que trata o inciso I do § 8º deste artigo: (*Incluído pela Emenda Constitucional n. 62, de 2009*)

I serão realizados por meio de sistema eletrônico administrado por entidade autorizada pela Comissão de Valores Mobiliários ou pelo Banco Central do Brasil; (*Incluído pela Emenda Constitucional n. 62, de 2009*)

II admitirão a habilitação de precatórios, ou parcela de cada precatório indicada pelo seu detentor, em relação aos quais não esteja pendente, no âmbito do Poder Judiciário, recurso ou impugnação de qualquer natureza, permitida por iniciativa do Poder Executivo a compensação com débitos líquidos e certos, inscritos ou não em dívida ativa e constituídos contra devedor originário pela Fazenda Pública devedora até a data da expedição do precatório, ressalvados aqueles cuja exigibilidade esteja suspensa nos termos da legislação, ou que já tenham sido objeto de abatimento nos termos do § 9º do art. 100 da Constituição Federal; (*Incluído pela Emenda Constitucional n. 62, de 2009*)

III ocorrerão por meio de oferta pública a todos os credores habilitados pelo respectivo ente federativo devedor; (*Incluído pela Emenda Constitucional n. 62, de 2009*)

IV considerarão automaticamente habilitado o credor que satisfaça o que consta no inciso II; (*Incluído pela Emenda Constitucional n. 62, de 2009*)

V serão realizados tantas vezes quanto necessário em função do valor disponível; (*Incluído pela Emenda Constitucional n. 62, de 2009*)

VI a competição por parcela do valor total ocorrerá a critério do credor, com deságio sobre o valor desta; (*Incluído pela Emenda Constitucional n. 62, de 2009*)

VII ocorrerão na modalidade deságio, associado ao maior volume ofertado cumulado ou não com o maior percentual de deságio, pelo maior percentual de deságio, podendo ser fixado valor máximo por credor, ou por outro critério a ser definido em edital; (*Incluído pela Emenda Constitucional n. 62, de 2009*)

VIII o mecanismo de formação de preço constará nos editais publicados para cada leilão; (*Incluído pela Emenda Constitucional n. 62, de 2009*)

IX a quitação parcial dos precatórios será homologada pelo respectivo Tribunal que o expediu. (*Incluído pela Emenda Constitucional n. 62, de 2009*)

§ 10. No caso de não liberação tempestiva dos recursos de que tratam o inciso II do § 1º e os §§ 2º e 6º deste artigo: (*Incluído pela Emenda Constitucional n. 62, de 2009*)

I haverá o sequestro de quantia nas contas de Estados, Distrito Federal e Municípios devedores, por ordem do Presidente do Tribunal referido no § 4º, até o limite do valor não liberado; (*Incluído pela Emenda Constitucional n. 62, de 2009*)

II constituir-se-á, alternativamente, por ordem do Presidente do Tribunal requerido, em favor dos credores de precatórios, contra Estados, Distrito Federal e Municípios devedores, direito líquido e certo, autoaplicável e independentemente de regulamentação, à compensação automática com débitos líquidos lançados por esta contra aqueles, e, havendo saldo em favor do credor, o valor terá automaticamente poder liberatório do pagamento de tributos de Estados, Distrito Federal e Municípios devedores, até onde se compensarem; (*Incluído pela Emenda Constitucional n. 62, de 2009*)

III o chefe do Poder Executivo responderá na forma da legislação de responsabilidade fiscal e de improbidade administrativa; (*Incluído pela Emenda Constitucional n. 62, de 2009*)

IV enquanto perdurar a omissão, a entidade devedora: (*Incluído pela Emenda Constitucional n. 62, de 2009*)

a) não poderá contrair empréstimo externo ou interno; (*Incluído pela Emenda Constitucional n. 62, de 2009*)
b) ficará impedida de receber transferências voluntárias; (*Incluído pela Emenda Constitucional n. 62, de 2009*)

V a União reterá os repasses relativos ao Fundo de Participação dos Estados e do Distrito Federal e ao Fundo de Participação dos Municípios, e os depositará nas contas especiais referidas no § 1º, devendo sua utilização obedecer ao que prescreve o § 5º, ambos deste artigo. (*Incluído pela Emenda Constitucional n. 62, de 2009*)

§ 11. No caso de precatórios relativos a diversos credores, em litisconsórcio, admite-se o desmembramento do valor, realizado pelo Tribunal de origem do precatório, por credor, e, por este, a habilitação do valor total a que tem direito, não se aplicando, neste caso, a regra do § 3º do art. 100 da Constituição Federal. (*Incluído pela Emenda Constitucional n. 62, de 2009*)

§ 12. Se a lei a que se refere o § 4º do art. 100 não estiver publicada em até 180 (cento e oitenta) dias, contados da data de publicação desta Emenda Constitucional, será considerado, para os fins referidos, em relação a Estados, Distrito Federal e Municípios devedores, omissos na regulamentação, o valor de: (*Incluído pela Emenda Constitucional n. 62, de 2009*)

I 40 (quarenta) salários mínimos para Estados e para o Distrito Federal; (*Incluído pela Emenda Constitucional n. 62, de 2009*)

II 30 (trinta) salários mínimos para Municípios. (*Incluído pela Emenda Constitucional n. 62, de 2009*)

§ 13. Enquanto Estados, Distrito Federal e Municípios devedores estiverem realizando pagamentos de precatórios pelo regime especial, não poderão sofrer sequestro de valores, exceto no caso de não liberação tempestiva dos recursos de que tratam o inciso II do § 1º e o § 2º deste artigo. (*Incluído pela Emenda Constitucional n. 62, de 2009*)

§ 14. O regime especial de pagamento de precatório previsto no inciso I do § 1º vigorará enquanto o valor dos precatórios devidos for superior ao valor dos recursos vinculados, nos termos do § 2º, ambos deste artigo, ou pelo prazo fixo de até 15 (quinze) anos, no caso da opção prevista no inciso II do § 1º. (*Incluído pela Emenda Constitucional n. 62, de 2009*)

§ 15. Os precatórios parcelados na forma do art. 33 ou do art. 78 deste Ato das Disposições Constitucionais Transitórias e ainda pendentes de pagamento ingressarão no regime especial com o valor atualizado das parcelas não pagas relativas a cada precatório, bem como o saldo dos acordos judiciais e extrajudiciais. (*Incluído pela Emenda Constitucional n. 62, de 2009*)

§ 16. A partir da promulgação desta Emenda Constitucional, a atualização de valores de requisitórios, até o efetivo pagamento, independentemente de sua natureza, será feita pelo índice oficial de remuneração básica da caderneta de poupança, e, para fins de compensação da mora, incidirão juros simples no mesmo percentual de juros incidentes sobre a caderneta de poupança, ficando excluída a incidência de juros compensatórios. (*Incluído pela Emenda Constitucional n. 62, de 2009*)

§ 17. O valor que exceder o limite previsto no § 2º do art. 100 da Constituição Federal será pago, durante a vigência do regime especial, na forma prevista nos §§ 6º e 7º ou nos incisos I, II e III do § 8º deste artigo, devendo os valores dispendidos para o atendimento do disposto no § 2º do art. 100 da Constituição Federal serem computados para efeito do § 6º deste artigo. (*Incluído pela Emenda Constitucional n. 62, de 2009*)

§ 18. Durante a vigência do regime especial a que se refere este artigo, gozarão também da preferência a que se refere o § 6º os titulares originais de precatórios que tenham completado 60 (sessenta) anos de idade até a data da promulgação desta Emenda Constitucional. (*Incluído pela Emenda Constitucional n. 62, de 2009*)

Art. 98. O número de defensores públicos na unidade jurisdicional será proporcional à efetiva demanda pelo serviço da Defensoria Pública e à respectiva população. (*Incluído pela Emenda Constitucional n. 80, de 2014*)

§ 1º No prazo de 8 (oito) anos, a União, os Estados e o Distrito Federal deverão contar com defensores públicos em todas as unidades jurisdicionais, observado o disposto no caput deste artigo. (*Incluído pela Emenda Constitucional n. 80, de 2014*)

§ 2º Durante o decurso do prazo previsto no § 1º deste artigo, a lotação dos defensores públicos ocorrerá, prioritariamente, atendendo as regiões com maiores índices de exclusão social e adensamento populacional. (*Incluído pela Emenda Constitucional n. 80, de 2014*)

Art. 99. Para efeito do disposto no inciso VII do § 2º do art. 155, no caso de operações e prestações que destinem bens e serviços a consumidor final não contribuinte localizado em outro Estado, o imposto correspondente à diferença entre a alíquota interna e a interestadual será partilhado entre os Estados de origem e de destino, na seguinte proporção: (*Incluído pela Emenda Constitucional n. 87, de 2015*)

I para o ano de 2015: 20% (vinte por cento) para o Estado de destino e 80% (oitenta por cento) para o Estado de origem; (*Incluído pela Emenda Constitucional n. 87, de 2015*)

II para o ano de 2016: 40% (quarenta por cento) para o Estado de destino e 60% (sessenta por cento) para o Estado de origem; (*Incluído pela Emenda Constitucional n. 87, de 2015*)

III para o ano de 2017: 60% (sessenta por cento) para o Estado de destino e 40% (quarenta por cento) para o Estado de origem; (*Incluído pela Emenda Constitucional n. 87, de 2015*)

IV para o ano de 2018: 80% (oitenta por cento) para o Estado de destino e 20% (vinte por cento) para o Estado de origem; (*Incluído pela Emenda Constitucional n. 87, de 2015*)

V a partir do ano de 2019: 100% (cem por cento) para o Estado de destino. (*Incluído pela Emenda Constitucional n. 87, de 2015*)

Art. 100. Até que entre em vigor a lei complementar de que trata o inciso II do § 1º do art. 40 da Constituição Federal, os Ministros do Supremo Tribunal Federal, dos Tribunais Superiores e do Tribunal de Contas da União aposentar-se-ão, compulsoriamente, aos 75 (setenta e cinco) anos de idade, nas condições do art. 52 da Constituição Federal. (*Incluído pela Emenda Constitucional n. 88, de 2015*)

Art. 101. Os Estados, o Distrito Federal e os Municípios que, em 25 de março de 2015, se encontravam em mora no pagamento de seus precatórios quitarão, até 31 de dezembro de 2029, seus débitos vencidos e os que vencerão dentro desse período, atualizados pelo Índice Nacional de Preços ao Consumidor Amplo Especial (IPCA-E), ou por outro índice que venha a substituí-lo, depositando mensalmente em conta especial do Tribunal de Justiça local, sob única e exclusiva administração deste, 1/12 (um doze avos) do valor calculado percentualmente sobre suas receitas correntes líquidas apuradas no segundo mês anterior ao mês de pagamento, em percentual suficiente para a quitação de seus débitos e, ainda que variável, nunca inferior, em cada exercício, ao percentual praticado na data da entrada em vigor do regime especial a que se refere este artigo, em conformidade com plano de pagamento a ser anualmente apresentado ao Tribunal de Justiça local. (*Redação dada pela Emenda Constitucional n. 109, de 2021*)

§ 1º Entende-se como receita corrente líquida, para os fins de que trata este artigo, o somatório das receitas tributárias, patrimoniais, industriais, agropecuárias, de contribuições e de serviços, de transferências correntes e outras receitas correntes, incluindo as oriundas do § 1º do art. 20 da Constituição Federal, verificado no período compreendido pelo segundo mês imediatamente anterior ao de referência e os 11 (onze) meses precedentes, excluídas as duplicidades, e deduzidas: (*Incluído pela Emenda Constitucional n. 94, de 2016*)

I nos Estados, as parcelas entregues aos Municípios por deter minação constitucional; (*Incluído pela Emenda Constitucional n. 94, de 2016*)

II nos Estados, no Distrito Federal e nos Municípios, a contribuição dos servidores para custeio de seu sistema de previdência e assistência social e as receitas provenientes da compensação financeira referida no § 9º do art. 201 da Constituição Federal. (*Incluído pela Emenda Constitucional n. 94, de 2016*)

§ 2º O débito de precatórios será pago com recursos orçamentários próprios provenientes das fontes de receita corrente líquida referidas no § 1º deste artigo e, adicionalmente, poderão ser utilizados recursos dos seguintes instrumentos: (*Redação dada pela Emenda constitucional n. 99, de 2017*)

I até 75% (setenta e cinco por cento) dos depósitos judiciais e dos depósitos administrativos em dinheiro referentes a processos judiciais ou administrativos, tributários ou não tributários, nos quais sejam parte os Estados, o Distrito Federal ou os Municípios, e as respectivas autarquias, fundações e empresas estatais dependentes, mediante a instituição de fundo garantidor em montante equivalente a 1/3 (um terço) dos recursos levantados, constituído pela parcela restante dos depósitos judiciais e remunerado pela taxa referencial do Sistema Especial de Liquidação e de Custódia (Selic) para títulos federais, nunca inferior aos índices e critérios aplicados aos depósitos levantados; (*Redação dada pela Emenda constitucional n. 99, de 2017*)

II até 30% (trinta por cento) dos demais depósitos judiciais da localidade sob jurisdição do respectivo Tribunal de Justiça, mediante a instituição de fundo garantidor em montante equivalente aos recursos levantados, constituído pela parcela restante dos depósitos judiciais e remunerado pela taxa referencial do Sistema Especial de Liquidação e de Custódia (Selic) para títulos federais, nunca inferior aos índices e critérios aplicados aos depósitos levantados, destinando-se: (*Redação dada pela Emenda constitucional n. 99, de 2017*)

a) no caso do Distrito Federal, 100% (cem por cento) desses recursos ao próprio Distrito Federal; (*Incluído pela Emenda Constitucional n. 94, de 2016*)

b) no caso dos Estados, 50% (cinquenta por cento) desses recursos ao próprio Estado e 50% (cinquenta por cento) aos respectivos Municípios, conforme a circunscrição judiciária onde estão depositados os recursos, e, se houver mais de um Município na mesma circunscrição judiciária, os recursos serão rateados entre os Municípios concorrentes, proporcionalmente às respectivas populações, utilizado como referência o último levantamento censitário ou a mais recente estimativa populacional da Fundação Instituto Brasileiro de Geografia e Estatística (IBGE); (*Redação dada pela Emenda constitucional n. 99, de 2017*)

III empréstimos, excetuados para esse fim os limites de endividamento de que tratam os incisos VI e VII do caput do art. 52 da Constituição Federal e quaisquer outros limites de endividamento previstos em lei, não se aplicando a esses empréstimos a vedação de vinculação de receita prevista no inciso IV do caput do art. 167 da Constituição Federal; (*Redação dada pela Emenda constitucional n. 99, de 2017*)

IV a totalidade dos depósitos em precatórios e requisições diretas de pagamento de obrigações de pequeno valor efetuados até 31 de dezembro de 2009 e ainda não levantados, com o cancelamento dos respectivos requisitórios e a baixa das obrigações, assegurada a revalidação dos requisitórios pelos juízos dos processos perante os Tribunais, a requerimento dos credores e após a oitiva da entidade devedora, mantidas a posição de ordem cronológica original e a remuneração de todo o período. (*Incluído pela Emenda constitucional n. 99, de 2017*)

§ 3º Os recursos adicionais previstos nos incisos I, II e IV do § 2º deste artigo serão transferidos diretamente pela instituição financeira depositária para a conta especial referida no caput deste artigo, sob única e exclusiva administração do Tribunal de Justiça local, e essa transferência deverá ser realizada em até sessenta dias contados a partir da entrada em vigor deste parágrafo, sob pena de responsabilização pessoal do dirigente da instituição financeira por improbidade. (*Incluído pela Emenda constitucional n. 99, de 2017*)

§ 4º (*Revogado pela Emenda Constitucional n. 109, de 2021*)

I (*Revogado pela Emenda Constitucional n. 109, de 2021*)

II (*Revogado pela Emenda Constitucional n. 109, de 2021*)

III (*Revogado pela Emenda Constitucional n. 109, de 2021*)

IV (*Revogado pela Emenda Constitucional n. 109, de 2021*)

§ 5º Os empréstimos de que trata o inciso III do § 2º deste artigo poderão ser destinados, por meio de ato do Poder Executivo, exclusivamente ao pagamento de precatórios por acordo direto com os credores, na forma do disposto no inciso III do § 8º do art. 97 deste Ato das Disposições Constitucionais Transitórias. (*Incluído pela Emenda Constitucional n. 113, de 2021*)

Art. 102. Enquanto viger o regime especial previsto nesta Emenda Constitucional, pelo menos 50% (cinquenta por cento) dos recursos que, nos termos do art. 101 deste Ato das Disposições Constitucionais Transitórias, forem destinados ao pagamento dos precatórios em mora serão utilizados no pagamento segundo a ordem cronológica de apresentação, respeitadas as preferências dos créditos alimentares, e, nessas, as relativas à idade, ao estado de saúde e à deficiência, nos termos do § 2º do art. 100 da Constituição Federal, sobre todos os demais créditos de todos os anos. (*Incluído pela Emenda Constitucional n. 94, de 2016*)

§ 1º A aplicação dos recursos remanescentes, por opção a ser exercida por Estados, Distrito Federal e Municípios, por ato do respectivo Poder Executivo, observada a ordem de preferência dos credores, poderá ser destinada ao pagamento mediante acordos diretos, perante Juízos Auxiliares de Conciliação de Precatórios, com redução máxima de 40% (quarenta por cento) do valor do crédito atualizado, desde que em relação ao crédito não penda recurso ou defesa judicial e que sejam observados os requisitos definidos na regulamentação editada pelo ente federado. (*Numerado do parágrafo único pela Emenda constitucional n. 99, de 2017*)

§ 2º Na vigência do regime especial previsto no art. 101 deste Ato das Disposições Constitucionais Transitórias, as preferências relativas à idade, ao estado de saúde e à deficiência serão atendidas até o valor equivalente ao quíntuplo fixado em lei para os fins do disposto no § 3º do art. 100 da Constituição Federal, admitido o fracionamento para essa finalidade, e o restante será pago em ordem cronológica de apresentação do precatório. (*Incluído pela Emenda constitucional n. 99, de 2017*)

Art. 103. Enquanto os Estados, o Distrito Federal e os Municípios estiverem efetuando o pagamento da parcela mensal devida como previsto no caput do art. 101 deste Ato das Disposições Constitucionais Transitórias, nem eles, nem as respectivas autarquias, fundações e empresas estatais dependentes poderão sofrer sequestro de valores, exceto no caso de não liberação tempestiva dos recursos. (*Incluído pela Emenda Constitucional n. 94, de 2016*)

Parágrafo único. Na vigência do regime especial previsto no art. 101 deste Ato das Disposições Constitucionais Transitórias, ficam vedadas desapropriações pelos Estados, pelo Distrito Federal e pelos Municípios, cujos estoques de precatórios ainda pendentes de pagamento, incluídos os precatórios a pagar de suas entidades da administração indireta, sejam superiores a 70% (setenta por cento) das respectivas receitas correntes líquidas, excetuadas as desapropriações para fins de necessidade pública nas áreas de saúde, educação, segurança pública, transporte público, saneamento básico e habitação de interesse social. (*Incluído pela Emenda constitucional n. 99, de 2017*)

Art. 104. Se os recursos referidos no art. 101 deste Ato das Disposições Constitucionais Transitórias para o pagamento de precatórios não forem tempestivamente liberados, no todo ou em parte: (*Incluído pela Emenda Constitucional n. 94, de 2016*)

I o Presidente do Tribunal de Justiça local determinará o sequestro, até o limite do valor não liberado, das contas do ente federado inadimplente; (*Incluído pela Emenda Constitucional n. 94, de 2016*)

II o chefe do Poder Executivo do ente federado inadimplente responderá, na forma da legislação de responsabilidade fiscal e de improbidade administrativa; (*Incluído pela Emenda Constitucional n. 94, de 2016*)

III a União reterá os recursos referentes aos repasses ao Fundo de Participação dos Estados e do Distrito Federal e ao Fundo de Participação dos Municípios e os depositará na conta especial referida no art. 101 deste Ato das Disposições Constitucionais Transitórias, para utilização como nele previsto; (*Incluído pela Emenda Constitucional n. 94, de 2016*)

IV os Estados reterão os repasses previstos no parágrafo único do art. 158 da Constituição Federal e os depositarão na conta especial referida no art. 101 deste Ato das Disposições Constitucionais Transitórias, para utilização como nele previsto. (*Incluído pela Emenda Constitucional n. 94, de 2016*)

Parágrafo único. Enquanto perdurar a omissão, o ente federado não poderá contrair empréstimo externo ou interno, exceto para os fins previstos no § 2º do art. 101 deste Ato das Disposições Constitucionais Transitórias, e ficará impedido de receber transferências voluntárias. (*Incluído pela Emenda Constitucional n. 94, de 2016*)

Art. 105. Enquanto viger o regime de pagamento de precatórios previsto no art. 101 deste Ato das Disposições Constitucionais Transitórias, é facultada aos credores de precatórios, próprios ou de terceiros, a compensação com débitos de natureza tributária ou de outra natureza que até 25 de março de 2015 tenham sido inscritos na dívida ativa dos Estados, do Distrito Federal ou dos Municípios, observados os requisitos definidos em lei própria do ente federado. (*Incluído pela Emenda Constitucional n. 94, de 2016*)

§ 1º Não se aplica às compensações referidas no caput deste artigo qualquer tipo de vinculação, como as transferências a outros entes e as destinadas à educação, à saúde e a outras finalidades. (*Numerado do parágrafo único pela Emenda constitucional n. 99, de 2017*)

§ 2º Os Estados, o Distrito Federal e os Municípios regulamentarão nas respectivas leis o disposto no caput deste artigo em até cento e vinte dias a partir de 1º de janeiro de 2018. (*Incluído pela Emenda constitucional n. 99, de 2017*)

§ 3º Decorrido o prazo estabelecido no § 2º deste artigo sem a regulamentação nele prevista, ficam os credores de precatórios autorizados a exercer a faculdade a que se refere o caput deste artigo. (*Incluído pela Emenda constitucional n. 99, de 2017*)

Art. 106. Fica instituído o Novo Regime Fiscal no âmbito dos Orçamentos Fiscal e da Seguridade Social da União, que vigorará por vinte exercícios financeiros, nos termos dos arts. 107 a 114 deste Ato das Disposições Constitucionais Transitórias. (*Incluído pela Emenda Constitucional n. 95, de 2016*)

Art. 107. Ficam estabelecidos, para cada exercício, limites individualizados para as despesas primárias: (*Incluído pela Emenda Constitucional n. 95, de 2016*)

I do Poder Executivo; (*Incluído pela Emenda Constitucional n. 95, de 2016*)

II do Supremo Tribunal Federal, do Superior Tribunal de Justiça, do Conselho Nacional de Justiça, da Justiça do Trabalho, da Justiça Federal, da Justiça Militar da União, da Justiça Eleitoral e da Justiça do Distrito Federal e Territórios, no âmbito do Poder Judiciário; (*Incluído pela Emenda Constitucional n. 95, de 2016*)

III do Senado Federal, da Câmara dos Deputados e do Tribunal de Contas da União, no âmbito do Poder Legislativo; (*Incluído pela Emenda Constitucional n. 95, de 2016*)

IV do Ministério Público da União e do Conselho Nacional do Ministério Público; e (*Incluído pela Emenda Constitucional n. 95, de 2016*)

V da Defensoria Pública da União. (*Incluído pela Emenda Constitucional n. 95, de 2016*)

§ 1º Cada um dos limites a que se refere o caput deste artigo equivalerá: (*Incluído pela Emenda Constitucional n. 95, de 2016*)

I para o exercício de 2017, à despesa primária paga no exercício de 2016, incluídos os restos a pagar pagos e demais operações que afetam o resultado primário, corrigida em 7,2% (sete inteiros e dois décimos por cento); e (*Incluído pela Emenda Constitucional n. 95, de 2016*)

II para os exercícios posteriores, ao valor do limite referente ao exercício imediatamente anterior, corrigido pela variação do Índice Nacional de Preços ao Consumidor Amplo (IPCA), publicado pela Fundação Instituto Brasileiro de Geografia e Estatística, ou de outro índice que vier a substituí-lo, apurado no exercício anterior a que se refere a lei orçamentária. (*Redação dada pela Emenda Constitucional n. 113, de 2021*)

§ 2º Os limites estabelecidos na forma do inciso IV do caput do art. 51, do inciso XIII do caput do art. 52, do § 1º do art. 99, do § 3º do art. 127 e do § 3º do art. 134 da Constituição Federal não poderão ser superiores aos estabelecidos nos termos deste artigo. (*Incluído pela Emenda Constitucional n. 95, de 2016*)

§ 3º A mensagem que encaminhar o projeto de lei orçamentária demonstrará os valores máximos de programação compatíveis com os limites individualizados calculados na forma do § 1º deste artigo, observados os §§ 7º a 9º deste artigo. (*Incluído pela Emenda Constitucional n. 95, de 2016*)

§ 4º As despesas primárias autorizadas na lei orçamentária anual sujeitas aos limites de que trata este artigo não poderão exceder os valores máximos demonstrados nos termos do § 3º deste artigo. (*Incluído pela Emenda Constitucional n. 95, de 2016*)

§ 5º É vedada a abertura de crédito suplementar ou especial que amplie o montante total autorizado de despesa primária sujeita aos limites de que trata este artigo. (*Incluído pela Emenda Constitucional n. 95, de 2016*)

§ 6º Não se incluem na base de cálculo e nos limites estabelecidos neste artigo: (*Incluído pela Emenda Constitucional n. 95, de 2016*)

I transferências constitucionais estabelecidas no § 1º do art. 20, no inciso III do parágrafo único do art. 146, no § 5º do art. 153, no art. 157, nos incisos I e II do caput do art. 158, no art. 159 e no § 6º do art. 212, as despesas referentes ao inciso XIV do caput do art. 21 e as complementações de que tratam os incisos IV e V do caput do art. 212-A, todos da Constituição Federal; (*Redação dada pela Emenda constitucional n. 108, de 2020*)

II créditos extraordinários a que se refere o § 3º do art. 167 da Constituição Federal; (*Incluído pela Emenda Constitucional n. 95, de 2016*)

III despesas não recorrentes da Justiça Eleitoral com a realização de eleições; e (*Incluído pela Emenda Constitucional n. 95, de 2016*)

IV despesas com aumento de capital de empresas estatais não dependentes. (*Incluído pela Emenda Constitucional n. 95, de 2016*)

V transferências a Estados, Distrito Federal e Municípios de parte dos valores arrecadados com os leilões dos volumes excedentes ao limite a que se refere o § 2º do art. 1º da Lei n. 12.276, de 30 de junho de 2010, e a despesa decorrente da revisão do contrato de cessão onerosa de que trata a mesma Lei. (*Incluído pela Emenda Constitucional n. 102, de 2019*) (*Produção de efeito*)

§ 7º Nos três primeiros exercícios financeiros da vigência do Novo Regime Fiscal, o Poder Executivo poderá compensar com redução equivalente na sua despesa primária, consoante os valores estabelecidos no projeto de lei orçamentária encaminhado pelo Poder Executivo no respectivo exercício, o excesso de despesas primárias em relação aos limites de que tratam os incisos II a V do caput deste artigo. (*Incluído pela Emenda Constitucional n. 95, de 2016*)

§ 8º A compensação de que trata o § 7º deste artigo não excederá a 0,25% (vinte e cinco centésimos por cento) do limite do Poder Executivo. (*Incluído pela Emenda Constitucional n. 95, de 2016*)

§ 9º Respeitado o somatório em cada um dos incisos de II a IV do caput deste artigo, a lei de diretrizes orçamentárias poderá dispor sobre a compensação entre os limites individualizados dos órgãos elencados em cada inciso. (*Incluído pela Emenda Constitucional n. 95, de 2016*)

§ 10. Para fins de verificação do cumprimento dos limites de que trata este artigo, serão consideradas as despesas primárias pagas, incluídos os restos a pagar pagos e demais operações que afetam o resultado primário no exercício. (*Incluído pela Emenda Constitucional n. 95, de 2016*)

§ 11. O pagamento de restos a pagar inscritos até 31 de dezembro de 2015 poderá ser excluído da verificação do cumprimento dos limites de que trata este artigo, até o excesso de resultado primário dos Orçamentos Fiscal e da Seguridade Social do exercício em relação à meta fixada na lei de diretrizes orçamentárias. (*Incluído pela Emenda Constitucional n. 95, de 2016*)

§ 12. Para fins da elaboração do projeto de lei orçamentária anual, o Poder Executivo considerará o valor realizado até junho do índice previsto no inciso II do § 1º deste artigo, relativo ao ano de encaminhamento do projeto, e o valor estimado até dezembro desse mesmo ano. (*Incluído pela Emenda Constitucional n. 113, de 2021*)

§ 13. A estimativa do índice a que se refere o § 12 deste artigo, juntamente com os demais parâmetros macroeconômicos, serão elaborados mensalmente pelo Poder Executivo e enviados à comissão mista de que trata o § 1º do art. 166 da Constituição Federal. (*Incluído pela Emenda Constitucional n. 113, de 2021*)

§ 14. O resultado da diferença aferida entre as projeções referidas nos §§ 12 e 13 deste artigo e a efetiva apuração do índice previsto no inciso II do § 1º deste artigo será calculado pelo Poder Executivo, para fins de definição da base de cálculo dos respectivos limites do exercício seguinte, a qual será comunicada aos demais Poderes por ocasião da elaboração do projeto de lei orçamentária. (*Incluído pela Emenda Constitucional n. 113, de 2021*)

Art. 107-A. Até o fim de 2026, fica estabelecido, para cada exercício financeiro, limite para alocação na proposta orçamentária das despesas com pagamentos em virtude de sentença judiciária de que trata o art. 100 da Constituição Federal, equivalente ao valor da despesa paga no exercício de 2016, incluídos os restos a pagar pagos, corrigido na forma do § 1º do art. 107 deste Ato das Disposições Constitucionais Transitórias, devendo o espaço fiscal decorrente da diferença entre o valor dos precatórios expedidos e o respectivo limite ser destinado ao programa previsto no parágrafo único do art. 6º e à seguridade social, nos termos do art. 194, ambos da Constituição Federal, a ser calculado da seguinte forma: (*Incluído pela Emenda Constitucional n. 114, de 2021*)

I no exercício de 2022, o espaço fiscal decorrente da diferença entre o valor dos precatórios expedidos e o limite estabelecido no caput deste artigo deverá ser destinado ao programa previsto no parágrafo único do art. 6º e à seguridade social, nos termos do art. 194, ambos da Constituição Federal; (*Incluído pela Emenda Constitucional n. 114, de 2021*)

II no exercício de 2023, pela diferença entre o total de precatórios expedidos entre 2 de julho de 2021 e 2 de abril de 2022 e o limite de que trata o caput deste artigo válido para o exercício de 2023; e (*Incluído pela Emenda Constitucional n. 114, de 2021*)

III nos exercícios de 2024 a 2026, pela diferença entre o total de precatórios expedidos entre 3 de abril de dois anos anteriores e 2 de abril do ano anterior ao exercício e o limite de que trata o caput deste artigo válido para o mesmo exercício. (*Incluído pela Emenda Constitucional n. 114, de 2021*)

§ 1º O limite para o pagamento de precatórios corresponderá, em cada exercício, ao limite previsto no caput deste artigo, reduzido da projeção para a despesa com o pagamento de requisições de pequeno valor para o mesmo exercício, que terão prioridade no pagamento. (*Incluído pela Emenda Constitucional n. 114, de 2021*)

§ 2º Os precatórios que não forem pagos em razão do previsto neste artigo terão prioridade para pagamento em exercícios seguintes, observada a ordem cronológica e o disposto no § 8º deste artigo. (*Incluído pela Emenda Constitucional n. 114, de 2021*)

§ 3º É facultado ao credor de precatório que não tenha sido pago em razão do disposto neste artigo, além das hipóteses previstas no § 11 do art. 100 da Constituição Federal e sem prejuízo dos procedimentos previstos nos §§ 9º e 21 do referido artigo, optar pelo recebimento, mediante acordos diretos perante Juízos Auxiliares de Conciliação de Pagamento de Condenações Judiciais contra a Fazenda Pública Federal, em parcela única, até o final do exercício seguinte, com renúncia de 40% (quarenta por cento) do valor desse crédito. (*Incluído pela Emenda Constitucional n. 114, de 2021*)

§ 4º O Conselho Nacional de Justiça regulamentará a atuação dos Presidentes dos Tribunais competentes para o cumprimento deste artigo. (*Incluído pela Emenda Constitucional n. 114, de 2021*)

§ 5º Não se incluem no limite estabelecido neste artigo as despesas para fins de cumprimento do disposto nos §§ 11, 20 e 21 do art. 100 da Constituição Federal e no § 3º deste artigo, bem como a atualização monetária dos precatórios inscritos no exercício. (*Incluído pela Emenda Constitucional n. 114, de 2021*)

§ 6º Não se incluem nos limites estabelecidos no art. 107 deste Ato das Disposições Constitucionais Transitórias o previsto nos §§ 11, 20 e 21 do art. 100 da Constituição Federal e no § 3º deste artigo. (*Incluído pela Emenda Constitucional n. 114, de 2021*)

§ 7º Na situação prevista no § 3º deste artigo, para os precatórios não incluídos na proposta orçamentária de 2022, os valores necessários à sua quitação serão providenciados pela abertura de créditos adicionais durante o exercício de 2022. (*Incluído pela Emenda Constitucional n. 114, de 2021*)

§ 8º Os pagamentos em virtude de sentença judiciária de que trata o art. 100 da Constituição Federal serão realizados na seguinte ordem: (*Incluído pela Emenda Constitucional n. 114, de 2021*)

I obrigações definidas em lei como de pequeno valor, previstas no § 3º do art. 100 da Constituição Federal; (*Incluído pela Emenda Constitucional n. 114, de 2021*)

II precatórios de natureza alimentícia cujos titulares, originários ou por sucessão hereditária, tenham no mínimo 60 (sessenta) anos de idade, ou sejam portadores de doença grave ou pessoas com deficiência, assim definidos na forma da lei, até o valor equivalente ao triplo do montante fixado em lei como obrigação de pequeno valor; (*Incluído pela Emenda Constitucional n. 114, de 2021*)

III demais precatórios de natureza alimentícia até o valor equivalente ao triplo do montante fixado em lei como obrigação de pequeno valor; (*Incluído pela Emenda Constitucional n. 114, de 2021*)

IV demais precatórios de natureza alimentícia além do valor previsto no inciso III deste parágrafo; (*Incluído pela Emenda Constitucional n. 114, de 2021*)

V demais precatórios. (*Incluído pela Emenda Constitucional n. 114, de 2021*)

Art. 108. (*Revogado pela Emenda Constitucional n. 113, de 2021*)

Art. 109. Se verificado, na aprovação da lei orçamentária, que, no âmbito das despesas sujeitas aos limites do art. 107 deste Ato das Disposições Constitucionais Transitórias, a proporção da despesa obrigatória primária em relação à despesa primária total foi superior a 95% (noventa e cinco por cento), aplicam-se ao respectivo Poder ou órgão, até o final do exercício a que se refere a lei orçamentária, sem prejuízo de outras medidas, as seguintes vedações: (*Redação dada pela Emenda Constitucional n. 109, de 2021*)

I concessão, a qualquer título, de vantagem, aumento, reajuste ou adequação de remuneração de membros de Poder ou de órgão, de servidores e empregados públicos e de militares, exceto dos derivados de sentença judicial transitada em julgado ou de determinação legal anterior ao início da aplicação das medidas de que trata este artigo; (*Redação dada pela Emenda Constitucional n. 109, de 2021*)

II criação de cargo, emprego ou função que implique aumento de despesa; (*Incluído pela Emenda Constitucional n. 95, de 2016*)

III alteração de estrutura de carreira que implique aumento de despesa; (*Incluído pela Emenda Constitucional n. 95, de 2016*)

IV admissão ou contratação de pessoal, a qualquer título, ressalvadas: (*Redação dada pela Emenda Constitucional n. 109, de 2021*)

a) as reposições de cargos de chefia e de direção que não acarretem aumento de despesa; (*Incluído pela Emenda Constitucional n. 109, de 2021*)
b) as reposições decorrentes de vacâncias de cargos efetivos ou vitalícios; (*Incluído pela Emenda Constitucional n. 109, de 2021*)
c) as contratações temporárias de que trata o inciso IX do caput do art. 37 da Constituição Federal; e (*Incluído pela Emenda Constitucional n. 109, de 2021*)
d) as reposições de temporários para prestação de serviço militar e de alunos de órgãos de formação de militares; (*Incluído pela Emenda Constitucional n. 109, de 2021*)

V realização de concurso público, exceto para as reposições de vacâncias previstas no inciso IV; (*Incluído pela Emenda Constitucional n. 95, de 2016*)

VI criação ou majoração de auxílios, vantagens, bônus, abonos, verbas de representação ou benefícios de qualquer natureza, inclusive os de cunho indenizatório, em favor de membros de Poder, do Ministério Público ou da Defensoria Pública, de servidores e empregados públicos e de militares, ou ainda de seus dependentes, exceto quando derivados de sentença judicial transitada em julgado ou de determinação legal anterior ao início da aplicação das medidas de que trata este artigo; (*Redação dada pela Emenda Constitucional n. 109, de 2021*)

VII criação de despesa obrigatória; e (*Incluído pela Emenda Constitucional n. 95, de 2016*)

VIII adoção de medida que implique reajuste de despesa obrigatória acima da variação da inflação, observada a preservação do poder aquisitivo referida no inciso IV do caput do art. 7º da Constituição Federal. (*Incluído pela Emenda Constitucional n. 95, de 2016*)

IX aumento do valor de benefícios de cunho indenizatório destinados a qualquer membro de Poder, servidor ou empregado da administração pública e a seus dependentes, exceto quando derivado de sentença judicial transitada em julgado ou de determinação legal anterior ao início da aplicação das medidas de que trata este artigo. (*Incluído pela Emenda Constitucional n. 109, de 2021*)

§ 1º As vedações previstas nos incisos I, III e VI do caput deste artigo, quando acionadas as vedações para qualquer dos órgãos elencados nos incisos II, III e IV do caput do art. 107 deste Ato das Disposições Constitucionais Transitórias, aplicam-se ao conjunto dos órgãos referidos em cada inciso. (*Redação dada pela Emenda Constitucional n. 109, de 2021*)

§ 2º Caso as vedações de que trata o caput deste artigo sejam acionadas para o Poder Executivo, ficam vedadas: (*Redação dada pela Emenda Constitucional n. 109, de 2021*)

I a criação ou expansão de programas e linhas de financiamento, bem como a remissão, renegociação ou refinanciamento de dívidas que impliquem ampliação das despesas com subsídios e subvenções; e (*Incluído pela Emenda Constitucional n. 95, de 2016*)

II a concessão ou a ampliação de incentivo ou benefício de natureza tributária. (*Incluído pela Emenda Constitucional n. 95, de 2016*)

§ 3º Caso as vedações de que trata o caput deste artigo sejam acionadas, fica vedada a concessão da revisão geral prevista no inciso X do caput do art. 37 da Constituição Federal. (*Redação dada pela Emenda Constitucional n. 109, de 2021*)

§ 4º As disposições deste artigo: (*Redação dada pela Emenda Constitucional n. 109, de 2021*)

I não constituem obrigação de pagamento futuro pela União

ou direitos de outrem sobre o erário; (*Incluído pela Emenda Constitucional n. 109, de 2021*)

II não revogam, dispensam ou suspendem o cumprimento de dispositivos constitucionais e legais que disponham sobre metas fiscais ou limites máximos de despesas; e (*Incluído pela Emenda Constitucional n. 109, de 2021*)

III aplicam-se também a proposições legislativas. (*Incluído pela Emenda Constitucional n. 109, de 2021*)

§ 5º O disposto nos incisos II, IV, VII e VIII do caput e no § 2º deste artigo não se aplica a medidas de combate a calamidade pública nacional cuja vigência e efeitos não ultrapassem a sua duração. (*Incluído pela Emenda Constitucional n. 109, de 2021*)

Art. 110. Na vigência do Novo Regime Fiscal, as aplicações mínimas em ações e serviços públicos de saúde e em manutenção e desenvolvimento do ensino equivalerão: (*Incluído pela Emenda Constitucional n. 95, de 2016*)

I no exercício de 2017, às aplicações mínimas calculadas nos termos do inciso I do § 2º do art. 198 e do caput do art. 212, da Constituição Federal; e (*Incluído pela Emenda Constitucional n. 95, de 2016*)

II nos exercícios posteriores, aos valores calculados para as aplicações mínimas do exercício imediatamente anterior, corrigidos na forma estabelecida pelo inciso II do § 1º do art. 107 deste Ato das Disposições Constitucionais Transitórias. (*Incluído pela Emenda Constitucional n. 95, de 2016*)

Art. 111. A partir do exercício financeiro de 2018, até o último exercício de vigência do Novo Regime Fiscal, a aprovação e a execução previstas nos §§ 9º e 11 do art. 166 da Constituição Federal corresponderão ao montante de execução obrigatória para o exercício de 2017, corrigido na forma estabelecida pelo inciso II do § 1º do art. 107 deste Ato das Disposições Constitucionais Transitórias. (*Incluído pela Emenda Constitucional n. 95, de 2016*)

Art. 112. As disposições introduzidas pelo Novo Regime Fiscal: (*Incluído pela Emenda Constitucional n. 95, de 2016*)

I não constituirão obrigação de pagamento futuro pela União ou direitos de outrem sobre o erário; e (*Incluído pela Emenda Constitucional n. 95, de 2016*)

II não revogam, dispensam ou suspendem o cumprimento de dispositivos constitucionais e legais que disponham sobre metas fiscais ou limites máximos de despesas. (*Incluído pela Emenda Constitucional n. 95, de 2016*)

Art. 113. A proposição legislativa que crie ou altere despesa obrigatória ou renúncia de receita deverá ser acompanhada da estimativa do seu impacto orçamentário e financeiro. (*Incluído pela Emenda Constitucional n. 95, de 2016*)

Art. 114. A tramitação de proposição elencada no caput do art. 59 da Constituição Federal, ressalvada a referida no seu inciso V, quando acarretar aumento de despesa ou renúncia de receita, será suspensa por até vinte dias, a requerimento de um quinto dos membros da Casa, nos termos regimentais, para análise de sua compatibilidade com o Novo Regime Fiscal. (*Incluído pela Emenda Constitucional n. 95, de 2016*)

Art. 115. Fica excepcionalmente autorizado o parcelamento das contribuições previdenciárias e dos demais débitos dos Municípios, incluídas suas autarquias e fundações, com os respectivos regimes próprios de previdência social, com vencimento até 31 de outubro de 2021, inclusive os parcelados anteriormente, no prazo máximo de 240 (duzentos e quarenta) prestações mensais, mediante autorização em lei municipal específica, desde que comprovem ter alterado a legislação do regime próprio de previdência social para atendimento das seguintes condições, cumulativamente: (*Incluído pela Emenda Constitucional n. 113, de 2021*)

I adoção de regras de elegibilidade, de cálculo e de reajustamento dos benefícios que contemplem, nos termos previstos nos incisos I e III do § 1º e nos §§ 3º a 5º, 7º e 8º do art. 40 da Constituição Federal, regras assemelhadas às aplicáveis aos servidores públicos do regime próprio de previdência social da União e que contribuam efetivamente para o atingimento e a manutenção do equilíbrio financeiro e atuarial; (*Incluído pela Emenda Constitucional n. 113, de 2021*)

II adequação do rol de benefícios ao disposto nos §§ 2º e 3º do art. 9º da Emenda Constitucional n. 103, de 12 de novembro de 2019; (*Incluído pela Emenda Constitucional n. 113, de 2021*)

III adequação da alíquota de contribuição devida pelos servidores, nos termos do § 4º do art. 9º da Emenda Constitucional n. 103, de 12 de novembro de 2019; e (*Incluído pela Emenda Constitucional n. 113, de 2021*)

IV instituição do regime de previdência complementar e adequação do órgão ou entidade gestora do regime próprio de previdência social, nos termos do § 6º do art. 9º da Emenda Constitucional n. 103, de 12 de novembro de 2019. (*Incluído pela Emenda Constitucional n. 113, de 2021*)

Parágrafo único. Ato do Ministério do Trabalho e Previdência, no âmbito de suas competências, definirá os critérios para o parcelamento previsto neste artigo, inclusive quanto ao cumprimento do disposto nos incisos I, II, III e IV do caput deste artigo, bem como disponibilizará as informações aos Municípios sobre o montante das dívidas, as formas de parcelamento, os juros e os encargos incidentes, de modo a possibilitar o acompanhamento da evolução desses débitos. (*Incluído pela Emenda Constitucional n. 113, de 2021*)

Art. 116. Fica excepcionalmente autorizado o parcelamento dos débitos decorrentes de contribuições previdenciárias dos Municípios, incluídas suas autarquias e fundações, com o Regime Geral de Previdência Social, com vencimento até 31 de outubro de 2021, ainda que em fase de execução fiscal ajuizada, inclusive os decorrentes do descumprimento de obrigações acessórias e os parcelados anteriormente, no prazo máximo de 240 (duzentos e quarenta) prestações mensais. (*Incluído pela Emenda Constitucional n. 113, de 2021*)

§ 1º Os Municípios que possuam regime próprio de previdência social deverão comprovar, para fins de formalização do parcelamento com o Regime Geral de Previdência Social, de que trata este artigo, terem atendido as condições estabelecidas nos incisos I, II, III e IV docaputdo art. 115 deste Ato das Disposições Constitucionais Transitórias. (*Incluído pela Emenda Constitucional n. 113, de 2021*)

§ 2º Os débitos parcelados terão redução de 40% (quarenta por cento) das multas de mora, de ofício e isoladas, de 80% (oitenta por cento) dos juros de mora, de 40% (quarenta por cento) dos encargos legais e de 25% (vinte e cinco por cento) dos honorários advocatícios. (*Incluído pela Emenda Constitucional n. 113, de 2021*)

§ 3º O valor de cada parcela será acrescido de juros equivalentes à taxa referencial do Sistema Especial de Liquidação e de Custódia (Selic), acumulada mensalmente, calculados a partir do mês subsequente ao da consolidação até o mês anterior ao do pagamento. (*Incluído pela Emenda Constitucional n. 113, de 2021*)

§ 4º Não constituem débitos dos Municípios aqueles considerados prescritos ou atingidos pela decadência. (*Incluído pela Emenda Constitucional n. 113, de 2021*)

§ 5º A Secretaria Especial da Receita Federal do Brasil e a Procuradoria-Geral da Fazenda Nacional, no âmbito de suas competências, deverão fixar os critérios para o parcelamento previsto neste artigo, bem como disponibilizar as informações aos Municípios sobre o montante das dívidas, as formas de parcelamento, os juros e os encargos incidentes, de modo a possibilitar o acompanhamento da evolução desses débitos. (*Incluído pela Emenda Constitucional n. 113, de 2021*)

Art. 117. A formalização dos parcelamentos de que tratam os arts. 115 e 116 deste Ato das Disposições Constitucionais Transitórias deverá ocorrer até 30 de junho de 2022 e ficará condicionada à autorização de vinculação do Fundo de Participação dos Municípios para fins de pagamento das prestações acordadas nos termos de parcelamento, observada a seguinte ordem de preferência: (*Incluído pela Emenda Constitucional n. 113, de 2021*)

I a prestação de garantia ou de contra garantia à União ou os pagamentos de débitos em favor da União, na forma do § 4º do art. 167 da Constituição Federal; (*Incluido pela Emenda Constitucional n. 113, de 2021*)

II as contribuições parceladas devidas ao Regime Geral de Previdência Social; (*Incluído pela Emenda Constitucional n. 113, de 2021*)

III as contribuições parceladas devidas ao respectivo regime próprio de previdência social. (*Incluído pela Emenda Constitucional n. 113, de 2021*)

Art. 118. Os limites, as condições, as normas de acesso e os demais requisitos para o atendimento do disposto no parágrafo único do art. 6º e no inciso VI do caput do art. 203 da Constituição Federal serão determinados, na forma da lei e respectivo regulamento, até 31 de dezembro de 2022, dispensada, exclusivamente no exercício de 2022, a observância das limitações legais quanto à criação, à expansão ou ao aperfeiçoamento de ação governamental que acarrete aumento de despesa no referido exercício. (*Incluído pela Emenda Constitucional n. 114, de 2021*)

Art. 119. Em decorrência do estado de calamidade pública provocado pela pandemia da Covid-19, os Estados, o Distrito Federal, os Municípios e os agentes públicos desses entes federados não poderão ser responsabilizados administrativa, civil ou criminalmente pelo descumprimento, exclusivamente nos exercícios financeiros de 2020 e 2021, do disposto no caput do art. 212 da Constituição Federal. (*Incluído pela Emenda Constitucional n. 119, de 2022*)

Parágrafo único. Para efeitos do disposto no caput deste artigo, o ente deverá complementar na aplicação da manutenção e desenvolvimento do ensino, até o exercício financeiro de 2023, a diferença a menor entre o valor aplicado, conforme informação registrada no sistema integrado de planejamento e orçamento, e o valor mínimo exigível constitucionalmente para os exercícios de 2020 e 2021. (*Incluído pela Emenda Constitucional n. 119, de 2022*)

Art. 120. Fica reconhecido, no ano de 2022, o estado de emergência decorrente da elevação extraordinária e imprevisível dos preços do petróleo, combustíveis e seus derivados e dos impactos sociais dela decorrentes. (*Incluído pela Emenda Constitucional n. 123, de 2022*)

Parágrafo único. Para enfretamento ou mitigação dos impactos decorrentes do estado de emergência reconhecido, as medidas implementadas, até os limites de despesas previstos em uma única e exclusiva norma constitucional observarão o seguinte: (*Incluído pela Emenda Constitucional n. 123, de 2022*)

I quanto às despesas: (*Incluído pela Emenda Constitucional n. 123, de 2022*)

a) serão atendidas por meio de crédito extraordinário; (*Incluída pela Emenda Constitucional n. 123, de 2022*)
b) não serão consideradas para fins de apuração da meta de resultado primário estabelecida no caput do art. 2º da Lei n. 14.194, de 20 de agosto de 2021, e do limite

estabelecido para as despesas primárias, conforme disposto no inciso I do caput do art. 107 do Ato das Disposições Constitucionais Transitórias; e *(Incluída pela Emenda Constitucional n. 123, de 2022)*
c) ficarão ressalvadas do disposto no inciso III do caput do art. 167 da Constituição Federal; (*Incluída pela Emenda Constitucional n. 123, de 2022*)

II a abertura do crédito extraordinário para seu atendimento dar-se-á independentemente da observância dos requisitos exigidos no § 3º do art. 167 da Constituição Federal; e (*Incluído pela Emenda Constitucional n. 123, de 2022*)

III a dispensa das limitações legais, inclusive quanto à necessidade de compensação: (*Incluído pela Emenda Constitucional n. 123, de 2022*)

a) à criação, à expansão ou ao aperfeiçoamento de ação governamental que acarrete aumento de despesa; e (*Incluída pela Emenda Constitucional n. 123, de 2022*)
b) à renúncia de receita que possa ocorrer. (*Incluída pela Emenda Constitucional n. 123, de 2022*)

Brasília, 5 de outubro de 1988.

Preâmbulo

Considerando que o reconhecimento da dignidade inerente a todos os membros da família humana e dos seus direitos iguais e inalienáveis constitui o fundamento da liberdade, da justiça e da paz no mundo;

Considerando que o desconhecimento e o desprezo dos direitos do Homem conduziram a atos de barbárie que revoltam a consciência da Humanidade e que o advento de um mundo em que os seres humanos sejam livres de falar e de crer, libertos do terror e da miséria, foi proclamado como a mais alta inspiração do Homem;

Considerando que é essencial a proteção dos direitos do Homem através de um regime de direito, para que o Homem não seja compelido, em supremo recurso, à revolta contra a tirania e a opressão;

Considerando que é essencial encorajar o desenvolvimento de relações amistosas entre as nações;

Considerando que, na Carta, os povos das Nações Unidas proclamam, de novo, a sua fé nos direitos fundamentais do Homem, na dignidade e no valor da pessoa humana, na igualdade de direitos dos homens e das mulheres e se declaram resolvidos a favorecer o progresso social e a instaurar melhores condições de vida dentro de uma liberdade mais ampla;

Considerando que os Estados membros se comprometeram a promover, em cooperação com a Organização das Nações Unidas, o respeito universal e efetivo dos direitos do Homem e das liberdades fundamentais;

Considerando que uma concepção comum destes direitos e liberdades é da mais alta importância para dar plena satisfação a tal compromisso:

A Assembleia Geral proclama a presente Declaração Universal dos Direitos Humanos como ideal comum a atingir por todos os povos e todas as nações, a fim de que todos os indivíduos e todos os órgãos da sociedade, tendo-a constantemente no espírito, se esforcem, pelo ensino e pela educação, por desenvolver o respeito desses direitos e liberdades e por promover, por medidas progressivas de ordem nacional e internacional, o seu reconhecimento e a sua aplicação universais e efetivos tanto entre as populações dos próprios Estados membros como entre as dos territórios colocados sob a sua jurisdição.

Artigo 1º

Todos os seres humanos nascem livres e iguais em dignidade e em direitos. Dotados de razão e de consciência, devem agir uns para com os outros em espírito de fraternidade.

Artigo 2º

Todos os seres humanos podem invocar os direitos e as liberdades proclamados na presente Declaração, sem distinção alguma, nomeadamente de raça, de cor, de sexo, de língua, de religião, de opinião política ou outra, de origem nacional ou social, de fortuna, de nascimento ou de qualquer outra situação. Além disso, não será feita nenhuma distinção fundada no estatuto político, jurídico ou internacional do país ou do território da naturalidade da pessoa, seja esse país ou território independente, sob tutela, autônomo ou sujeito a alguma limitação de soberania.

Artigo 3º

Todo indivíduo tem direito à vida, à liberdade e à segurança pessoal.

Artigo 4º

Ninguém será mantido em escravatura ou em servidão; a escravatura e o trato dos escravos, sob todas as formas, são proibidos.

Artigo 5º

Ninguém será submetido a tortura nem a penas ou tratamentos cruéis, desumanos ou degradantes.

Artigo 6º

Todos os indivíduos têm direito ao reconhecimento, em todos os lugares, da sua personalidade jurídica.

Artigo 7º

Todos são iguais perante a lei e, sem distinção, têm direito a igual proteção da lei. Todos têm direito a proteção igual contra qualquer discriminação que viole a presente Declaração e contra qualquer incitamento a tal discriminação.

Artigo 8º

Toda pessoa tem direito a recurso efetivo para as jurisdições nacionais competentes contra os atos que violem os direitos fundamentais reconhecidos pela Constituição ou pela lei.

Artigo 9º

Ninguém pode ser arbitrariamente preso, detido ou exilado.

Artigo 10º

Toda pessoa tem direito, em plena igualdade, a que a sua causa seja equitativa e publicamente julgada por um tribunal independente e imparcial que decida dos seus direitos e obrigações ou das razões de qualquer acusação em matéria penal que contra ela seja deduzida.

Artigo 11º

1. Toda pessoa acusada de um ato delituoso presume-se inocente até que a sua culpabilidade fique legalmente provada no decurso de um processo público em que todas as garantias necessárias de defesa lhe sejam asseguradas.

2. Ninguém será condenado por ações ou omissões que, no momento da sua prática, não constituíam ato delituoso à face do direito interno ou internacional. Do mesmo modo, não será infligida pena mais grave do que a que era aplicável no momento em que o ato delituoso foi cometido.

Artigo 12º

Ninguém sofrerá intromissões arbitrárias na sua vida privada, na sua família, no seu domicílio ou na sua correspondência, nem ataques à sua honra e reputação. Contra tais intromissões ou ataques toda a pessoa tem direito a proteção da lei.

Artigo 13º

1. Toda pessoa tem o direito de livremente circular e escolher a sua residência no interior de um Estado.

2. Toda pessoa tem o direito de abandonar o país em que se encontra, incluindo o seu, e o direito de regressar ao seu país.

Artigo 14º

1. Toda pessoa sujeita a perseguição tem o direito de procurar e de beneficiar de asilo em outros países.

2. Este direito não pode, porém, ser invocado no caso de processo realmente existente por crime de direito comum ou por atividades contrárias aos fins e aos princípios das Nações Unidas.

Artigo 15º

1. Todo indivíduo tem direito a ter uma nacionalidade.

2. Ninguém pode ser arbitrariamente privado da sua nacionalidade nem do direito de mudar de nacionalidade.

Artigo 16º

1. A partir da idade núbil, o homem e a mulher têm o direito de casar e de constituir família, sem restrição alguma de raça, nacionalidade ou religião. Durante o casamento e na altura da sua dissolução, ambos têm direitos iguais.

2. O casamento não pode ser celebrado sem o livre e pleno consentimento dos futuros esposos.

3. A família é o elemento natural e fundamental da sociedade e tem direito à proteção desta e do Estado.

Artigo 17º

1. Toda pessoa, individual ou coletiva, tem direito à propriedade.

2. Ninguém pode ser arbitrariamente privado da sua propriedade.

Artigo 18º

Toda pessoa tem direito à liberdade de pensamento, de consciência e de religião; este direito implica a liberdade de mudar de religião ou de convicção, assim como a liberdade de manifestar a religião ou convicção, sozinho ou em comum, tanto em público como em privado, pelo ensino, pela prática, pelo culto e pelos ritos.

Artigo 19º

Todo indivíduo tem direito à liberdade de opinião e de expressão, o que implica o direito de não ser inquietado pelas suas opiniões e o de procurar, receber e difundir, sem consideração de fronteiras, informações e ideias por qualquer meio de expressão.

Artigo 20º

1. Toda pessoa tem direito à liberdade de reunião e de associação pacíficas.

2. Ninguém pode ser obrigado a fazer parte de uma associação.

Artigo 21º

1. Toda pessoa tem o direito de tomar parte na direção dos negócios, públicos do seu país, quer diretamente, quer por intermédio de representantes livremente escolhidos.

2. Toda pessoa tem direito de acesso, em condições de igualdade, às funções públicas do seu país.

3. A vontade do povo é o fundamento da autoridade dos poderes públicos: e deve exprimir-se através de eleições honestas a realizar periodicamente por sufrágio universal e igual, com voto secreto ou segundo processo equivalente que salvaguarde a liberdade de voto.

Artigo 22º

Toda pessoa, como membro da sociedade, tem direito à segurança social; e pode legitimamente exigir a satisfação dos direitos econômicos, sociais e culturais indispensáveis, graças ao esforço nacional e à cooperação internacional, de harmonia com a organização e os recursos de cada país.

Artigo 23º

1. Toda pessoa tem direito ao trabalho, à livre escolha do trabalho, a condições equitativas e satisfatórias de trabalho e à proteção contra o desemprego.

2. Todos têm direito, sem discriminação alguma, a salário igual por trabalho igual.

3. Quem trabalha tem direito a uma remuneração equitativa e satisfatória, que lhe permita e à sua família uma existência conforme com a dignidade humana, e completada, se possível, por todos os outros meios de proteção social.

4. Toda pessoa tem o direito de fundar com outras pessoas sindicatos e de se filiar em sindicatos para defesa dos seus interesses.

Artigo 24º

Toda pessoa tem direito ao repouso e aos lazeres, especialmente, a uma limitação razoável da duração do trabalho e as férias periódicas pagas.

Artigo 25º

1. Toda pessoa tem direito a um nível de vida suficiente para lhe assegurar e à sua família a saúde e o bem-estar, principalmente quanto à alimentação, ao vestuário, ao alojamento, à assistência médica e ainda quanto aos serviços sociais necessários, e tem direito à segurança no desemprego, na doença, na invalidez, na viuvez, na velhice ou noutros casos de perda de meios de subsistência por circunstâncias independentes da sua vontade.

2. A maternidade e a infância têm direito a ajuda e a assistência especiais. Todas as crianças, nascidas dentro ou fora do matrimônio, gozam da mesma proteção social.

Artigo 26º

1. Toda pessoa tem direito à educação. A educação deve ser gratuita, pelo menos a correspondente ao ensino elementar fundamental. O ensino elementar é obrigatório. O ensino técnico e profissional dever ser generalizado; o acesso aos estudos superiores deve estar aberto a todos em plena igualdade, em função do seu mérito.

2. A educação deve visar à plena expansão da personalidade humana e ao reforço dos direitos do Homem e das liberdades fundamentais e deve favorecer a compreensão, a tolerância e a amizade entre todas as nações e todos os grupos raciais ou religiosos, bem como o desenvolvimento das atividades das Nações Unidas para a manutenção da paz.

3. Aos pais pertence a prioridade do direito de escolher o género de educação a dar aos filhos.

Artigo 27º

1. Toda pessoa tem o direito de tomar parte livremente na vida cultural da comunidade, de fruir as artes e de participar no progresso científico e nos benefícios que deste resultam.

2. Todos têm direito à proteção dos interesses morais e materiais ligados a qualquer produção científica, literária ou artística da sua autoria.

Artigo 28º

Toda pessoa tem direito a que reine, no plano social e no plano internacional, uma ordem capaz de tornar plenamente efetivos os direitos e as liberdades enunciadas na presente Declaração.

Artigo 29º

1. O indivíduo tem deveres para com a comunidade, fora da qual não é possível o livre e pleno desenvolvimento da sua personalidade.

2. No exercício deste direito e no gozo destas liberdades ninguém está sujeito senão às limitações estabelecidas pela lei com vista exclusivamente a promover o reconhecimento e o respeito dos direitos e liberdades dos outros e a fim de satisfazer as justas exigências da moral, da ordem pública e do bem-estar numa sociedade democrática.

3. Em caso algum estes direitos e liberdades poderão ser exercidos contrariamente e aos fins e aos princípios das Nações Unidas.

Artigo 30º

Nenhuma disposição da presente Declaração pode ser interpretada de maneira a envolver para qualquer Estado, agrupamento ou indivíduo o direito de se entregar a alguma atividade ou de praticar algum ato destinado a destruir os direitos e liberdades aqui enunciados.

Fontes:
www.planalto.gov.br
www.ohchr.org
www.brasil.un.org

NOTAS

A Editora Contracorrente se preocupa com todos os detalhes de suas obras! Aos curiosos, informamos que este livro foi impresso no mês de dezembro de 2022, em papel Pólen Natural 80g, pela Gráfica Grafilar.